− 회계와 공학의 만남 −

하이브리드
사회책임회계

− 회계와 공학의 만남 −

하이브리드 사회책임회계

육근효 지음

"이 저서는 2018년 대한민국 교육부와 한국연구재단의 지원을 받아 수행된 연구임 (NRF-2018S1A6A4A01037873)"

머리말

    Mckinsey(2020)의 'ESG 프리미엄: 전략적 가치와 성과의 새로운 관점'에 관한 글로벌 설문조사에 나타난 바와 같이 환경, 사회, 지배구조 문제를 비롯한 지속가능성에 대한 관심이 고조됨에 따라 기업의 사회적 책임(CSR: Corporate Social Responsibility)에 대한 요구도 높아지고 있다. 이에 따라 스스로의 CSR·지속가능성 활동을 각종 이해관계자에게 공개하기 위해서 CSR·지속가능성 정보를 포함한 비재무보고서(CSR보고서, 지속가능보고서, 통합보고서)를 작성하는 기업이 증가하고 있다.

    CSR·지속가능성 활동은 측정되어야만 관리되기 때문에 지속가능경영을 달성하려면 정량적으로 시행되는 강력한 기업 표준과 정확하고 포괄적으로 지속가능성을 측정할 수 있는 회계시스템이 필요하다. 그러나 이와 같은 CSR·지속가능성 보고의 필요성에도 불구하고 CSR·지속가능성 회계 개념은 통일적이지 않고, 이에 대한 이해를 제대로 하고 있는 전문가도 많지 않으며, 그 적용도 매우 제한되어 있는 것이 사실이다.

    이러한 문제의식에 입각하여 이 책에서는 회계학이 환경·사회 문제와 경제의 양립에 어떻게 공헌할 수 있는가를 폭넓게 검토하고자 한다. 그것은 경제활동에 의한 환경·사회에의 영향과 환경·사회 대응이 경제에 미치는 영향의 양 측면을 고려하는 것이 필요하며 회계학은 바로 이러한 양방향에 공헌할 수 있는 학문이기 때문이다. 따라서 CSR·지속가능성 요소를 경제정보로 변환시키는 열쇠를 쥐게 되는 CSR·지속가능성 회계시스템이 환경·사회문제와 경제의 가교 역할을 함으로써 CSR·지속가능성 경영의사결정을 어떻게 촉진하고 개선할 수 있는가라는 문제를 가능한 한 포괄적이고 깊게 발굴해서 탐구하는 것이 이 책의 1차 목적이다.

그런데 CSR·지속가능회계가 과거 어느 때보다도 강조되고 있으나 많은 연구에서 여전히 기업체의 적극적 참여가 부족하다고 보고되고 있다. 이러한 현상의 주된 이유는 기업의 사회적 책임, 지속가능성, ESG 개념에 대한 복잡성 때문에 CSR·지속가능회계의 수행에 적절한 데이터가 부족하거나 적합한 데이터를 수집하는 기술이 부족하기 때문일 수 있다. 시의적절하고 정확한 데이터가 부족하면 장기적으로 CSR·지속가능회계 노력의 신뢰성을 훼손시킬 수 있으며 기업이 자사의 친환경적 측면과 ESG를 실제 영향보다 과장하는 소위 위장환경주의(Greenwashing)나 ESG워싱(ESG Washing)의 비난에 노출될 수 있다. 그러나 제4차 산업혁명의 세계가 등장함으로써 CSR·지속가능회계의 본질을 영원히 바꿀 수 있는 새로운 단계로 진화하게 되었다. 세상은 AI(인공지능), 6G(6세대 이동통신 시스템), IoT(사물인터넷) 등 새로운 IT 기술이 주목받고 있으며 이들의 보급에 의해서 비즈니스 세계도 크게 바뀌고 있다. 경영자가 마음에 그리는 기업의 미래상을 위한 회계, 즉 미래예측회계와 클라우드형 AI 회계시스템 활용으로 사회의 변화를 선점하고 고객에게 새로운 가치를 계속 제공할 수 있는 기업이 아니면 살아남을 수 없게 되었다. 이에 이 책에서는 4차 산업혁명에 의한 기술이나 환경공학, 컴퓨터공학 등과 CSR·지속가능회계를 통합하는 소위 지속가능한 과학 접근법에 비추어 회계시스템에 어떤 가능성이 나타나는지를 탐색하는 것이 2차 목적이다.

요약하면 이 책은 환경, 사회, 회계의 관련 영역을 확충하고 개척하는 것을 주안점으로 하면서도 그 한계를 극복하는 방안을 가능한 범위에서 논의하고자 한다. 특히 정보기술과 여러 가지 공학적 기법 등이 회계시스템과 융합한 하이브리드 CSR·지속가능회계를 성공적으로 개선시키는 기반으로서 사용되는 이론적 틀과 실제 사례를 제시한다. 이것은 경영회계와 과학기술의 만남에 관한 관련 연구와 자료가 부족한 현실에서 대학이나 연구기관만이 아니라 기업이나 비영리기관의 관계자에게도 유용한 정보를 제공할 수 있을 것으로 생각된다.

이 책을 만드는 과정에서 많은 분의 도움을 받았다. 먼저 저자에게 CSR·지속가능회계 분야에 관심을 갖도록 계기를 마련해 준 인하대 김종대 교수를 비롯하여 공저를 통해 본서의 틀 구성에 도움이 된 Akron 대학의 김일운 교수, 캘리포니아 주립대 송학준 교수, 호주 그리피스 대학 이기훈 교수, 전남대 이수열 교수, 네브래 스카 주립대의 최정훈 교수 등에게 감사드린다. 그리고 본서가 탄생되도록 연구비 지원을 해준 교육부와 한국연구재단에도 심심한 사의를 표하고 싶다. 이 외에 각 분야에서 도움을 주신 많은 분들에게 감사를 드리고자 한다. 외국문헌의 검색과 필요한 자료를 제공해 준 요코하마국립대학 야기(八木裕之) 교수와 내용 일부를 조언해 준 일리노이 주립대 Patten 교수 등에게도 고마움을 표한다. 또한 이 책을 출간할 수 있도록 도움을 주신 한국학술정보(주) 출판부의 관계자 여러분에게도 감사를 표하고자 한다. 끝으로 무엇보다 오랜 세월을 같이해 준 평생의 동반자 김경순과 가족에게 고맙다는 말을 전하고 싶다.

2021년 입추의 금정산에서
저자 씀

목차

제2부 환경회계와 환경공학의 만남

제3부 첨단과학기술과
CSR · 지속가능회계의 융합

제1부

사회책임회계를 지원하는 기술과 공학

1장

CSR·지속가능회계 연구의 기본 관점

1. CSR·지속가능성·ESG 개념의 관련성

최근 우리나라 우량기업의 통합보고서 및 CSR 보고서에도 ESG 과제에 대한 대응 및 SDGs(UN 지속가능개발목표)에 대한 공헌을 위한 다양한 기업의 대응이 상세하게 기재되고 있다. "ESG는 누구에게나 의미가 있을 만큼 광범위하며" 세상에 붐을 일으키며 사람들이 열광하고 있는 것이 종교적인 현상과 유사하다는 평도 나오고 있다. 그런데 ESG에 관련된 개념으로서 SDGs, UNGC, PRI, TCFD, GRI, SASB 등 과다하게 많은 종류가 존재한다. 이러한 상황을 고려해 다시 한번 우리의 인식을 새롭게 하고 현 상황을 보다 정확하게 파악해 볼 필요가 있다.

먼저 ESG·지속가능성과 관련된 개념을 발생 시기별로 정리해 보면 다음과 같다. CSR에서 SDGs까지 사회적 가치 관련 개념의 변천 과정은 크게 사회(글로벌) 관점과 기업(비즈니스) 관점의 두 가지로 양분되며, 이 두 가지 방향에서 각각 이념이나 계약 중심의 CSR 개념으로부터 수단과 목표 중심의 SDGs까지 발전한 것이다.

<그림 1>을 토대로 ESG 관련 개념을 발생 시기별로 정리해 보면 다음과 같다.

<그림 1> CSR에서 SDGs까지 개념의 변천 과정

사회(글로벌) 관점에서의 발전 과정

먼저 사회(글로벌) 관점에서의 발전 과정을 살펴본다. 90년대 이후, 기업 활동의 글로벌화와 가치사슬의 복잡화에 따라 기업이 사회에 미치는 부정적인 영향에 대한 관심이 높아져 갔다. 그에 따라 기업에는 자주적·주체적으로 사회에 주는 주로 마이너스 영향을 관리하고, 외부화하고 있던 사회적 코스트를 CSR에 관한 활동을 통해서 그에 상응하게 부담하고, 그 결과에 대해 설명책임을 완수하는 것이 요구되게 되었다.

기업의 윤리를 강조한 사회적 책임으로서 시작된 CSR은 책임의 체계화를 이루기 시작했다. 여기에는 사회(지구적) 관점과 기업(사업 양립) 관점의 두 가지 흐름이 있다. 사회 관점의 CSR에는 경제에 환경 및 사회배려를 요구하는 TBL의 개념과 지구환경의 유한성을 인식한 사회지속성, 그리고 UN 글로벌·콤팩트(UNGC)의 흐름이 있다.

TBL(Triple Bottom Line)은 1987년 우리 공동의 미래에 발표된 'Brundtland 위원회'에서 지속가능한 개발(Sustainable Development)의 주요 활동주체를 기업으로 제시하고 기존의 이익 추구뿐만 아니라 환경과 기업의 사회적 책임(CSR)까지 포괄한다. 따라서 현대의 지속가능성은 일반적으로 이 "지속가능한 개발" 정의에 뿌리를 두고 있다.

사회지속성(social sustainability)은 2000년 전후로 본격적으로 논의되었으며, 지속가능성의 모든 영역이 사회적임을 시사하며 생태학적·경제적·정치적·문화적 지속가능성을 포함한다. 이들 사회적 지속성의 영역은 모두 사회와 자연과의 관계에 의존하고 있으며, 생태학적 영역은 환경에 인간이 내장되어 있다고 정의하고 있다(Western Australia Council of Social Services). 이러한 관점에서 사회적 지속성은 모든 인간 활동을 포함한다.

UN 글로벌·콤팩트(UNGC)라고 하는 것은 기업의 사회적 책임 이행을 통해 세계화로 인해 발생한 여러 문제를 해결하는 데 적극 나서자는 취지로 2000년에 발족된 유엔 산하 전문기구다. UN글로벌 콤팩트는 기업 활동에 있어서 친인권·친환경·노동차별 반대·반(反)부패 등의 10대 행동원칙(주로 ESG 중에서 E와 S에 해당) 준수를 핵심으로 하고 있다.

다음으로 책임의 공유화가 글로벌적으로 확장된 시기가 도래되었다. 대표적인 것이 새천년개발목표(MDGs: Millennium Development Goals)인데 2000년 UN에서 채택된 의제로 2015년까지 빈곤을 절반으로 감소시키자는 범세계적인 의제이다. 그러나 이것은 경제개발을 위한 필수 요소를 등한시하고 개발도상국의 불평등에 관한 고려가 미흡한 것 등의 한계가 있었다.

그 이후에 새로운 시장을 위한 가치창조가 강조된 개념이 등장했다. 2015년에는 기후 변화와 관련하여 증가하는 글로벌 위험과 인간 개발을 전체적으로 검토할 필요를 인식한 두 가지 중요한 계약이 체결되었다. 파리 협정을 통해 당사자들은 지구 평균 기온 상승을 섭씨 2도까지 제한하기 위해 온실가스 배출량을 줄이는 데 동의했다. 둘째, 밀레니엄 개발목표(MDGs)의 차기 활동인 UN 지속가능 개발목표(SDGs)의 발표는 지속가능한 개발을 위한 2030 의제를 달성하기 위한 보편적인 행동 촉구를 시도했다. 빈곤과 기아 종식과 같은 17가지 야심에 찬 목표는 2030년까지 달성될 계획이다.

기업(비즈니스) 관점에서의 발전 과정

기업(비즈니스) 관점의 방향에서 이념과 계약 중심의 CSR 개념으로부터 수단과 목표 중심의 SDGs까지 ESG와 관련된 개념을 발생 시기별로 정리해 보면 다음과 같다. 이것은 사회적 책임과 사회적 가치를 비즈니스의 관점에서 바라본 것인데 중심 개념은 기업 활동에 있어서의 리스크와 기회이며, 투자 리스크나 리턴을 보다 강하게 의식하여 사회과제를 새로운 비즈니스 기회로 파악하는 견해가 나오기 시작했다. 기업(비즈니스) 관점의 CSR에 관한 논의는 공유가치창출(CSV), 책임투자(RI)를 거쳐 현재의 환경·사회·지배구조(ESG)로 이어지고 있다.

먼저 사회적 책임투자(SRI: Socially Responsible Investment)는 경제 상황 외에서의 사회적·윤리적 가치관을 바탕으로 투자처를 선정하고 투자하는 방식으로 1920년대에 미국의 크리스트 교회가 자산 운용 시에 윤리적인 관점에서 투자 대상을 배제한 것(네거티브 스크리닝)이 출발점이라고 할 수 있다. 초기의 SRI에서는 명확하게 ESG의 관점을 가리키고 있지는 않았다.

전통적 SRI가 특정 국가 투자주체의 행동에 그쳤으나 국경을 초월하여 국제적인 연계를 갖는 투자의 필요성이 대두되었다. 그 기반이 된 것이 2006년에 유엔에 의해서 제정된 책임투자원칙(PRI)이라고 할 수 있다.

유엔 책임투자원칙(PRI: Principles for Responsible Investment)은 기관투자가에 대해 의사결정 프로세스에 ESG 과제를 수탁자 책임의 범위 내에서 반영해야 한다는 세계 공통의 가이드라인으로서 탄생하였다. 이러한 PRI의 검토와 성문화의 과정에서 ESG 개념이 적용되었다고 여겨지고 있다(ESG라는 용어는 2003년 주요 금융기관들이 결성한 국제 파트너십인 유엔환경계획 금융이니셔티브(UNEP FI)에서 처음 사용되었다). 당시 기업들의 스캔들이 잇따라 발생하여 G(지배구조)도 중요시되었다고 생각된다.

ESG는 PRI에서 제창된 환경·사회·지배구조 측면을 투자 프로세스로 통합하는 개념이며 'ESG 투자'는 현재 국제적인 조류가 되어 계속 확대되고 있다. ESG에서는 투자 리스크 관리가 주목적인 지표로서 지배구조가 기업의 이익을 낳는다고 하는 생각이 포함되어 있는 점이 특징이다. 지속가능성은 모호한 개념인 데 반해 ESG는 구체적이며 측정하고 보고할 수 있는 특정 기준을 제공한다. 궁극적으로 ESG는 긍정적인 수익과 사람, 지구 및 비즈니스 성과에 대한 장기적인 영향을 목표로 하는 투자를 포함하는 개념이다(<그림 2> 참조).

<그림 2> ESG의 개념

ESG를 확장시킨 개념으로 2000년대 중반 미국과 유럽을 중심으로 시작된 임팩트 투자 또는 지속가능 투자가 있다. 임팩트 투자라는 말은 2007년 록펠러재단이 개최한 행사에서 레빈이 처음으로 주창한 것이다. 의미 있는 사회적·친환경적인 효과(impact)를 재무적인 이익과 함께 낼 수 있도록 기업이나 단체, 펀드에 투자하는 것을 말한다. 임팩트 투자의 궁극적인 목표는 사회와 환경에 긍정적인 영향을 주는 것이다. 이 전략은 투자자의 도덕적 가치가 먼저 의사결정에 반영된 후에 재정적 수익을 2차 고려 사항으로서 강조한다.

한편 2015년에 제창된 UN SDGs(Sustainable Development Goals)는 그 목표를 달성하는 데 민간 부문 자금이 절대적으로 필요하다는 사실을 간과할 수 없다. 임팩트 투자가 그 핵심 수단 중 하나로 주목받는 이유이다. 임팩트 투자업계에서 UN SDGs는 투자의 렌즈, 즉 집중해야 할 분야를 분류하는 공통의 언어로 자리 잡았다. 일부의 민간기업은 SDGs를 사업 기회로서 받아들여 SDGs 과제를 비즈니스와 투자의 기회로 연결하려고 하고 있지만, ESG에 비하면 투자적인 의미는 강하지 않다.

ESG와 연관이 있는 또 다른 용어 중에 TCFD가 있다. 이것은 금융시스템의 안정화를 도모하는 국제적 조직인 금융안정이사회 (FSB)에 의해서 설립된 「기후변화 관련 재무정보공개 협의체 (TCFD: Task Force on Climate-related Financial Disclosures)」를 말한다. TCFD는 2017년 6월, 기후 관련 재무정보공개에 관한 제 언(최종 보고서)을 발표했다. 이는 기후변화가 기업 활동에 심각한 영향을 미칠 것으로 우려되는 가운데 위험, 기회, 영향도를 투자자 들이 적절히 평가하기 위해 기업의 정보 공개 지침을 제시한 것이 다. 2020년 주요 기업에서 지속가능경영 보고서에 적용하면서 GRI, SASB와 같이 공시 표준으로도 활용되고 있다.

ESG·지속가능성 관련 개념의 내용과 특징 비교

사회적 문제에 대해 투자주체는 역사적 변천을 거치면서 다양한 형태로 관여해 왔음을 알 수 있다. 우리나라에서는 투자가 측에서 는 스튜어드십 코드, 기업 측에서는 기업지배구조 코드가 제정되고 유엔은 책임 있는 투자 원칙(PRI)과 지속가능한 개발목표(SDGs)를 제정했다. 이것들은 ESG라고 하는 공통항에 의해서 투자가로부터 기업에 대한 움직임을 강하게 하는 구조로 되어 있다. 그런데 ESG 와 지속가능성 관련 개념들이 과다하게 많아 개념의 명확화가 어렵 고 평가 지표와 정보 공개 기준이 난립하는 문제 완화를 위해 관련 개념의 내용과 특징을 비교해 보면 다음 <표 1>과 같다.

<표 1> ESG 관련 개념의 내용과 특징 비교

	CSR	ESG	SDGs	사회적 가치
목표	비즈니스를 책임감 있게 만드는 것	ESG 노력을 측정가능하게 하는 것	어느 누구도 뒤처지지 않게 하는 것	기업가치와 사회적 가치 총량을 확대
비전	기존 수행과업을 피드백 해서 반영	사회, 생태적 관심사를 사업활동에 통합	미래를 기대하고 지속가능 전략개발	기업이 잘하는 역량을 전략적으로 활용
동기부여	기업평판의 보호	건전한 기업경영에 의한 가치 향상	지속적 사회 실현, 신흥시장 기회창출	경쟁력과 결합해 시너지 효과 창출
대상	여론 형성자(고객 종업원 커뮤니티 NGO 등)	투자자, 잠재적 투자자, 기업	UN, 국가, 지자체, 모든 기업과 개인	기업, 지자체, NGO
장기목표	평판 향상	위험완화, 재무안정	지속적 사회 실현	지속가능 가치창출
장점	평판효과로 인한 종업원채용, 고객충성도, 이해관계자와 관계 향상	자본에 대한 접근성과 자본비용에 대한 임팩트	해결과제가 투자기회로 연결, 지속가능 사회실현의 대처·진척 파악	평판의 향상과 정당성의 획득, 다양한 격차 해소
단점	본업과 CSR활동이 괴리, CSR에 의한 사회적 가치와 비즈니스 가치 충돌	세계 공통의 판단기준이 없음. 단기적 효과를 판단하기 어려움	SDGs 세부목표 달성이 어렵고 필요한 막대한 재원 마련이 과제	보편타당한 개념 설정이 어렵고 측정 방식이 정교하지 않음
측정기준	모호하며 기업별로 상이	구체적이고 측정가능	측정가능하나 데이터 가용성의 문제	모호하며 조직별로 상이, SROI/IMM
관점	기업 관점	투자자 관점	이해관계자 관점	이해관계자 관점
접근법	Inside-Out	Outside-In	Inside-Out	Inside-Out
초점	사회목적과 가치에 맞게 어떻게 행동으로 실천	ESG 위험과 기회를 어떻게 잘 관리하는가	기업이 어느 정도 사회에 긍정적으로 공헌하나	사회목적을 달성하고 사회에 긍정적 기여하여 가치창출
Metrics	Revenue-based Input-based	Operation-based Input-based	Revenue-based Output-based	Revenue-based Input-based

출처: Guy Battle(2021), Is Esg The Same As Social Value? 일부 수정

먼저 CSR과 ESG는 「환경이나 사회를 배려한 대처」라고 하는 점에서는 동일하지만, 투자자 측의 관점이 포함되는지에 따라 다르다. CSR의 경우 어디까지나 주체는 「기업」이며, 투자자 측의 관점은 포함되지 않는다. 한편 ESG에는 투자가・기업 측 쌍방의 관점이 포함되어 있다. CSR은 기업이 사회적 책임을 다하기 위한 활동을 경영에 접목해 가는 것을 의미한다. 이익의 일부를 사회에 환원해 나가는 동시에 지배구조에 관한 정보를 정해진 가이드라인에 따라 공개한다. 즉 CSR은 「기업 측의 관점」이라고 말할 수 있다. 반면, ESG는 사회적 책임을 다하는 기업에 투자를 하는 것을 의미한다. 따라서 「투자자 측의 관점」이라고 할 수 있다. 이 관점의 차이가 CSR과 ESG의 차이이다. 또한 CSR이 기업을 둘러싼 모든 이해관계자들을 배려한 반면 ESG는 ESG 투자자에 집중하는 점이 다르다.

ESG와 SDGs를 비교해 보면 목적의 측면에서 ESG는 기업 및 투자가의 광의의 장기 목표이며, ESG에 적극 나서는 기업을 늘려 세계적 규모의 환경문제・사회문제를 해결하는 것이다. SDGs는 유엔과 각국 정부 및 시민단체의 최종 목표에 가까우며 2030년까지 '지속가능하고 더 좋은 세상'을 실현하는 것이다. 목적의 측면에서 보면 광의의 ESG의 개념 안에 SDGs가 포함된다고 할 수 있다. ESG와 SDGs의 가장 큰 차이점은 대상 범위이다. ESG와 ESG 투자는 「기업」이나 「투자가」가 주체가 되지만 SDGs의 경우에는 「국가」나 「지방 자치체」 등도 대상이 된다. 한편 ESG는 이해관계자 (고객・거래처・주주・종업원・지역 등)에의 배려로서 생각되고 있어 기업의 장기적인 성장에 영향을 주는 요소라고 하는 사고이다.

기업이 ESG에 주목해 매일의 사업 활동을 전개하는 것이 결과적으로 SDGs의 목표 달성으로 연결된다고 하는 관계에 있다. SDGs라는 '목표(Goal)'를 실현하기 위한 프로세스 중 하나가 'ESG'라고 이해하면 될 것이다.

ESG와 사회적 가치와의 차이를 살펴보면 관점의 측면에서 사회적 가치는 사회 관점이 상대적으로 강한 반면, ESG는 투자자 관점이 상대적으로 강하다. 목적의 측면에서 보면 사회적 가치는 사회 및 환경적 성과를 추구하고, ESG는 기업의 건강한 구조를 추구한다. 접근법을 보면 ESG는 기업 외부로부터 사회적 혁신에 관한 노하우를 학습해 기업이 보유하는 기술, 자원, 역량을 사회적 가치 창출의 수단으로 보완하고 발전시키는 outside-in 접근법이며, 사회적 가치는 기업이 보유하고 있는 기술을 사회적 혁신 아이디어가 풍부한 외부에 전달함으로써 사회가치 창출을 시도하는 inside-out 전략을 채택한다. 맞춤화에 대해서 보면 ESG는 일반적이고 맞춤화되지 않은 주어진 일련의 위험에 대해 비즈니스를 검토하는 것이며, 사회적 가치는 맞춤형 가치 기반 프레임워크를 갖고 핵심 목적에 연결되어 있다.

지속가능성, ESG, CSR, SDGs, TCFD의 위치 관계를 종합적으로 비교해 보면 다음 <그림 3>과 같다.

전체적으로 지속가능성 개념이 가장 포괄적인 것으로서 다른 개념은 모두 여기에 포함되는 것으로 해석된다. ESG와 SDGs는 지속가능성을 지향한다는 점에서는 동일하지만 대상 범위가 다르며, 이들은 상호 보완적이며 때로는 상호작용하는 관계이다. ESG와 TCFD는 주로 기업에 초점을 맞추는 측면에서는 공통점이 있으나

TCFD는 기후변화(환경)의 재무적 영향을 취급한다는 점에서 ESG 보다 하위의 위치에 있다고 할 수 있다. CSR과 지속가능성은 별개의 관행이지만 긍정적 비즈니스 평판과 장기적인 성공을 위해서는 두 이니셔티브에 모두 투자하는 것이 바람직하다.

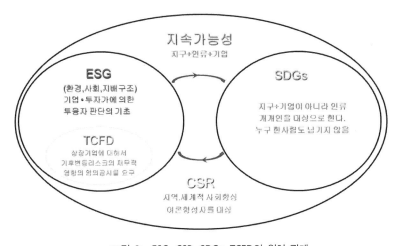

<그림 3> ESG, CSR, SDGs, TCFD의 위치 관계

2. CSR · 지속가능회계의 기본 영역과 대상 범위

기업의 사회적 책임(CSR: Corporate Social Responsibility) 회계를 논의하기 전에 다시 한번 CSR과 지속가능성을 정의할 필요가 있다. CSR 용어는 웨인 비서(Wayne Visser)가 최초로 사용했으며 지속가능성(sustainability)+책임(responsibility)을 결합한 용어이다. 이것은 사회 전체의 기대와 요구에 대한 기업의 대응, 행동, 적응력, 생존력 등의 개념을 포함한다.

한편 지속가능성에는 환경문제만이 아니라 사회문제나 사업적인 영역도 포함된다. 지속가능성은 윤리적 문제와 경제적 문제를 대립이 아니라 병행해서 함께 가는 요소로 파악한다. 즉, 지속가능성이란 기업의 사회적 책임(CSR)이란 용어와 상호 호환해서 사용되고 있으며, 두 개념 모두 경제적 실행 가능성, 사회적 책임 및 환경적 책임으로 이루어진 세 가지의 평가 잣대, 이른바 세 가지 보텀 라인(Triple Bottom Line)에 대한 배려를 하고 있다.[1] 실무에서도 CSR과 지속가능성이라는 표현을 혼용해서 사용하고 있다.

그런데 CSR·지속가능 보고서에 관해서는 SRI(사회책임투자)나 NGO(비영리조직) 등에 의한 평가가 진전되고는 있지만, 보고 기준이 확립되어 있지 않기 때문에 투자가가 사용할 수 있는 정보가 되고 있지 않은 것이 현실이다.

그럼 투자가의 눈높이에도 들어오는 성실한 CSR 정보란 어떠한 것일까? 구체적으로는 두 가지 큰 요소를 생각할 수 있다. 첫째는 부정적인 것도 포함하여 내재된 중요한 불확실성을 망라하여 알리는 것이며, 둘째는 객관적인 수치정보가 되어야 한다는 점이다. 그런 면에서 필요한 것이 보고 기준과 함께 CSR 정보의 신뢰성을 보증할 수 있는 측정과 보고 방법인 「회계」이다. 즉 CSR과 지속가능성에 대한 평가결과의 기업 간, 기간 간 비교가 가능하도록 기업의 CSR과 지속가능성 또는 ESG(환경, 사회 및 지배구조의 측면: environment, society, and government)를 화폐가치로 객관적인 측

---

[1] TBL(Triple Bottom Line)에 제4의 기둥, 즉 미래지향적 접근법(차세대, 세대 간 격차 해소 등)을 담아 발전시킨 것을 QBL(Quadruple Bottom Line)이라고 부른다. 이는 지속적인 발전과 지속가능성을 이전의 사회·환경·경제적 고려에서 벗어나 장기적인 전망에서 설정하는 것이다. Waite, M.(2013), "SURF Framework for a Sustainable Economy" Journal of Management and Sustainability 3(4): 25.

정이 가능해야 한다. 화폐로 측정 가능해야 ESG 평가결과를 제대로 활용할 수 있기 때문이다. 이러한 화폐의 측정 과정에서 회계의 역할이 중요시되는 것이다.

CSR·지속가능회계가 탄생하게 된 계기를 구체적으로 살펴보기로 하자. 먼저 기업의 CSR·지속가능성에 관한 이해관계자들의 요구가 증대되는 추세에도 불구하고 기존의 회계연구 및 회계실무 분야에 있어서는 자연환경과 지역사회에의 배려가 중시되지 않았다. 이에 자연스럽게 환경과 사회를 배려하는 관점을 회계에 결부시키는 논의가 이루어지기 시작했다(Lamberton, 2005). 그리고 그 결과 생태계와 지역사회를 위한 회계라고 할 수 있는 사회책임회계 또는 지속가능회계가 다양한 형식과 표제를 취하면서 학술연구와 기업실무에서 광범위하게 발전하게 되었다(Gray, 2010). 특히 최근에는 기업의 사업 및 성과에 관한 ESG에 대한 정보가 사회적 책임 또는 지속가능 정보로 평가되어 기업의 장기적인 가치창조 능력을 평가할 때의 비재무정보로서 이해관계자 등에게 주목을 받고 있다(Burritt and Christ, 2016).

CSR·지속가능회계라고 했을 경우 CSR을 어떻게 해석하느냐에 따라 그 역할은 다르다. 예를 들어 시민의식과 자선활동을 동기로 가지는 전통적 관점으로 CSR을 파악한다면 기업과 사회와의 관계를 파악하는 관점에서 기업 활동이 사회에 미치는 양(+)의 효과와 음(-)의 효과를 맞댄 사회적 효과를 가능한 한 정량적으로 측정하는 체계가 된다.

그런데 Kramer와 Porter(2006)가 제시한 공유가치창출(CSV: Creating Shared Value)[2]의 주장과 같이 CSR을 전략적으로 파악

한다면(즉, 기업의 이윤극대화를 위한 전략 내에 사회적·환경적 가치를 통합하는 개념) CSR과 수익성의 연계, 지속가능성과 비즈니스 모델의 연계, ESG 정보의 유용성과 같은 것이 과제가 된다. 이런 경우에는 CSR 활동과 성과를 연계시키는 체계가 중요해질 것이다. 따라서 CSR·지속가능성을 어떻게 파악하느냐에 따라 측정 포인트나 공시 체계가 달라지며 CSR·지속가능회계의 내용과 역할도 달라진다(大坪[Otsubo], 2014).

한편 국내외에서는 실제로 CSR·ESG 정보 공개에 관한 다양한 기준, 프레임워크, 가이드라인 등이 잇달아 책정되어 기업의 정보 공개 현장에서는 혼란이 발생하고 있다. CSR·ESG 정보를 공개해야 하는 것은 이해하면서도 구체적으로 어떤 관련 정보를 공개해야 하는지 모르고, 정보 공개 기준 등에 대해 어느 것부터 우선적으로 대응해야 하는지 모르고 있다. 이에 대해 기업들은 다양해지고 있는 ESG 투자 전략과 전략별로 요구되는 ESG 정보공시의 차이에 대해 이해를 높이고, CSR·ESG 정보 공개가 충분히 이루어지지 않은 기업에서는 정보 공개 기준 등의 '공통점'을 시작으로 정보 공개에 착수해야 한다. 이미 적극적으로 CSR·ESG 정보 공개에 힘쓰고 있는 기업에서는 '공통점'에 추가해 최종 사용자인 ESG 투자자의 속성을 명확히 의식한 정보 공개에 집중해야 할 것이다.

---

2) 공유가치창출(CSV: Creating Shared Value)이란 경제·사회적 조건을 개선시키면서 동시에 비즈니스 핵심 경쟁력을 강화하는 일련의 기업 정책 및 경영 활동을 의미한다. 하버드 비즈니스 스쿨의 마이클 포터(Porter)와 FSG의 공동창업자 마크 크레이머(Kramer)가 2006년 12월에 하버드 비즈니스 리뷰에 발표한 "전략과 사회: 경쟁 우위와 CSR 간의 연결(영어 원제: Strategy and Society: The Link between Competitive Advantage and Corporate Social Responsibility)"에서 처음으로 등장한 개념이다.

3. CSR · 지속가능회계 실행 프로세스

최근 경제사회 속에서 CSR · 지속가능성의 흐름은 확실히 커지고 있다. 동시에 「신뢰」, 「성실」, 「상생」이라는 개념이 많은 사회제도에 포함되기 시작했다. 기업의 정보 공개 또한 이러한 큰 사회 흐름 속에서 종래와는 다른 발상으로 이루어져야 한다. 기업의 CSR과 지속가능성에 관한 정보 발신은 CSR · 지속가능회계를 이용함으로써 보다 현실적이고 설득력 있게 된다. 부정적인 정보를 적극적으로 공개함으로써 주가가 오르는 요즈음, CSR · 지속가능회계에 의한 정보 공개는 기업의 성실성과 투명성을 대외적으로 실감시키고 기업에 보다 많은 장기적인 이점을 가져다줄 기회라 할 수 있을 것이다.

이 CSR · 지속가능회계는 다중 이해관계자(multi stakeholder)의 관점에서 기업의 CSR과 지속가능성의 상황을 정량적으로 파악해 보고하는 것이다. 이런 관점에서는 현금흐름과 직접 관련되지 않는 비재무 요소도 데이터로 측정하기 때문에 그에 기인하는 재무적인 영향이 발생하기 전에 그 존재를 파악할 수 있다는 것이 큰 특징이다. 투자가로서는 이른바 「리스크」 정보인 동시에 기업의 「잠재력」을 나타내는 역할을 기대할 수 있는 것이다.

지금까지 외생적 요인으로 받아들여져 온 CSR · 지속가능성을 둘러싼 회계 문제를 재차 인식하기 위해서는 각 경영주체의 회계 행위의 연결고리를 하나의 재무보고 프로세스로 파악하고, 그러한 일련의 프로세스 안에서 CSR · 지속가능성과 관계되는 여러 사상을 어떻게 기업 회계의 체제에 집어넣을 것인지를 분명히 하지 않으면 안 된다.

　이러한 현 상황에 비추어 보면 CSR·지속가능성 활동에 대한 기업 내외의 관계자의 이해와 협력을 얻으면서 CSR·지속가능성을 기업 활동 전체 안에 통합해 기업조직 내의 CSR 추진을 향한 유용한 대처에 관한 정보를 재무제표와 관련지으면서 가시화하는 구조로서 어떠한 관점으로부터 설계하는가 하는 점이 CSR·지속가능회계의 주제가 된다. 즉 기업이 스스로의 가치관에 근거해 어떻게 CSR·지속가능성을 인식하고, 어떠한 방법에 의해 리스크에 대응해 나가는지, 즉 리스크의 내부통제의 구조를 회계적으로 어떻게 표현할 것인지가 CSR·지속가능회계 시스템을 설계할 때의 중요한 포인트라고 할 수 있을 것이다.

　이상의 관점을 바탕으로 CSR·지속가능성 활동을 정량적으로 식별·측정·평가하는 회계시스템, 즉 CSR·지속가능회계를 설계하는 관점으로서 다음 3개의 측면에서 CSR·지속가능회계의 기초를 제시한다(<그림 4> 참조).

　① 기업의 경영주체는 CSR·지속가능성 문제를 기업가치에 중대한 영향을 미치는 리스크로서 인식하는 것(식별).
　② 재무보고의 신뢰성을 높이려면 보고해야 할 회계정보를 만들어내는 조직관리의 본연의 자세, 즉 기업의 내부통제와 관계되는 문제로서 전사적인 커뮤니케이션을 가능하게 하는 자율적이고 횡단적인 조직 체제의 재편성 프로세스를 통제할 수 있는 구조일 것(측정).
　③ CSR·지속가능회계 시스템과 재무회계 시스템으로부터 아웃풋 되는 정보를 연계시키고 이를 전달해서 분석·평가에 연결하는

관점이 중요하다(전달과 평가).

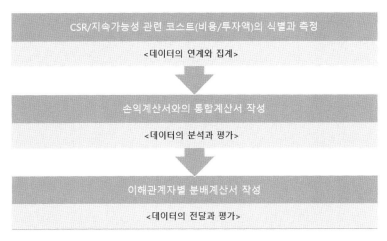

<그림 4> CSR·지속가능회계 계산서의 체계

4. CSR·지속가능 회계정보의 이용과 공시 내용

CSR 지표(CSR·지속가능회계)를 공표하는 사례는 많지 않으나 다양한 유형을 확인할 수 있다. 대표적인 CSR·지속가능회계의 유형을 보면 부가가치(또는 총수익) 분배 방식, 활동비용(또는 비용 대비 효과) 접근법, KPI(핵심성과지표) 접근법, 개별 접근법의 4가지로 대별된다.

(1) 부가가치 분배 접근법

부가가치 분배 방식은 하나의 기업에서 창출한 가치(부가가치)가 어느 정도 있으며, 그것이 어떻게 분배(사회 환원)되고 있는지를 금액이나 비율(%)로 나타낸 접근 방식이다. 부가가치 지표는 CSR·지속가능경영의 진전과 사회적 요구의 균형을 조정하는 것으로 의의가 있으나 부가가치 지표를 검토하는 데 있어서 계산 구조상 과제가 산적해 있다.

부가가치 지표의 계산 방식은 다수 있으며 계산구조상 환경비용, 환경보전비용 및 사회비용을 명확히 안분하는 문제나 감가상각비(총부가가치와 순부가가치) 문제 등 통일화된 지표가 없다. 따라서 기업 간 비교가 곤란한 상황에 있다. 또한 환경의 측면을 어떻게 부가가치 지표상에 표면화시킬지도 과제로 남아 있다.

<표 2> 이해관계자별 부가가치계산서 (단위: 억 원)

사회에 창출한 부가가치			가치분배		
이해관계자	창출 금액	비고	이해관계자	분배 금액	비고
고객·소비자	xx[1]	제품의 대가로서 기업이 수취한 금액	주주(투자자), 채권자	xx	배당금 및 이자지급
공급자	xx[2]	구입한 원료와 서비스에 대한 지출	정부(공공기관)	xx	법인세 등 조세공과금
			지역사회	xx	사회공헌 투자금
			환경보전		환경투자와 보전비용
			협력사	xx	구매비용 및 동반성장 지원금
			임직원	xx	급여, 상여, 복리후생비 총액
			내부유보	xx	잉여금의 증가
부가가치합계	xx	수입합계-외부지출	분배합계	xx	가치분배 총액

주) 1) 매출액+영업외수익
　　2) 매출원가+판매비·일반관리비-인건비·임원보수+기부금+(영업외비용-지급이자·사채이자)
출처: 현대제철 2020 통합보고서, M건설 지속가능보고서에서 저자가 일부 수정

(2) 활동비용(또는 비용 대비 효과) 접근법

이 접근법은 CSR·지속가능 활동에 소비한 코스트(비용 및 투자액)와 그 내용 및 효과에 대해 이해관계자별(또는 영역별)로 명시하는 방식이다. 이해관계자별로 어느 정도의 비용을 소비하고 그 결과 어떤 효과를 얻을 수 있었는지를 측정하는 계산서이다. 여기에서는 이해관계자를 광의로 파악해 각각의 이해관계자의 정보요구에 대한 대응이 취해지고 있다.

CSR·지속가능 활동에 소비한 코스트(비용 및 투자액)를 출자자의 자본으로서 파악한다면, 비용 대비 효과를 측정해 외부에 공시하는 것에 의의가 있다. 그러나 이 접근법은 재무적 지분이 있는 이해관계자에 한정한 정보이다.

<표 3> CSR회계 보고서

	CSR 관련비용[1]			CSR 관련효과						
					내부효과			외부효과		
					경제효과		기타 효과	경제효과		기타 효과
		2021	2022		2021	2022		2021	2022	
사회 공헌 복지 활동	기부활동에 관한 비용	xx	xx	기부활동에 관한 효과	xx	xx	xx	xx	xx	xx
	시설제공에 관한 비용	xx	xx	시설제공에 관한 효과	xx	xx	xx	xx	xx	xx
	사회공헌활동과 지원활동에 관한 비용	xx	xx	사회공헌활동과 지원활동에 관한 효과	xx	xx	xx	xx	xx	xx
윤리 법규 준수 활동	법규준수활동 비용	xx	xx	법규준수활동 효과	xx	xx	xx	xx	xx	xx
	정보/커뮤니케이션 비용 (교육/연수비용)	xx	xx	정보/커뮤니케이션효과 (교육/연수효과)	xx	xx	xx	xx	xx	xx

CSR 관련비용[1]			CSR 관련효과						
			내부효과			외부효과		
			경제효과		기타효과	경제효과		기타효과
	2021	2022		2021	2022		2021	2022	
모니터링 비용	xx	xx	모니터링 효과	xx	xx	xx	xx	xx	xx
상품/서비스제공 비용	xx	xx	상품/서비스 제공효과	xx	xx	xx	xx	xx	xx
소계	xx	xx	소계	xx	xx	xx	xx	xx	xx
사업영역 비용	xx	xx	사업영역비용 대응 효과	xx	xx	xx	xx	xx	xx
상류/하류 비용	xx	xx	상류/하류비 용대응 효과	xx	xx	xx	xx	xx	xx
환경보전활동 관리활동 비용	xx	xx	기타 환경보 전효과	xx	xx	xx	xx	xx	xx
연구개발 비용	xx	xx							
사회활동 비용	xx	xx							
공통 비용	xx	xx							
소계	xx	xx							

주) 1) 각각의 비용은 다시 투자액과 비용으로 구분한다.
출처: CANON 2020 통합보고서와 POSCO 시민사회보고서 2019에서 저자가 일부 수정

(3) KPI(핵심성과지표) 접근법

KPI(Key Performance Indicators: 핵심성과지표) 접근 방식은 CSR · 지속가능경영에서의 중요 사항(목표와 실적)에 대해 시각적 · 효과적으로 정보이용자에게 공개하는 접근 방식이다. KPI 접근 방식은 주로 유럽기업에서 실행하고 있는 방법으로 지표단위는 %, 횟수, 세, 연, 인원수, 시간, t, $t-CO_2$, kwh, J, m3 등 종류가 풍부한 물량단위가 이용된다. 또 KPI 지표는 절대치와 복수의 지표를 대비시키는 상대치가 이용된다. CSR · 지속가능경영에서의 KPI는 CSR · 지속가능경영의 중요 과제에 대해 대응 상황이나 관련된 사업 활동의 경과, 업적, 현황을 효과적으로 계측할 수 있는 정량적 지표라고 정의할 수 있다. KPI가 완수하는 역할은 방대한

CSR·지속가능성 정보 속에서 중요 항목을 추출해, CSR·지속가능경영의 개요로서 이해관계자에게 전달하는 것에 있다. <그림 5>의 SK하이닉스 지속가능보고서 2020을 보면 KPI(핵심성과지표)를 고객, 지역사회, 구성원, SHE(환경), 투자자, 협력사로 구분하고 다시 이것을 세부지표로 나누어 구체적인 목표와 실적을 이해하기 쉽도록 정보이용자에게 보여주고 있다.

<그림 5> CSR 성과지표: KPI(핵심성과지표) 접근법
출처: SK하이닉스 지속가능보고서 2020

(4) 개별 접근법

개별 접근법은 다방면에 걸치는 CSR·지속가능성 영역 가운데 특정 영역을 강조해 공시하는 방식이다. 예를 들면 '환경'에 목표를 둔 CSR·지속가능성 지표로서 '온실가스배출', '대기오염배출',

'에너지 관리', '물 관리' 등을 정량적으로 나타내고 있다(<표 4>).
환경전략과 환경경영, 생물다양성 등에 관한 정보는 CSR·지속가
능성 지표 혹은 CSR·지속가능회계라고 명기하고 있지 않지만,
CSR·지속가능 보고서 안에서 다양한 방식으로 공개하고 있는 기
업도 적지 않다. CSR·지속가능성 지표는 CSR·지속가능성 활동
의 목표나 중점 포인트를 객관적으로 이해하는 것이 가능하다. 또,
정량적으로 성과가 제시됨으로써 어느 정도의 시간적 비교를 가능
하게 한다.

<표 4> 개별 접근법 사례: 환경 CSR 토픽과 회계 지표

Sustainability Disclosure Topics & Accounting Metrics

구분	코드	카테고리	측정지표	단위	포스코 대응
온실가스 배출	EM-IS-110a.1	정량지표	(1) 글로벌 총 Scope 1 배출량, (2) Scope 1 배출 중 배출 제한 규제(eg X-ETS) 적용 대상 비율	톤(t), 백분율(%)	(1) 79,447,000 (2) 100% 포스코의 Scope1 배출량 범위는 포스코의 국내 사업장(포항제철소, 광양제철소)를 기준으로 작성하였습니다. 2019년 기준, 국내 사업장은 포스코 연결 기준 생산량의 88.4%를 생산하고 있으므로, 이는 해당 생산량에 대한 온실가스 배출량을 의미합니다.
	EM-IS-110a.2	정량지표	Scope 1 배출 배출 감소 또는 목표 및 대비 성과 분석적 관리를 위한 전략기 전략과 계획	–	포스코는 2010년 추산 1톤당 배출 초기 배출량(Scope 1+2)을 2020년까지 2007~2009년 배출 평균(2.20 tCO₂/s) 대비 9% 감축하며 2.00 tCO₂/t-S 수준으로 낮추는 감축 목표를 발표하였습니다. 포스코는 제품 에너지 절감을 준가, 계신부업 (1) (공정 기술 개발, 제철소 제품 특성(부생), 연간 작동)비의 활동을 전개수성으로 미래한 노력과 결과로 2019년 목표를 달성하였습니다. 포스코는 2020년 이후 2050년까지 장기 감축목표와 관련 계획을 수립하고 있습니다.
대기오염물질 배출	EM-IS-120a.1	정량지표	(1) NOx 배출량(N-O제외) (2) SOx 배출량 (3) 미세먼지(PM10) 배출량 (4) CO 배출량 (5) 망가니즈(Mn) 배출량 (6) 납 (Pb)배출량 (7) 휘발성 무기화합물(VOCs) 배출량 (8) 다환 방향족 탄화수소(PAHs) 배출량	톤(t)	41,012 23,196 포스코는 목공장을 이용하여 청관석으로부터 철(Fe)를 고온에서 분리, 정제하여 청관제품을 추출 생산하고 있습니다. 이러한 청관 생산과정에서 주로 배출되는 (대기오염물질: 황산화물(SOx), 질소 산화물(NOx), 먼지 등 배출량을 보고하고 있으며, 이 외의 물질은 시행 집계하지 않고 있습니다.
에너지 관리	EM-IS-130a.1	정량지표	(1) 총 에너지 사용량 (2) 그리드전기 사용량 (3) 재생에너지 사용비율	기가줄(GJ) 기가줄(GJ), 백분율(%)	390,599,051 3.9% 그리드전기 사용량은 한국 전력공사(KEPCO)부터 구매한 전력 사용량입니다. 0.2% 포스코는 제철공정에서 발생되는 부생가스를 재활용하고 있으며, 이는 총 에너지 사용량의 84.0% 수준입니다.
	EM-IS-130a.2	정량지표	(1) 총 연료 사용량 (2) 석탄 사용량 (3) 천연가스 사용량 (4) 자생연료 사용량	기가줄(GJ) 백분율(%)	376,548,557 총 96.1% 사용량에서 산비사용량과 같습니다. Not Applicable 포스코는 석탄을 환체매(원료)로 사용하고 있습니다. 45,685,941 Not Applicable 포스코는 제철공정에서 발생되는 부생가스를 연료로 재활용하고 있으며, 이는 약 330,466,000 GJ입니다.
물 관리	EM-IS-140a.1	정량지표	(1) 총 물 사용량 (2) 총 취수량	천m³ 백분율(%)	142,038 40.9% (우수 및 냉수 재활용률) 포스코는 복수와 냉각수 중 일부를 재활용하고 있으며, 이러한 우수해수의 재활용률은 해수 처리시설과 우수처리시설을 통해 재차 수총하여 관리하고 있습니다. 포스코 국내 사업장이 위치한 포항과 광양 지역은 WRI(World Resources Institute)의 Aqueduct Tool에 의거한 Water Stress 지수가 40%미만으로, 해당 사용이 없습니다.

출처: POSCO 기업시민보고서 2019

참고로 기업의 CSR보고서 또는 지속가능경영 보고서에 대한 가
이드라인을 제시하는 단체로서 대표적인 것이 GRI(글로벌 보고 이
니셔티브)이다. SASB(지속가능성 회계기준위원회)는 GRI밖에 없

었던 지속가능성 보고 표준 시장에 뒤늦게 등장했지만, 재무적 성과와 연계된 ESG 요소를 중심으로 간결한 세부지침이 만들어져 투자자들에게 빠르게 수용되고 있다. TCFD(기후관련 재무정보공개 태스크포스)는 기후변화가 미치는 기업의 재무적 영향 공개를 위한 프레임워크였으나, 2020년 주요 기업에서 지속가능경영 보고서에 적용하면서 GRI와 같이 공시 표준으로 여겨지고 있다.

　GRI, SDGs, TCFD를 기업 보고에서 얼마나 채택하고 있는지를 살펴보면 먼저 GRI는 글로벌 수익 기준 100대 기업(N100) 중에서 지속가능보고서의 약 2/3와 포춘 500개 대기업 중에서 수익 상위 250개 기업(G250) 보고서의 약 3/4이 사용하는 가장 일반적으로 사용되는 보고 표준 또는 프레임워크이다. GRI를 채택한 조직 중에서 95% 이상이 GRI G4 대신에 GRI Standards(2016년 말 도입)를 적용하고 있다. 기후 관련 재무공개에 대한 TCFD 권장 사항은 2020년 기준으로 N100 기업 5개 중 거의 1개(18%)와 G250 중 1/3 이상(37%)이 권장 사항과 일치한다고 KPMG(2020) 설문조사 결과는 밝히고 있다. SDGs에 대해서는 2017년에 G250 및 N100 기업 중 소수만이 기업보고에서 기업 활동을 SDGs에 연결했으나 3년 후인 2020년에는 N100의 2/3 이상(69%)과 G250의 거의 3/4(72%)으로 크게 증가하였다. 단 N100 회사의 86%와 G250 회사의 90%가 긍정적인 SDGs 영향에만 초점을 맞춘 일방적 관점을 보고하고 있어 SDG보고는 대부분 불균형하며 비즈니스 목표와 연결되어 있지 않는 것을 알 수 있다. TCFD의 제안에 따라 정보 공개를 추진한다고 하여 '찬동'을 표명하는 기업·기관은 계속 증가하고 있으며, 2020년 2월 말 시점에서는 세계 55개국에 본부 기능을 갖는 1,027개의 기업·기관으로까지 확대되었으며, 시가총액 합계는 12조 달러를 넘었다. 우리나라에서도 KB, 신한금융, 현대해상, 삼성생명을 위시하여 환경부와 한국거래소 등이 지지를 선언했다.

5. CSR·지속가능회계의 미래와 통합보고 체계

CSR·지속가능성은 어느 정도 자리를 잡아가고 있다. CSR·지속가능성에 대한 대처에는 협력업체나 인권에의 배려 등 한국 기업에는 그다지 친숙하지 않았던 것도 많아, 기업에 있어서 새로운 부담이 되는 면은 부정할 수 없다. 그러나 CSR·지속가능성은 기업의 성실성 이미지에 영향을 미침으로써 리스크 관리 외에 IR이나 PR 면에서 이용가치가 크다는 것도 사실이다.

성실성을 중시하기 시작한 사회의 흐름 속에서 기업 불상사의 발각은 부분적인 문제라도 기업 이미지 전체에 영향을 줄 수 있다. 그러나 견해를 바꾸면 기업은 CSR·지속가능성에 임함으로써 불확실성(리스크와 기회) 관리를 향상시키고, 그 정보 공개를 통해 기업에 대한 신뢰감을 향상시킬 수 있다. 기업에 대한 신뢰 향상은 장기적으로 보면 종업원의 도덕성 향상을 촉진하고 자금을 유치함과 동시에 우수한 인재나 많은 고객을 끌어들이는 큰 힘이 된다. 또한 CSR·지속가능성의 추진체계에 대한 정보 공개는 장기적인 IR 도구로서 기업 가치를 높이는 힘을 가지고 있다.

그러나 CSR·지속가능회계는 많은 문제점을 내포하고 있는 것도 사실이다. Bebbington and Larrinaga(2014)는 지속가능한 발전을 위한 회계 이론도 실무도 기업의 설명이 특정 지역에 이전부터 존재하는 이해관계자 문제 및 조직 내의 매우 중요한 문제를 취급하기보다 지구 레벨의 사회·환경 문제를 취급하는 것에 관심이 있다고하는 과제를 지적하고 있다. 또 지속가능한 발전의 목표나 그 논의의 중심이 되는 사고 그 자체가 비즈니스에 있어서 어떠한 의미를가지는지에 대해서 통틀어 정의하기 어려운 점을 지적하고 있다.

CSR·지속가능회계가 통상의 비즈니스 상태나 자본주의적 사고의 연장선상에 있는 것인가에 대해 논의가 있다. Thomson(2015)은통합 보고의 개념 프레임워크에 대해 당초 목표로 한 CSR·지속가능성 보고의 관점이 약화되고 희석되어 자본주의적 사고 양식에받아들인 비즈니스 상태를 기본으로 하고 있는 것, CSR·지속가능성이 재무적 안정성과 병렬적으로 혹은 자본주의 사회의 보조적 위치에 놓여 있다는 것, 사회의 번영이 아니라 투자가의 부(wealth)를늘리는 것에 초점을 맞추고 있는 점을 비판하고 있다.

이러한 비판을 받아들여 우리나라에서는 기업이 발휘하는 동력을 되찾기 위한 개혁의 중심지로서 지배구조 개혁이 규정되어 투자자에 책임투자를 확대하기 위해「한국형 스튜어드십 코드」, 기업에대해서는「기업지배구조 코드」가 도입되었다. 이 두 가지 코드는차의 양 바퀴라고 할 수 있는 것으로, 기업과 투자자의 양자가 건설적인 대화를 통해 지속적인 경제성장을 목표로 하고 있다. 이 대화를 위한 소재로 거론되는 것이 통합보고서이다.

통합보고의 체제가 등장하게 된 것은 기존의 연차보고서와 지속가능성 보고서가 상이한 부서에서 각각 작성되어 공시되며 발행 목적과 규제 방식(의무적·자발적)도 달라 서로 통일되지 않고 단편

화되는 정보로 인해 이해관계자를 현혹시킬 가능성이 크기 때문이
다. 이에 이들 보고서 간의 연관성을 확보하고 이해관계자 모두에
게 유용한 영향을 미치기 위해 이 두 종류의 정보를 일관되게 보고
하는 국제통합보고위원회의 통합보고체제(이하, IIRC 프레임워크)
가 나타나게 되었다.

<표 5> 기업보고서의 비교

항목	연차(재무)보고서	CSR/지속가능 보고서	통합보고서
기업가치	재무적 자본의 함수	자연자본은 (-)의 함수	6가지 자본의 함수
중요성	관여하지 않음	자연상의 중요성	재무상의 중요성
지속가능성 범위	지속가능한 이익	이상적 지속가능성	통합적 지속가능성
담당 부서	재무부서 단독	지속가능성 부서 단독	조직 횡단적 팀
기업전략	재무 전략	사회적 책임 기업	지속가능 전략
이해관계자/대화	-	회계상의 대화	통합적 의사결정
전문가의 가치	통제적 회계전문가	사회/환경회계의 전문성	전략적 회계담당자
보고목적	주주/투자자 관계	이해관계자의 유지	장기적 투자자의 매료
재무자본에의 영향	재무/자본시장에의 업적	전부원가의 회계	재무/자본시장의 업적
사회/자연자본에의 영향	영향 없음	사회적/환경 부하	ESG 업적
규제에의 영향	경제적/제도적 결정	사회적/정치적 분석	제도적 결정
측정시스템/척도	재무정보(회계기준 준거)	ESG정보의 비재무정보	재무/비재무 정보

출처: Stubbs and Higgins(2014), Barker and Kasim(2016)을 필자가 수정

IIRC 프레임워크에 따르면 통합보고는 조직의 외부환경을 배경
으로 해서 조직이 가지는 강점을 축으로 전략이나 실적 목표, 방향
성 등을 가치창조 스토리로서 전하고, 비즈니스 모형을 토대로 이
해관계자와의 보다 좋은 관계 구축과 커뮤니케이션의 개선에 의해

기업가치의 실현과 지속가능한 사회에의 공헌을 완수하는 대처 방식이라고 정의하고 있다(IIRC, 2013). 통합보고서는 단순한 재무 및 비재무정보의 집계 이상을 목적으로 하며 ESG 요인의 맥락에서 가치를 창출하는 방법과 그 일환으로 위험, 전략 및 비즈니스 모델 간의 연결 고리를 명확하게 설명한다(King, 2016).

한편 통합보고의 추세를 보면 2020년에 국가별 매출상위 100개 (N100) 기업의 16%는 연차보고서를 통합된 형태로 표시했다. 이 중 70%는 통합보고를 위해 IIRC 프레임워크를 참조하고 있으며 Fortune 상위 250개(G250) 기업 중 22%는 통합보고서를 발행했다 (KPMG Survey of Sustainability Reporting, 2020). 최근 우리나라에서도 국민연금공단(NPS)이 스튜어드십 코드를 채택했으며 2019년부터 한국증권거래소는 총자산 2조 원 이상 상장기업에 연차 지배구조 보고서를 제출하도록 요청함에 따라 ESG 정보에 주목하면서 지속가능성과 장래의 리스크·기회·재무적 영향을 고려한 통합보고를 실시하는 기업이 증가하고 있다.

그런데 IIRC의 국제통합보고 프레임워크는 기업이 보고하는 정보가 어떻게 구성되고, 어떻게 준비되며, 어떤 광범위한 토픽이 커버되는지에 대해 업계에 구애받지 않고 원칙에 근거한 가이던스를 제공하는 것이다. 반면에 SASB 기준은 무엇을 보고해야 하는지에 대해 업계 특유의 요구 사항을 제공하는 것이므로 이 두 가지는 상호 보완성을 가지고 있으며 기업 보고의 단순 명료함이 목표이다.[3]

---

3) 참고로 2019년 5월에 기후변화공개 기준위원회(CDSB)와 미국 지속가능성 회계기준심의회 (SASB)가 공동으로 발표한 'TCFD 실무 가이드'에 따르면 기후변화에 의해 예상되는 시나리오에 대해서 자사의 비즈니스가 어떤 영향을 받아 어느 정도 재무제표에 영향을 줄 것인지 기업은 주요 연차보고서에서 설명해야 한다고 한다. 이 점에서 유가증권보고서나 지속가능보고서와 함께 통합보고서는 TCFD 제안에 따른 공개를 실시하는 툴로서 활용하기 쉬울 것으로 생각된다.

또한 양 단체의 상호 보완성은 각각이 개발해 온 프레임워크나 기준에 머무르지 않고 강한 네트워크를 가진 이해관계자 그룹(IIRC는 기업, SASB는 투자가), 인지도가 높은 지리적 영역(IIRC는 글로벌, SASB는 미국)이라는 면에서도 높기 때문에 글로벌하게 보고의 작성자, 이용자의 쌍방의 요구를 지원하고 또한 효율의 개선에 공헌할 수가 있다. 이에 재무 자본의 제공자를 주된 타깃으로 한 장기적인 기업가치 향상에 대한 보고의 진전을 목표로 IIRC와 SASB가 합병하여 기업가치 보고를 초점으로 하는 재단(Value Reporting Foundation)을 설립하였다. 이번에 발표된 양 단체의 합병은 보다 포괄적이고 일관성 있고 신뢰성 높은 기업 보고 시스템 구축에 기여할 것으로 기대를 모으고 있다.

2장

친환경적 생산을 지원하는
물질흐름원가회계(MFCA)

1. 물질흐름원가회계(MFCA)의 등장 배경과 개념

기업경영의 새로운 패러다임으로 등장한 ESG경영은 기업의 지속적인 성장과 존속에 있어 필수불가결한 과제가 되었다. 기업이 사회적 측면도 포함해 환경을 배려하는 제품제조를 지향한다고 하는 의미에서는 당연히 공장은 폐기물 발생량, CO_2 발생량의 최소화를 도모하지 않으면 안 된다. 다만 그것이 조직 경영의 방향과 일치되지 않는, 즉 경영에 부담을 주는 환경 대처는 지속가능한 발전이 아니라고 생각한다.

환경관리회계(EMA: Environmental Management Accounting)는 기업 내부에 있어서 환경과 경제를 연결시키는 기술 전체를 가리키는 총칭이며, 기본적으로 정확한 환경원가를 파악함으로써 제품원가계산의 정확성을 향상시키고 나아가 경영자의 다양한 의사결정의 최적화를 목표로 개발되었다(육근효, 2013). 그중에서도 특히 물질흐름원가회계(Material Flow Cost Accounting 이후 MFCA로 약칭)

가 학계와 실무에서 많은 주목을 받고 있다.

그것은 전통적으로 공학적인 분석 방법인 물질수지표(mass balance)와 그 후 개발된 생태수지표(eco-balance) 등은 각 물질별로 물량에 관한 정보만을 제시할 뿐 그 정보를 총합적으로 표시할 수 있는 방법을 결여하고 있다는 한계를 지니기 때문이다. 이에 제품에 포함되는 원재료나 폐기물을 구성하는 원재료에 관한 물량정보만이 아니라 가치정보(화폐단위로 표시)를 동시에 파악하여 물질수지표나 전통적인 원가계산시스템이 밝혀내지 못하는 원가 및 원재료손실을 파악하여 원가를 절감할 수 있도록 고안된 MFCA가 등장하게 되었다.

이와 더불어 국제협약에 의한 환경규제의 강화, 소비자나 투자자로부터의 환경압력, 기업의 폐기물 처리비용의 증가에 따라 원재료비를 계상함에 있어 원재료와 관련된 폐기물 원가와 폐기물 처리비용을 동시에 고려해야 하는 것도 MFCA가 개발된 또 하나의 배경이라고 할 수 있다.

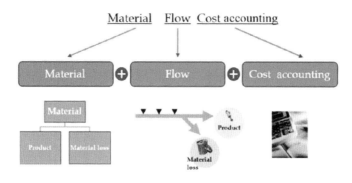

<그림 6> MFCA의 기본 개념
출처: Manual on MFCA ISO 14051에서 인용

<그림 6>에서 MFCA의 기본 개념을 보여주고 있다. MFCA는 제품의 제조 전 과정을 원재료 등의 물질(material)의 흐름으로 보고 각 물질이 생산 공정에서 어떻게 이동(flow)하고 체류(stock)하며, 어디에서 완성품(양품)과 불량품이나 폐기물, 배출물 등 부(-)의 제품으로 나누어지는지를 파악하여 손실(loss)원가를 정확히 측정하고 관리하고자 하는 것이 목적이다. 제조 공정의 각 단계에서 사용하는 자원(원재료나 에너지 등)과 각 단계에서 발생하는 불량품, 폐기물, 배출물을 물량 기준으로 파악하고 그것을 화폐액으로 환산함으로써 불량품이나 폐기물, 배출물 등 손실의 경제적 가치를 분명히 한다. 즉 MFCA는 물량 데이터와 원가 데이터 쌍방에서 추적하여 양자의 유기적인 통합을 도모하려는 원가계산 절차이다(伊藤[Ito], 2009).

MFCA는 물질의 흐름에 초점을 맞추어 공정에서 생기는 양품과 공정상의 손실(loss)의 양자를 모두 제품으로서 인식하는 점에 커다란 특징이 있다. 여기서 제품으로 인식한다고 하는 것은 각각에 원가가 발생하는 것을 의미하고 있다(古川[Furukawa], 2010). 구체적으로는 MFCA에서는 공정을 제품의 제조를 목적으로 한 물질이라는 관점에서 파악하고 물질손실의 원가를 인식함으로써 공정(프로세스)에 있어서의 잠재적인 낭비를 명확히 규명한다. 이 손실에는 재료비 이외에 가공비나 노무비도 배분되어 보다 종합적인 의사결정에 이용되도록 고안되어 있어 수율 손실 등 "폐기물, 부(-)의 제품"을 형성하는 진짜 비용이 명확하게 된다. 이 낭비를 삭감하기 위한 개선책을 마련함으로써 제품 제조경쟁력이 강화되고 원가절감으로 이어진다. 동시에 단위 공정별 사용 물질량의 가시화와 삭감

에 연결된다. 공정에서 사용되는 물질에는 그 물질의 채취와 제조 과정에 있어서 CO_2 배출량을 안고 있으며 손실(loss) 비용을 CO_2 배출량으로 치환하는 것이 가능하다. 즉 MFCA를 실시함으로써 CO_2의 물질 기준에서의 흐름이 명확하게 되고 CO_2의 배출 삭감을 위한 구체적인 접근을 하는 것이 가능하게 된다. 이러한 점에서 MFCA는 환경과 경제의 양립에 이바지하는 관리 기법이라고 할 수 있다.

MFCA 활동은 환경 배려와 경영의 병행을 목표로 하는 활동 그 자체가 되었다고 인식하고 있다. 즉, 다음과 같은 정보를 경영층에 제공할 수 있는 활동이 되었다.

① 환경을 배려함으로써 새롭게 이익 기회를 찾아낼 수 있다.

② 보이지 않았던 원가를 환경 배려라고 하는 관점에서 표면화시켜 새롭게 원가절감 목표를 설정한다.

③ 환경 배려를 하지 않음에 따른 이익 기회의 손실을 표면화시켜 새로운 이익 향상이 되는 목적을 설정한다.

<그림 7>을 보면 MFCA가 경제적 측면의 내부효과로서 이익과 생산성 향상에 의해 기업 경쟁력이 강화되고 동시에 환경적 측면의 외부효과로서 탄소 배출량이 감소와 자원의 고갈이 줄어드는 환경 부하의 개선(저감) 효과가 나타남을 알 수 있다. 그리고 이 두 가지 측면의 효과가 합해져서 기업과 사회의 지속가능한 발전에 이바지 하게 된다.

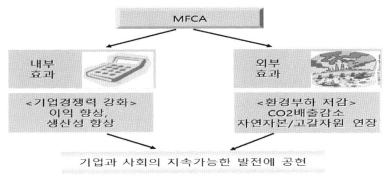

<그림 7> MFCA의 경제적·환경적 효과

2. 물질흐름원가회계(MFCA)의 프레임워크

MFCA는 새로운 발상의 원가계산시스템이라고 할 수 있는데 그러면 MFCA는 기존의 원가시스템과 어떤 점이 다른가?

전통적 원가계산에 있어서 생산공정은 경제적 가치의 소비과정이라고 생각되며, 소비에 의해 제품에 첨가된 가치의 평가는 원가회계로서 간주되고, 정상적 생산이 수행되는 한, 모든 투입된 자원의 화폐적 가치는 상응하는(관련되는) 생산공정의 산출물로서 제품의 생산원가 속에서 계산된다. 이것은 제품은 모든 사용된 자원의 원가에 부담시켜야 하는 것을 의미한다.

즉 현행 원가계산에서는 제품의 제조를 위해 희생된 경영자원의 금액을 파악하는 것을 목적으로 하고 있으므로 원칙적으로 제조 과정에서 발생하여 폐기되는 자재(MFCA에서는 「부(-)의 제품」이라고 불린다)도, 제품(「정(+)의 제품」)의 생산에 필요한 희생의 일부라고 생각해서 제품원가에 산입한다. 따라서 폐기물은 전통적 원가회계에서는 전혀 인식하지 않으며 생산공정과는 완전히 분리된 제품 창조물로서 취급되며, 가치사슬과는 아무런 관련이 없게 된다.

그 결과 원재료비는 모두 제품원가에 산입되어 폐기물 그 자체의 원가는 파악되지 않기 때문에, 고객의 손에 들어가는 일 없이 폐기되는 부분에도 원가가 많이 든다는 사실이 무시되어 버리는 경향이 있다. 이렇게 해서는 작업자나 다른 종업원에 대해서 폐기 자재의 삭감을 향한 충분한 동기부여를 할 수 없다. 이에 비해 MFCA는 폐기 자재를 삭감하는 것이 얼마나 기업의 이익 실적에 기여하는지를 명확히 보여준다.

MFCA에서 폐기물은 전통적 원가회계에서 볼 수 있는 생산공정에서의 제품의 가치를 회수하는 데 목적을 가진 가치부여의 과정으로서 파악되지 않는다. 그러나 대신에 생산 공정으로부터의 모든 산출물은 동등하게 평가된다. <그림 9>에서 제품(우량품)은 정(+)의 제품으로 파악되고 반면에 생산 공정에서 나오는 폐기물 또는 배출물(물질손실)은 부(-)의 제품으로 인식된다. 이런 측면에서 마이너스(-)의 의미는 관련 생산공정의 목적에서 벗어나거나 시장성이 없는 것을 뜻한다.

그러나 중요한 점은 전통적 원가회계와 달리 MFCA에서 생산공정은 우량제품과 폐기 제품을 동시에 생산하는 곳으로서 인식된다는 것이다. 그런 인식하에서 정(+)의 제품과 부(-)의 제품은 모두 MFCA에 의한 원가에 있어서 동등하게 평가되는 것이다. 각 제품은 투입된 자원의 관점에서 등가의 원가평가가 되는 것이다.

MFCA는 우량품이 되는 정(+)의 제품의 원가와 폐기물이 되는 부(-)의 제품의 원가를 동일한 기준으로 평가하기 때문에, 우량품의 원가(소위 제품원가)는 전통적 원가회계(관련되는 생산을 위해 사용된 모든 투입된 운영자원의 비용은 우량품의 원가에 포함된다)와 비교할 때, 폐기물에 배부된 금액만큼 낮게 평가된다. 따라서 이와 같이 낮게 평가된 제품원가(우량품의 원가)는 가격의사결정의 목적에도 적합하지 않고 재무제표의 작성과 생산관리의 목적에도 적합하지 않게 된다.

<그림 8> MFCA 프로세스

출처: Christ and Burritt(2015)에서 인용

이러한 특징을 가진 MFCA가 어떻게 설계되고 실제로 구현되는 가를 <그림 8>을 통해 살펴보자. 첫째 단계는 적절한 시스템 경계 (boundary)를 설정하는 일이다. MFCA 계산을 공장 수준에서 실시할 것인지, 기업 수준에서 할 것인지, 협력업체까지 포함시킨 공급사슬 전체를 범위로 할 것인지를 정해야 한다. 둘째, 이것이 합의되면 다음으로 흐름 모형(flow model)을 구축하는 것이다. 조직 전체의 물질과 에너지의 흐름이 어떻게 이루어지는가를 시각적으로 표현한다(Christ and Burritt, 2015). 이 흐름 정보는 금전적 요소는 없지만 조직의 환경성과를 개선하는 데 도움이 될 수 있는 물질 또는 물질 흐름 분석을 수행하기 위한 기초로 사용되므로 MFCA 구

현에서 중요한 단계라고 할 수 있다. 흐름 모형이 완료되면 다음 단계에서는 흐름 모형의 각 단계를 통과(flow)하거나 체류(stock)하는 재료 및 에너지의 양을 나타내는 값을 할당한다. 여기서는 모든 항목을 MFCA 프로세스의 다음 단계에 필요한 비교 측정 단위(예: 킬로그램)로 변환하는 것이 중요하다. 흐름 모형에 값을 할당하는 목적은 물질수지(입/출력 수지 또는 생태수지라고도 함)를 설정하기 위해서이다(ISO 14051, 2011). 수지(收支)의 개념은 질량과 에너지는 생성되거나 파괴될 수 없고 변형될 수만 있기 때문에 시스템에 들어가는 물리적 입력(input)은 시스템 내의 모든 재고 변경을 고려하여 시스템의 물리적 출력(output)과 동일해야 한다는 것이다 (Huang 등, 2012). 물질수지가 완료되면 흐름 모형의 각 단계에 포함된 모든 입력 및 출력에 대한 금전적 가치를 할당해야 한다. MFCA는 여러 범주의 비용을 인식하게 되는데 여기에는 재료비, 인건비, 감가상각 및 운송비용을 포함하고 내부 자재 및 에너지 취급과 관련된 비용을 포함한다.

MFCA에서는 모든 제조원가를 다음 4개로 분류해서 계산을 한다.
- 재료원가(Material Cost, MC라고 축약하여 나타낼 수 있음): 재료비, 단 제품이 되는 직접 재료뿐만 아니라 세정제, 용제, 촉매 등의 제품이 되지 않는 간접 재료도 계산의 대상
- 시스템 비용(System Cost, SC로 축약하여 나타낼 수 있음): 노무비, 감가상각비, 간접노무비 등 가공비
- 에너지 비용(Energy Cost, EC로 축약하여 나타낼 수 있음):

가공비 중의 전력비, 연료비나 용역비 등

- 폐기물 처리비(Waste Management Cost, WMC로 축약하여 나타낼 수 있음): 배기, 배출액, 폐기물 장소 내 처리비용, 외부로 처리 위탁 시 위탁비용 등

3. MFCA의 계산 절차

<그림 9>의 MFCA 사례를 통해 MFCA의 실제 계산 절차를 살펴보자. 이 사례에서 실제 공정은 수지성형, 기계가공, 표면도장의 3개의 공정으로 구성되어 있다. 이 세 가지 공정을 MFCA에서는 물량센터라고 부른다. 제1공정은 수지성형 공정인데 수지를 성형기에 투입하여 성형기 내에서 용해시켜 금형으로 성형한다. 성형 시에는 Runner(수평통로) 부분이 자투리가 되어 재료의 손실이 되고 폐기 처리한다. 2공정은 기계가공 공정으로서 드릴링 작업과 나사가공, 일부 단면을 제거한다. 이때 기계가공에 의해 금속 부스러기가 발생한다. 제3공정은 표면도장 공정으로서 기계 가공된 기계가공품의 일부에 표면도장 처리를 한다. 도장에 사용되는 도료의 경우에는 특히 품종 전환 시 손실이 발생한다.

제2공정을 예로 들어 MFCA 계산과정을 구체적으로 살펴본다. 2공정은 기계가공 공정인데 1공정인 수지성형 공정이 끝나고 2공정으로 넘어온 것이다. 즉 1공정에서 완성된 (+)제품의 원가 $96.3만이 2공정으로 인도되면 여기에 다시 2공정에서 새로 투입된 원가 $82만이 더해져서 $178.3만이 2공정까지 투입한 원가가 된다. 이

중에서 25%인 $44.7만이 손실(loss)로 처리되고 여기에 폐기물처리비 $5.9만이 더해져 총 $50.5만이 2공정에서의 (-)제품원가로 된다. 나머지 75%는 양품(+제품원가 $133.7만)으로 3공정으로 인도된다. 3공정인 표면도장 공정에서는 2공정에서 인도받은 $133.7만에 3공정 자체의 신규로 $81만이 추가되어 총 $214.7만이 투입되고 이 중에서 15%는 손실로 처리되고 85%는 양품으로서 최종완성(+제품원가 $182.5만)이 된다. 한편 (-)제품원가를 살펴보면 전체적으로 투입된 원가의 35.1%가 손실로 나타났다.

이를 구체적으로 보면 3개 공정 중에서 2공정인 기계가공 공정에서 가장 많은 손실($50.5만)이 발생하고 그중에서도 시스템원가($29.3만)가 가장 크게 나타났다. 그러나 실제 가장 개선이 시급한 곳은 2공정인 기계가공 공정 중에서 재료원가라고 할 수 있다. 왜냐하면 상대적으로 재료원가의 손실이 1공정과 3공정에 비해 2배 이상 크게 발생했기 때문이다. 이 경우 해결 방안으로서는 재료손실을 줄이기 위해 새로운 가공 공법을 개발한다든지 가공에 필요한 새로운 설비를 도입하든지 나아가 협력업체와의 정보 공유를 통해 근본적으로 손실이 발생하지 않는 부품이나 원재료를 구입하는 방식을 채택해야 할 것이다.

손실이라고 인식하고 있어도, 개선의 대처를 하고 있지 않은 경우가 있다. 거기서는 「표준 작업이니까」, 「과거에 개선한 결과이니까」, 「설비 투자해도 회수할 수 있을 것 같지 않기 때문에」, 「바빠서」, 「사람이 없기 때문에」, 「기술적으로 한계이니까」 등, 여러 가지 이유가 나오게 된다. 그러한 이유를 재차 깊게 파고들면 "개선할 수 없다"는 것이 아니고, "개선을 포기하고 있었다", 혹은 "놓치고 있었다"라고 하는 경우가 대부분이다.

또한 MFCA는 "부(-)의 제품 비용=제로"라는 어떤 의미에서의 궁극적인 이상적인 수치, 도전적인 목표를 기술자에게 부여한다. 이것은 위에서 말한 획기적인 개선 방안을 재촉해 문제 해결에 눈을 뜨는 계기가 주어진다고 하는 것이다.

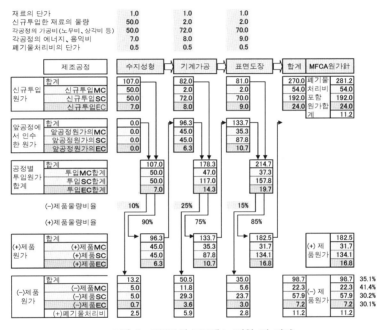

<그림 9> MFCA의 프로세스 (단위: 만 달러)

주) MC: Material Cost, SC: System Cost, EC: Energy Cost

4. MFCA 도입의 성공·장애요인과 확장

성공·장애요인

우리나라 기업을 비롯해 많은 MFCA의 도입 사례에 공통되는 특징은 반드시 환경부하 삭감을 최우선의 목표로 내걸고 그 도입이 추진된 것이 아니라 오히려 MFCA를 생산관리의 연장선상에 있는 추진체제로 자리매김하여 운용한 것이라는 점이다. 즉 대부분의 기업에서는 비용절감의 관점에서 폐기 자재의 삭감을 위해 노력했으나 그런 활동은 단발적인 활동에 그치게 되었다. 그런데 MFCA의 도입에 의하여 원가계산 시스템을 통하여 손실 크기를 체계적으로 평가할 수 있게 되어 새로운 개선 기회에 연결할 수 있었다. 즉 MFCA에 의해 기존 시스템이나 환경하에서는 간과되어 온 손실의 크기가 가시화되고, 또 이러한 「부(-)의 제품」의 삭감이 이익 실적에 어떠한 영향을 주는지를 경영자에게 전함으로써 손실의 방지를 향해 강력한 행동을 취할 수 있게 된다. 이에 따라 환경경영의 활동 목표는 이익 실적과 직결하게 되고 또 전사적 품질관리(TQM) 등의 현장에서의 활동과 통일적인 척도 아래에서 일체화되어 전사적인 목표와 명확한 인과관계를 갖게 된다.

MFCA 도입 성공요인의 두 번째는 ERP(통합 업무 패키지) 도입에 의해 MFCA가 유효하게 작동하여 개선 사항의 가시화에 크게 공헌했던 것을 들 수 있다. MFCA의 시스템화에 의해 원재료원가, 에너지원가, 시스템원가, 폐기물 처리원가 등의 손실을 라인별, 공정별로 추출해서 핀 포인트로 과제를 분석할 수 있었다.

세 번째로는 CEO 및 경영 간부가 출석하는 경영위원회에 대해

MFCA 실적 보고를 실시하는 것이다. 경영자들 스스로가 환경과 경제 면에 있어서의 개선의 가능성을 인식함으로써 다음의 새로운 목표가 제도적으로 톱 다운으로 제기되어 과제를 해결해 나가는 시스템을 구축하게 된다.

네 번째는 그룹 내의 기업에 MFCA가 이미 도입되고 있었기 때문에 과제 해결을 위한 기업 풍토가 침투하고 있었던 것을 들 수 있다. 기술 교류회나 MFCA 실적 보고회를 통해 정보를 공유하고 EQC(환경·품질·원가)를 지킨다고 하는 의식이 작동한 것을 성공요인으로 들 수 있다.

한편 MFCA 도입의 장애요인으로서 구체적으로 거론되어 온 것은 전문적 지식을 가진 인재·요원이 없다는 것과 MFCA를 분석할 수 있는 시스템이 갖추어져 있지 않다는 점과 그리고 실시를 위한 부하가 예상 이상으로 컸다는 점을 들 수 있다.

MFCA 도입과 실시로 인한 효과를 살펴보면 다음과 같다. 첫째, 자원생산성 관리 효과를 들 수 있다. 전통적 제품원가회계(공정별 원가계산)에서는 원재료 소비량에 단위당 가격을 곱해서 재료원가를 구한다. 여기서 소비량인 투입은 알려진다. 그러나 MFCA에서는 직접원재료와 차별화되지 않는 보조원재료와 같은 간접재료비는 제조간접비로서 전체 공정(제조)에 의해 관리된다. 그런데 실제 도입에 있어서는 MFCA를 위해 요구된 물질수지 정보는 생산현장에 분산되어 있다. MFCA와 같이 물질수지에 근거한 하나의 시스템으로서 데이터가 체계화되어 있지 않다는 것이다. 즉 대부분 생산관리정보와 원가회계의 연계가 부족한데 MFCA 도입에 의해 통일적인 관리가 가능해진다는 것이다. 다음으로 물질수량관리와 원가관리는 항상 분리된 부서에서 수행되며, MFCA에서 볼 수 있는 기업 전체 또는 전체 제조공정으로서의 보다 넓은 관점에서 볼 수는 없으며 또한 경영자는 자신들의 책임 범위 밖에 있는 것을 관찰하지 못한다. MFCA의 관점에서 제조공정이 설계되고 제품계획이 설정되면 제조정보는 제품을 제조하는 전체 관점과 함께 각 공정에서 분석되고 제공된다. 특히 오늘날 IT 기술 발전에 따라 전체와 부분 간에 동시적으로 조화를 이룰 수 있는 시스템 설계는 가능하다. 그리고 MFCA의 도입에 의해 자원생산성의 향상과 원가절감에 의한 이익의 향상이 양립할 수 있게 된다. 예를 들면 표준원가 제도에 있어서의 원가정보는 물질수량과 화폐가치가 혼합된 정보이지만(수량×가격) 실제는 표준원가의 향상은 바로 원가 목표의 표준이며 이익 목표의 달성에 연결되는 관리의 과제가 된다. 여기서는 물질(물량)은 이차적(부수적) 관리의 과제가 되며 자원생산성의 향상이 아니라 원가절감이 목적이 된다. 이에 비해 MFCA는 관리정보 속에 숨겨진 물질수량의 데이터에 근거한 원가관리 도구로서 원가절감에 유용하다. 물질수량과 그 화폐가치의 통합은 물질수지와 MFCA의 원가평가의 통합개념에 의해서만 달성될 수 있다.

MFCA의 확장

지금까지 MFCA의 성공요인과 효과에 대해 살펴보았다. 그러나 MFCA는 여전히 전개과정에서 한계점과 문제점이 제기되고 있으므로 이를 해결하기 위해 접근 방식을 각각 확장하거나 개선해야 한다.

첫째, 에너지 (손실) 흐름을 물질 (손실) 흐름 아래에 포함시키거나 무시함으로써 수집된 데이터 집단(pool)에는 기업이 에너지 소비 및 에너지 손실의 규모, 결과 및 동인을 더 잘 이해할 수 있는 자세한 에너지 관련 정보가 포함되지 않는다. 따라서 MFCA는 잠재적인 에너지 절약 기회의 비용-효과 분석을 지원하기에 충분한 정보를 제공하지 않는다. 따라서 첫 번째 확장은 에너지 흐름과 에너지 손실 흐름을 분리하여 고려하는 것이다.

이것을 설명하기 위해 1종류의 원재료를 투입해서 하나의 가공공정(물량센터 B)을 거쳐 한 종류의 제품이 생산되는 간단한 프로세스를 가정한다(<그림 10> 참조). 먼저 기초와 기말 재고는 없다고 하고 물질(원재료) 150톤(1톤=$360)과 에너지(전기, 물 등) 5MWh(1MWh=$110) 그리고 에너지-관련 시스템원가(예: 전기에 관련된 인건비나 시설상각비 등) $1,000이 물량센터 B공정에 투입된다. 물량센터 B에서는 원재료 150톤을 가공하는데 이 과정에서 원재료 15톤(=$1,500)이 불량이나 감손 또는 공손 등으로 손실(loss)이 발생한다. 또한 투입된 에너지 5MWh 중에서 60%인 3MWh의 에너지 손실이 발생한다. 이것은 에너지(예: 전기)의 특성상 유입된 에너지의 일정 부분, 즉 유효(effective) 에너지(2MWh)가 제품을 생산하기 위해 원하는 작업을 수행하는 데 사용되었다는 의미이다. 유입된 에너지의 나머지 부분(3MWh)은 원치 않는 (undesired) 에너지 흐름으로 공정을 떠나는 에너지 손실로 정의된다. 이와 더불어 0.2MWh가 가공공정(물량센터 B) 중에 손실로 처리된다. 이것은 유효 에너지는 생산 공정의 원동력이며 일종의 내재(embodied) 에너지로서 재료 산출과 강한 상관관계를 갖는다. 재료투입량의 10%가 가공 중에 불량이나 감손으로 인해 없어지므로 이에 비례하여 원하는 작업을 위해 유효하게 투입된 에너지 2MWh도 10%만큼 손실(0.2MWh)이 발생한다고 간주하는 것이다. 이렇게 해서 물량센터(공정) B에서의 가공이 끝나면 B공정의 완성품이 나오게 된다. 이 완성품(+제품)의 내용을 보면 재료 135톤과 에너지 1.8MWh의 물량으로 이루어진다.

이렇게 물량 흐름이 정리되고 나면 재료 및 에너지 사용의 비효율성(-제품)으로 인한 부정적인 경제적 효과를 강조하기 위해 물량의 흐름을 화폐적으로 평가한다. 물량센터(공정) B를 중심으로 화폐적 평가를 해보면 먼저 물질(원재료) 150톤($360/톤*150톤=$54,000)과 에너지(전기, 물 등) 5MWh($110/MWh*5=$550) 그리고 에너지-관련 시스템원가(예: 전기에 관련된 인건비나 시설보수비 등) $1,000이 물량센터 B공정에 투입된다. 그리고 B공정에서는 추가로 물질의 가공을 위해 시스템 비용($1,500)이 들어간다. 이것은 재료비, 에너지 비용, 폐기물처리 비용을 제외한 가공 처리 과정에서 발생하는 모든 비용(예: 공장관리비, 유지보수비, 운송비 등)을 말한다. 이 외에 가공과정에서 나오는 슬러지나 각종 폐기물을 처리하는 데 $150이 들어간다. 물량센터 B공정에서의 에너지손실과 물질손실을 계산하면 다음과 같다. 먼저 투입된 에너지비용 $550과 에너지-관련 시스템원가 $1,000 중에서 60%가 원치 않는 (undesired) 에너지 흐름으로 공정을 떠나는 에너지 손실이며 각각 $330과 $600이다. 한편 물질(재료) 투입 중에서 10%가 손실 ($5,500)이 되는데 시스템원가와 에너지비용도 각각 10%에 해당하는 $150, $22가 되며 에너지-관련 시스템원가도 $40이 된다. 폐기물처리비용($150)은 모두 물질손실 15톤을 처리하는 데 들어가는 비용이다. 물량센터 B를 통해 최종 산출된 완성품을 화폐액으로 평가하면 재료비 $48,600, 시스템비용 $1,350, 할당된 에너지비용 $198(=유효에너지 $220-할당된 에너지손실 $22), 그리고 에너지-관련 시스템비용 $360으로 된다.

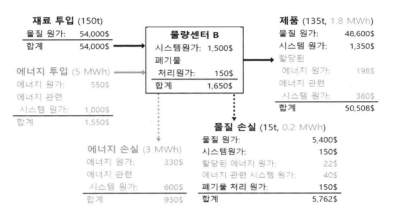

<그림 10> 단일 물량센터(공정)에서의 MFCA 계산 과정

출처: Bierer 등(2015)에서 인용

끝으로 환경과 경제를 양립시키는 관리회계기법으로서 개발된 MFCA가 개별기업에서의 낭비 절감과 함께 공급사슬에서의 자원 효율성 향상을 위한 기법으로 확장되고 있다(Schmidt, Gotze, Sygulla, 2015). 특히 가공 조립형 제조업에 있어서는 설계구조가 복잡하게 되고 있으며 부품이 복잡하고 부품 개수가 증가함으로써 공급사슬이 길고 복잡한 것이 일반적이다. 따라서 공급사슬의 다양한 단계에서 물질손실이 발생하고 있을 가능성이 있으며 어느 단계에서 얼마만큼의 물질손실이 발생하고 있는 것인가를 표면화하는 것이 공급사슬에서 자원생산성을 관리할 때에 중요한 요인이 된다.

공급사슬에서 MFCA를 적용하는 경우에는 다음 세 가지를 유의해야 한다. 첫째는 공급사슬에서의 정보공유 문제이다. 일반적으로 서로 종속관계(지분관계)에 있는지의 여부에 상관없이 물질의 물량정보는 물론 재료원가 정보도 어느 정도 공유할 가능성이 있다. 그러나 시스템원가와 에너지원가에 관한 정보는 자본관계가 없는 경우에는 경영주체가 다르기 때문에 이러한 원가는 기밀정보에 해당하며 따라서 공유는 어렵다(Weigand and Elsas, 2013). 또한 물질손실로서 나타나는 제조공정의 낭비에 관한 정보도 기업 간 거래에 커다란 영향을 주는 정보이며 공유하는 것은 어렵다고 생각된다. 따라서 MFCA를 거래업체 또는 공급사슬로 확장하는 경우에는 물질흐름 모형의 작성과 물량정보의 관리에 중점을 두는 것이 효과적이라고 판단된다.

둘째는 최고경영층의 이해와 지원이 녹색공급사슬의 추진체제에서 중요한 요인이 된다. 조직 간 연계에 의한 공급사슬의 성공을 위해서는 최고경영층은 MFCA의 관련 회의에 적극적으로 참가하는 등 스스로가 주체적으로 노력하고 상대 기업의 경영자에게도 공통의 이념과 목적을 갖도록 설득하는 자세가 필요하다. 또한 MFCA를 이해하고 지도할 수 있는 추진자를 최고경영자가 임명하고 사내에 전파시키는 것도 필요하다.

셋째, MFCA를 바탕으로 한 녹색공급사슬에서는 거래 쌍방 간에 신뢰관계가 없다면 상호 정보공유도 불충분하게 되고 개선 효과도 한계가 있다. 반면에 신뢰관계가 있다면 관계자 간에서 보다 밀접한 정보를 공유할 수 있게 된다. 신뢰를 위해서는 먼저 모기업(초점기업)이 적극적으로 MFCA 관련 데이터를 협력업체에 제시하여 상호 정보공유를 통한 신뢰관계를 구축하는 것이 바람직하다.

Shionogi & Co(주)의 사례를 통해 공급사슬에서의 MFCA 적용 사례를 살펴본다. 이 사례에서는 제약 생산공정에 투입된 물질 S는 우량품으로서 X와 배출물로 발생한 Y를 포함하며 X와 Y의 각 원가는 투입물질 S의 구입가격에 X와 Y의 중량을 곱함으로써 계산된다. 그러나 예를 들어 Y가 탄소 다이옥시드이고 S의 구입가격 대부분이 X에 지급된다면, 단순히 중량에 의거해 원가평가를 하는 것은 바람직하지 않게 된다. 따라서 Shionogi & Co(주)에서는 우량품과 배출물의 원가평가는 중량이 아니라 협력업체 원가와 구입물질을 생산하는 생산 방식을 고려하여 평가하고 있다. Shionogi & Co(주)에서는 생산 방식과 협력업체의 구입물질의 원가를 이해하기 쉬우므로 단순히 중량에 의거하여 각 원가를 계산하지 않고 MFCA의 규칙에 의해 계산하는 방식이 보다 적절하였다. 더욱이 생산 환경에 순응(적합)하는 원가평가를 하기 위해서는 MFCA연구를 전과정평가(LCA)와 공급사슬관리(SCM)에까지 확장시켜야 하는 필요성을 인식하였다.

이 외에 제품의 수명주기 전체에 걸쳐 MFCA를 확장할 필요가 있다. 전통적인 MFCA는 제품의 생산 (단계)에 초점을 맞추지만 실제 환경이나 원가(이익)에 영향을 미치는 것은 제품의 수명주기 전체가 된다. 즉 공급사슬에서의 원재료 추출에서 시작하여 그것을 1차 가공하는 협력업체(suppliers)를 거쳐 본 제품을 생산하는 업체에서 완성품을 만들어 소비자가 사용한 후에 최종 폐기하기까지 모든 공급사슬에서 원가가 들어가며 동시에 탄소배출 등의 환경적 영향을 미치게 된다. 또한 완성품을 생산한 기업에서도 제품의 기획

단계에서 출발하여 연구개발과 설계단계, 제조단계, 배송, 사용단계, 폐기에 이르기까지 제품의 탄생에서 사망(폐기)에 이르기까지 제품의 수명주기 흐름 전체가 관리 대상이 된다. 따라서 MFCA도 당연히 공급사슬 전체를 대상으로 수명주기 개념을 도입해서 흐름을 관리해야 진정한 경제적 효과와 환경적 효과를 동시에 달성할 수 있게 된다.

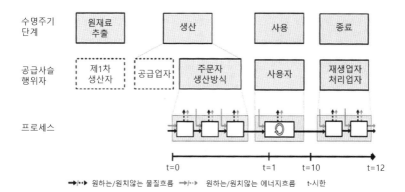

<그림 11> 수명주기 개념과 MFCA의 통합
출처: Bierer 등(2015)에서 인용

MFCA를 수명주기 전체로 이전하려면 특히 다음 사항이 필요하다(<그림 11> 참조). (1) 수명주기 개념을 선택하고 해당 공급사슬에 관련된 주체(actors)를 고려해야 한다. 수명주기 동안 서로 다른 주체가 상호작용하여 공급사슬을 구성한다는 접근 방식이 필요하다(Prox, 2014). (2) 수명주기 전체 흐름 모형을 구축할 때 프로세스의 단계별 특성을 고려해야 한다. 원료 추출, 생산 및 수명 종료 단계는 대개 한 번만 순차적으로 통과되는 프로세스 (물량센터)로 구성된다. 반면에 사용 단계는 일반적으로 여러 기간에서(<그림 11>

의 원형 화살표로 표시됨) 단일 또는 몇 개의 프로세스를 여러 번 반복하는 것이 특징이며 시간-관련 효과로 인해 흐름 물량이 변경될 수 있다. 따라서 흐름 구조가 시간에 따라 변하는지(기간별 구조 모형이 필요) 또는 일정하게 유지되는지(단일 구조 모형을 사용해도 충분함) 살펴보아야 한다. (3) 수명주기 전체 모델링의 또 다른 문제는 특히 재생산, 재사용 및 재활용과 같은 프로세스로 인해 발생할 수 있는 각 단계와 루프(loops: 순환고리) 사이의 교차를 처리해야 한다(Viere 등, 2011). 재생산, 재사용 및 재활용과 같은 수명주기상에서 순환 고리를 형성하는 문제는 둘 이상의 기간에 걸쳐 여러 주체(행위자)와 관련될 수 있으므로 사용, 재활용 및 생산 활동 사이의 시간 차이를 고려하여 기간에 대한 물적 흐름이 정확하게 귀속되어야 한다. 또한 재사용 및 재활용의 경우에는 원래 제품이 아닌 다른 종류의 제품에 사용되어 나가는 소재 및 재료를 모형에 넣을 필요가 있다(예: <그림 11>에서 최종 프로세스의 필요한 (desired) 재료 및 에너지 산출로 표시됨). 이러한 흐름의 경우 시스템 경계를 넘는 시스템 경계 외부의 관련 효과를 결정하고 할당해야 한다. (4) MFCA의 화폐단위(비용)는 동적인 투자평가 단위(현금 유출 및 유입)로 대체되어야 하고 LCA의 생태적 부담과 이득으로 확장되어야 한다. 합리적인 수명주기원가계산은 비용 대신 현금흐름을 화폐 단위로 사용하는 동적 투자평가 방법을 기반으로 하기 때문에 MFCA 비용 데이터는 현금 유출로 바꾸어야 한다. (5) 수명주기 모형의 가장 중요한 과제는 데이터 수집이다. 데이터 수집은 물량 및 화폐적·생태적 효과를 예측할 수 있어야 하며 공급사슬의 다른 주체(행위자)로부터 흐름 구조, 물량, 비용 및 생태학적 영향에 대한 적절한 데이터를 수집해야 한다.

5. 사례: 물질흐름원가회계(MFCA) 경영시스템 시나리오

(1) 사례기업 정보

S화학 주식회사는 기초화학, 석유화학, 정밀화학, 정보 전자화학, 농업화학, 의약품의 6개 사업을 전개하는 종합화학의 기업 그룹을 구성하고 있다. 이번 MFCA 도입에서는 정밀화학품의 제조를 대상으로 했다. 정밀화학품 제조에서는 고순도의 품질이 요구되며 불순물(미반응물, 부작용물 등)의 혼입 방지와 제거를 위해 대량의 폐용매와 폐액이 발생한다. 이에 품질을 확보하는 동시에 환경부하를 높이는 폐용매량과 폐액량을 삭감하는 것을 목적으로 MFCA를 도입했다. S화학에서 MFCA는 "폐기물 없음", "불량품 없음", "불만 없음", "생산성의 N 배"를 실현하기 위한 제조 관련 혁신 활동의 모니터링 도구로 간주된다.

이 사례에 즈음해서는 환경 면, 제조 기술, 경리, 생산관리 등의 폭넓은 관점에서 검토할 필요가 있다. 집행임원을 책임자로 공장 생산기획부(경리담당), 제조과, 환경안전부, 본사의 책임보호실이 협력하는 체제로 임했다.

(2) MFCA 도입대상인 제품·공정과 그 특성

대상 제품과 공정 범위:

대상 제품을 정밀화학 의약품 중간체로 하고 그 제조 공정을 대상으로 했다. 이 공정은 화학 반응을 포함한 화학 제품의 제조 프로세스이며 반응이나 정제 등에서 불순물이나 수율 손실 등 부정적인 제품이 발생하기 쉽다.

제조공정과 물량센터:

대상 제품의 제조에서는 다음과 같은 작업이 실시되고 있다.

① 반응기에 용매, 원료A, 원료B, 회수 용매를 넣은 후 촉매를 가하고 가열하여 반응을 실시한다.
② 반응이 종료되면 촉매를 회수한다.
③ 제품C를 분리해 내고 여과하여 제품을 꺼내게 된다.
④ 용매를 증류로 회수한다. 그때 증류 가마 내의 잔사나 폐액은 폐기물로 필요한 처리를 한다.
⑤ 의약품 중간체의 제조는 다수의 뱃치(batch)를 1시리즈로서 생산하고 이 시리즈 종료 후 계열의 용기, 설비 등을 세척용 용매 및 물로 세척한다.

물량 센터의 정의:

물량 센터는 Input(투입재료 등)과 Output(제품·폐기물 등)을 물량 단위와 화폐 단위로 측정하기 위해 선택한 공정상의 일부분이다. 대상 제품의 제조에서는 반응으로부터 촉매 회수, 여과에 이르는 일련의 프로세스로 제품을 제조한다. 이를 함께 묶어 1개의 물량센터 '반응공정(QC1)'으로 하였다. 그 반응공정의 용기, 설비 등은 생산 품종의 전환 시에 세척을 실시하는데, 그때의 폐액 발생량이 많아 개선의 필요성도 높다. 그 때문에 전환(switch) 세정 시의 물질손실을 평가하기 위해 또 다른 1개의 물량센터 '전환세정공정(QC2)'을 설치했다(<그림 12> 참조).

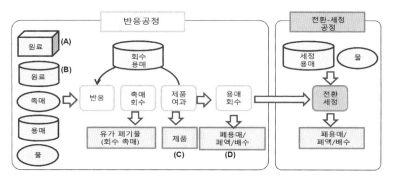

<그림 12> 물량센터별 투입과 산출

화학반응A+B→C+D (A, B: 직접 재료, C: 완제품, D: 물질손실)

(3) 물질손실의 설명

각 물량센터의 물질손실:

- 반응공정(QC1): 폐용매, 회수용매, 폐액, 배수, 촉매잔사 등
- 전환세정공정(QC2): 사용한 세정 용매, 세정수의 전량

MFCA 데이터 정의:

- 물질(재료)원가: 원료 A, B의 정제품, 부정제품의 물량은 반응수율에 따라 산출하였다. 용매, 촉매 등 사용한 간접재료, 세정용 용매나 물은 모두 부(-)제품으로 했다. 사용된 물 공급량은 물질의 하나로서 정의되는데 공업용수와 상수도 물이 포함된다.
- 시스템 원가: 제품C의 총발생 고정비를 제품C의 설비 점유율에 곱하여 산출했다.
- 에너지 원가: 제품별 에너지 관리원 단위의 수치로 총량을 계산하고 QC1, QC2에의 에너지 원가 배분은 생산 시리즈에

있어서 각각의 소요 일수로 배부했다.

(4) MFCA 계산 결과

손실 물량의 도표와 설명:

<표 6>과 같이 반응공정(QC1), 전환세정공정(QC2) 모두 부정적인 제품이 많다. 특히 QC2에서는 모든 투입 물질(재료)이 마이너스(-) 제품이다. 또한 원료 (A), (B)와 용매(new)의 투입(Input)과 산출(Output) 물량의 차이가 있는 양이 배수액, 폐액으로 되고 있다.

<표 6> 물질의 투입과 산출량

	투입	물량 (kg)	산출	분류	물량 (kg)
QC1: 반응 공정	원료 (A)	780	제품 (C)	(+) 제품	1,250
	원료 (B)	650			
	용매 (신)	1,200	폐용매	(-) 제품	500
	회수 용매	8,200	회수 용매	(-) 제품	8,200
	프로세스 물	7,300	폐수	(-) 제품	7,380
			폐액	(-) 제품	800
	촉매	20	회수 촉매	유가 폐기물	15
			촉매	(-) 제품	5
	투입 합계	18,150	산출 합계		18,150
QC2: 전환- 세정 공정	세정 용매	900	폐용매	(-) 제품	1,700
	프로세스 물	1,300	폐액	(-) 제품	500
	투입 합계	2,200	산출 합계		2,200

MFCA 비용평가:

반응공정(QC1)에서 부정품의 물질원가(material cost)는 총비용의 13.8%를 차지해 가장 높은 비율이다. 전환세정공정(QC2)에서 부정품의 시스템 비용은 총비용의 87.1%로 뛰어났다(<표 7> 참조).

<표 7> MFCA 매트릭스 (단위: 1만 원/batch, 제외한 폐기물·폐액의 매각이익)

	반응 공정 (QC1)					전환-세정 공정 (QC2)				
	물질원가	에너지원가	시스템원가	폐기물관리원가	합계	물질원가	에너지원가	시스템원가	폐기물관리원가	합계
양품 (+) 제품	5,610	130	2,600		8,340	0	0	0		0
	54.2%	1.3%	25.1%		80.6%	0.0%	0.0%	0.0%		0.0%
물질 손실 (-) 제품	1,430	30	520	30	2,010	90	70	1,350	40	1,550
	13.8%	0.3%	5.0%	0.3%	19.4%	5.8%	4.5%	87.1%	2.6%	100%
소계	7,040	160	3,120	30	10,350	90	70	1,350	40	1,550
	68.0%	1.5%	30.1%	0.3%	100%	5.8%	4.5%	87.1%	2.6%	100%

(5) MFCA 도입 결과로부터 개선의 착안점

손실 삭감의 착안점으로서는 '반응공정'에서는 수율 향상을 통한 물질손실과 폐기물 발생의 삭감을 위한 개량을 하는 것으로 하며, '전환·세정공정'에서는 세정시간의 단축과 인력작업의 경감을 통한 시스템 원가절감이 효과적일 것으로 생각된다.

(6) 성과와 앞으로의 과제

정밀화학제품의 제조 공정에서는 높은 품질 확보를 위해서 세정·정제 공정의 제조 관리가 특히 중요하며 한편으로 폐액이나 폐기물이 많이 발생한다. 이러한 사업 특성에 입각한 '에너지 절약·자원 절약 및 환경부하 저감'을 위한 보다 효과적이고 효율적인 평가 방법으로서 MFCA의 가능성을 내포하고 있다고 생각된다. 앞으로는 자사 내에서 이 기법을 얼마나 사용하기 쉽고 범용적인 것으로 해 나갈지 스스로의 창의적 연구와 지혜가 요구되고 있다.

이번 검토에서는 의약품 중간체에 대해서 MFCA의 적용을 시도했지만 향후는 타제품에 대해서도 같은 평가를 실시하고 비용 구성 외의 상세한 해석이나 제품 간의 비교 검토를 실시함으로써 제품별 특징이나 내포하는 과제 등을 명확히 하고 구체적인 손실 절감을 실현시키고자 한다.

3장

친환경설계(DfE)를 지원하는
환경관리회계

1. 친환경제품의 개발과 설계 의사결정

공해가 사회문제의 핵심이었던 시대에는 공장의 배수나 배기가스에 의한 수질, 대기, 토양 등의 오염에 대해 공장 등의 배출구에서의 오염물질 배출기준이 마련되었다. 제조업체는 그 기준에 맞추기 위해 공장 등에 배수 시설이나 배기가스 처리 시설을 설치해 대응했다. 이런 방식은 제조공정 말단에서 대책을 마련한다는 의미에서 사후처리(End of Pipe)로 불린다.

그러나 1990년대에 이르러 폐기물 발생량의 증대와 지구환경 전체가 문제가 되는 가운데 1992년 리우데자네이루에서 개최된 지구정상회의에서 채택된 아젠다21에 청정생산(clean production)의 추진이 거론되었다. 이는 사후처리와는 달리 생산공정의 상류에서부터 대책을 강구하자는 의견으로 원료채취에서 제품 폐기, 재사용에 이르는 모든 과정에서 환경에 대한 부하를 삭감하려는 것이다. 이러한 방법을 통해 에너지 절약 및 자원 절약화가 추진됨으로써 재료비, 폐기물 처리비, 처리시설 비용 등이 삭감되어 생산비용의 절감도 꾀할 수 있다. 따라서 친환경설계에서는 제조단계뿐만 아니라 소비와 재사용, 재활용 또는 최종처분 단계까지를 포함해서 대응해야 한다.

이러한 흐름 속에서 2000년대에 이르러 순환형 사회 및 저탄소 사회로의 전환이 요구됨에 따라 설계 단계에서부터 제품의 라이프 사이클 전체에서의 환경부하 감소를 위한 설계상의 중요성이 인식되었다. 이 때문에 설계 단계에서의 3R(reduce, reuse, recycle) 등에 대한 배려를 요구하고 있으며 가전제품을 비롯해 복사기, 자동차 등에서 대응이 진행되고 있다.

또한 국제적으로도 국제표준화기구(ISO)가 경제활동에서의 환경배려에 관해 규정한 규격시리즈(ISO14000번 시리즈) 중에 환경적합설계(DfE: Design for Environment)에 관한 규정을 정해 제품설계 단계부터 친환경 보급을 촉진하고 있다. 더욱이 2004년에는 환경관리시스템(ISO14001)이 개정되어 제품의 품질관리 이외에 환경 측면(사용 시, 폐기 시 등)도 관리대상이 되어 제품의 수명주기와 공급망 관리가 요구되는 등 친환경설계의 중요성이 커지고 있는 상황이다. 특히 최근 지속적 발전을 목표로 한 CSR·지속가능경영이 보급됨에 따라 제품의 설계 개발 프로세스에 환경적합설계(DfE)를 도입한 제품개발이 주목을 받고 있다.

환경배려설계란 제품의 수명주기 전반에 걸쳐 환경에 대한 영향을 고려한 설계라고 정의할 수 있다. 즉 제품 기획에서부터 사용 후 단계까지의 전 과정에서 환경적·경제적 영향을 고려하고 균형을 추구하는 친환경제품의 설계 기법을 말한다. 예를 들어 DfE(Design for Environment), ecodesign, green design, life cycle design, 친환경설계, 환경조화형 설계 등이 대표적인 예이다.4) 이들이 가리키는 의미는 다소 차이는 있지만 환경성과의 향상을 추구하고 있다는 점에 있어서는 공통점을 가지고 있다(Keoleian and Menerey, 1994; Lenox and Ehrenfeld, 1995). 이 책에서는 DfE(친환경설계)라는 용어를 대표적으로 사용하기로 한다. 이는 단순히 '설계'라는 단계뿐만 아니라 폭넓게 조달(구매), 제조 방법, 폐기물 관리 등도 포함하는 관리활동 전반에도 크게 관여한다는 특징이 있다.

DfE(친환경설계)에 관한 연구는 국제 표준화 기구(ISO, 2002)를 필두로 서구 기업을 중심으로 공학 분야에서의 산학관 제휴에 의해서 발전되어 왔으며 최근에는 글로벌적으로 활발하게 이루어지고 있다. 예를 들어 ISO(2002)에서는 DfE(친환경설계)를 보급하기 위한 가이던스 매뉴얼의 개발 및 표준화에 초점을 맞춘 연구를 했으며, Fiksel(1996a; 1996c)은 환경배려가 제품개발 프로세스에 효과적으로 통합되기 위해서는 제품개발의 초기 단계에서 실행되는 설계원칙, 환경목표와 관련해 설계의 개선을 측정하기 위해서 이용되는 지표, 그리고 환경성과를 체계적으로 평가하기 위한 방법이 필요하다고 제안하고 있다.

DfE(친환경설계)에 대해서는 전기, 자동차, 사무기기 등 각 업계단체 등의 가이드라인을 통해 추진되고 있다. 실제 검토에 있어서는 설계자가 소재, 부품, 제품의 각 레벨에서 각 평가항목에 대해

---

4) 그린디자인(Design for Green Growth)은 경제적 성장을 추구함과 동시에 환경 및 사회성을 고려하는 설계로 기업의 녹색경쟁력 제고를 추구하며, 에코디자인은 제품의 대량생산소비 체제에서 환경규제대응과 환경영향평가 체계를 위한 설계 방향을 나타낸다. https://www.kncpc.or.kr/green/design.asp 참조.

검토하고 제품설계에 반영한다. 구체적으로 보면 먼저 소재 레벨의 검토 사항으로서는 사용 물질의 양을 줄이는 것, 가능한 한 동일한 소재를 사용하는 것, 혼합해도 재자원화에 지장이 없는 소재의 편성을 선택할 것, 재생 가능 재료를 사용하는 것 등이 있다.

부품 레벨에서는 재사용이나 재활용 처리의 용이성에서 소수화, 규격화, 표준화와 가능한 한 분리시키기 쉬운 결합 방법의 채택 등이 검토 사항이 된다.

제품 레벨에서는 부품의 통합을 통해 재사용이나 재자원화가 가능한 부분을 꺼내기 쉽게 하고 나사의 방향을 맞추는 등의 해체 방향에 대한 배려나 사용공구의 저감, 접합부분의 감소와 그 방법의 개선을 통해 되도록 해체하기 쉽게 하는 것이 중요하다. 이 밖에 재활용 가능한 것은 그 소재를 알 수 있도록 재료 식별 표시를 할 것, 수송·운반이 용이하도록 대형 제품의 경우 분할할 수 있는 구조로 할 것, 파쇄·선별·소각과 같은 재활용 및 처리 방식에 적합하도록 파쇄하기 어려운 부품을 사전에 꺼내기 쉽도록 하고, 소각 시에 2차 오염물질이 발생하지 않도록 하는 배려가 필요하다. 또한 복사기와 같이 제품 사용 시 재생지를 사용할 수 있는 기능을 부가하는 것도 친환경설계에서는 중요하다.

2. 친환경설계(DfE)와 환경지향 원가기획시스템

환경을 배려한 제품개발이 성공하기 위해서는 환경적 성과는 물론 경제적 성과도 동시에 달성해야만 한다. DfE(친환경설계)를 도입한 제품개발을 생각할 경우, 환경에 대한 배려가 원가에 미치는 영향을 고려할 필요가 있다. 즉 환경을 배려한 제품개발을 성공시키기 위해서는 환경성과의 향상만이 아니라 원가 경쟁력이 뛰어난 제품을 시장에 제공하지 않으면 안 된다. 친환경제품이라도 가격 면에서 경쟁력이 없으면 그 제품개발은 성공했다고는 말할 수 없기 때문이다(박경표, 2020). 그런데 DfE(친환경설계)를 제품개발 프로세스에 통합함으로써 환경에 미치는 영향을 저감시켜 제품의 환경성과를 향상시킬 수 있어도 원가절감이 자동적으로 보증되는 것은 아니다(Keoleian and Menerey, 1994). 지금까지 환경적 측면을 강조한 DfE(친환경설계)에 관한 선행연구에서도 주로 제품개발 프로세스에 환경문제를 통합하는 것에만 초점을 두고 있으며, 그것에 수반되는 환경원가에 대한 평가문제는 충분히 다루어지지 않았다. 특히 이러한 환경원가에 관한 관리는 제품개발의 초기단계에서부터 이루어지지 않으면 친환경 활동이라는 전략적 과제를 효율적으로 달성할 수 없다. 따라서 제품개발의 초기단계에서부터 목표원가와 품질, 납기 등을 동시에 설정해서 관리해 나가는 원가기획(Target Cost Management) 활동이야말로 기업들이 환경관리를 실행하는 데 있어 실천적이고 효과적인 틀이 된다. 즉 DfE(친환경설계)를 도입하는 제품개발 과정에 있어서 원가를 함께 고려하는 소위 원가기획 활동이 병행되어야 한다는 것이다. 요컨대 환경을 배려한 제품이 시장에서 경쟁력을 갖기 위해서는 시장에서 요구하는 가격을 충족시키기 위해 기업이 만들어내야 하는 원가(목표원가)의 범위 내에서 친환경 활동을 실시할 필요가 있다. 그러기 위해서는 친환경 활동에 수반하는 원가를 목표원가의 설정 대상으로 하는 등, 환경목표와 원가목표를 동시에 달성할 수 있는 원가기획 활동이 요구된다는 것이다.

여기서 원가기획 활동에 대해서 구체적으로 살펴보기로 한다. 지금도 많은 기업에서는 ① 손익계산서, 재무상태표, 이익처분계산서 등의 재무제표를 기준으로 하는 표준원가제도의 재무회계에 편중된 경영관리를 실시하거나, ② 생산해 보지 않으면 진정한 이익을 알 수 없거나, ③ 손익계산서에 이익(흑자)을 계상하고 있음에도 불구하고 기업에 자금이 부족하거나 경영파탄의 예후를 발견하지 못했다는 등의「불안정한 경영관리」가 이루어져 소위 흑자 도산하는 기업이 발생하고 있다. 이것은 모두 이익을 향상시키기 위해 가능한 나타날 수 있는 리스크를 사전에 검토해 나가는 경영관리 방식이 아닌 사후 경영관리 방식을 취하기 때문에 나타나는 현상이다.

지금까지 원가관리라고 하면 생산이 시작되고 나서의 원가 개선이나 원가 유지 활동이 중심이었다. 그러나 공장의 자동화나 제품 라이프 사이클의 단축에 의해서 생산단계에서의 원가절감 여지는 대폭 줄어들고 오히려 생산이 시작되기 전의 기획·개발·설계의 단계에서 원가를 얼마나 저감시킬지가 중요한 과제가 되고 있다. 이에 따라「제품의 기획·개발에 있어서 고객의 요구에 적합한 품질·가격·신뢰성·납기 등의 목표를 설정한 다음, 상류에서 하류까지의 모든 활동을 대상으로 그러한 목표의 동시적인 달성을 도모하는 종합적인 이익관리 활동」이 필요하게 되었는데 이것이 바로 원가기획(Target Cost Management) 시스템이다. 즉 원가기획 활동은 기존의 기능적 업무를 중심으로 한 체계와는 달리 고객만족을 향하여 고객의 관점에서 공급사슬(supply chain)상의 모든 당사자가 원가, 품질, 납기 등의 목표를 제품의 기획단계에서부터 동시에 달성해 가는 조직 간(기업 간) 통제시스템이라고 할 수 있다.

참고로 <그림 13>을 보면 기획 부서에서 신제품 기획의 구상을 하면 필요한 투자액을 결정하고 신제품에 필요한 원가를 원가기획 부서에서 산출한다. 이렇게 해서 경제성이 인정되면 개발설계 부서에서 설계에 착수하게 된다. 설계 부문이 도면을 제시하면 원가기획 부서가 채산성을 검토하고 이를 바탕으로 구매부에서는 필요한 자재 등의 구입 여부를 결정하여 협력업체에 견적을 의뢰한다. 이와 같이 원가기획시스템은 관련 부서가 조직 횡단적(cross function)으로 협력하여 제품의 기획단계에서부터 목표의 동시적인 달성을 도모하는 종합적인 이익관리 활동이라고 정의할 수 있다.

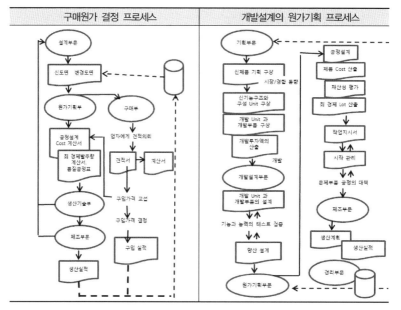

<그림 13> 설계 부서와 원가기획 부서 간의 제품개발 프로세스
출처: ALTA Management System에서 인용

이 기법의 본질은 원류 관리, 즉 대량생산 체제 이전의 기획·설

계·시작의 단계에서 VE(가치공학)라고 하는 공학적 기법을 사용해 바람직한 원가를 미리 만들어 놓고(기획하고) 이를 근거로 원가절감 활동을 실시해 나가는 것에 있다. 실제로 가공조립형 산업에 속하는 많은 기업에서는 판매가격을 주어진 것으로 하고 거기에서 목표이익을 공제하면 허용원가가 산출되는데 이를 기초로 목표원가가 결정된다. 이 목표원가를 실현해야 하는 설계 개발 단계에서 철저하게 원가를 조성하는 원가기획이 실천되고 있다.

그 이유는 원가의 대부분은 공장에서의 양산 체제에 들어가고 나서 지출되는 것이지만 원가 발생액은 그 이전의 단계에서 결정되어 버리기 때문이다. 예를 들면 원가의 대부분이 실제는 제조단계 이후에 지출되지만 상품기획과 개발·설계 단계가 끝나고 설계도면이 완성되면 앞으로 완성할 제품의 재료의 종류와 사양, 제조공법, 일정 등이 확정되므로 완성품 원가의 80% 이상이 개발·설계 단계에서 이미 결정되어 버린다는 것이다(<그림 14> 참조).

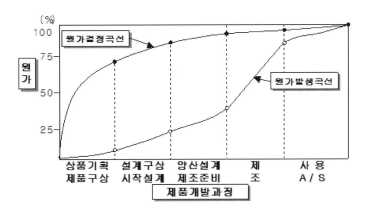

<그림 14> 원가의 확정(결정)과 실제 원가 발생의 비교

이러한 원가기획시스템은 경제적 관점에서의 원가에 대한 대처는 어느 정도 이루어지고 있으나 환경문제나 환경원가에 대한 배려는 상당히 결여되어 있는 한계가 있다. 한편 환경적 측면을 강조한 DfE(친환경설계)에서는 원가에 대한 평가문제는 충분히 다루어지지 않았다. 따라서 환경적 측면의 DfE(친환경설계)와 경제적 측면의 원가절감을 동시에 달성하는 관리시스템이 필요한데 이에 부응하여 DfE(친환경설계)와 원가기획을 결합시킨 환경배려 원가기획이라는 개념적 틀이 나타나게 되었다. 즉 최근에는 경영환경이 급속히 변화해 감에 따라 환경에 미치는 영향과 원가에 대한 관리의 초점은 발생 이후의 사후관리에서 제품개발의 기획 단계로 이동하고 있으며 이러한 사전적 접근을 강조하는 것이 환경배려 원가기획이다. 이것은 DfE(친환경설계)와 원가관리가 제품개발의 초기단계에서부터 함께 병행해서 이루어지지 않으면 친환경 원가기획 활동이라는 전략적 과제를 효율적으로 달성하기 어렵기 때문이다.

이와 같이 환경을 배려하는 원가기획의 목적은 제품개발의 원류단계에서 수명주기 전체의 원가를 최소화하는 설계를 실현하는 것에 있다(伊藤[Ito], 2004). 환경배려 원가기획에서 제품의 수명주기 원가는 그 발생액이 설계·개발 단계에서 결정되어 버린다고 하는 원가기획의 사고를 원용해, 환경부하의 총량이 확정되는 제품의 설계·개발 단계에 있어서 생산자 측의 사적 원가뿐만이 아니라 사용자 측이 사용 중에 발생하는 에너지 원가, 폐기 원가 나아가 제품의 폐기 후에 발생하는 회수 및 리사이클 원가 등의 환경원가를 모두 수명주기원가에 포함해 검토하고, 목표로 하는 원가와 이익을 도모하는 것이 최대의 과제이다.[5) DfE(친환경설계)를 현실적으로 실천하기 위해서는 수명주기원가의 효과적인 관리를 제품의 개발·설계의 원류로 거슬러 올라가는 것이 필요하다.

그러나 반면에 원류로 거슬러 올라가면 올라갈수록 수명주기원가의 예측이나 견적은 어려워지게 된다. 수명주기원가계산의 검토에 있어서는 이 딜레마를 얼마나 극복하는가가 최대의 과제가 된다. 또, 원가기획과 DfE(친환경설계)를 유기적으로 연계시키거나 혹은 통합시킬 수 있으면, 환경원가의 효율적인 관리를 통해서 환경원가를 지출해도 더 이익을 확보할 수 있는 구조를 구축할 수 있을지도 모른다. 그러나 DfE(친환경설계)를 도입하는 제품개발 과정에 있어서 원가를 함께 고려하는 소위 원가기획 활동이 병행되어야 한다는 것이다.

3. 환경배려 원가기획의 성공을 위한 가치공학(VE: Value Engineering)

원가기획이 전통적인 원가관리 기법과 크게 다른 점은 목표원가의 실현 프로세스에서 가치공학(VE: Value Engineering) 등의 기법이 활용되는 것이다. VE는 최저의 수명주기 원가로 필요한 기능을 확실하게 달성하기 위해 제품이나 서비스의 기능적 연구에 기울이

---

5) 여기서 원가기획에 대해 관리의 대상이 되는 원가는 이상적으로는 제조업체 측과 사용자 측에서 발생하는 전체 수명주기원가이며 그것을 대상으로 원가기획을 실시해야만 진정으로 원가가 절감된다(Tanaka, 2018). 보다 구체적으로는 3R 설계와 같은 DfE(친환경설계)가 환경원가의 내부화(제품 및 부품의 회수 원가, 제품 및 부품의 분해 원가, 제품 및 부품의 리사이클 원가, 파쇄처리 원가, 폐기처리 원가)를 가져오고 이 내부화를 매개로 하여 원가절감의 효과를 높이게 된다. 이 결과에 따라 환경원가를 원가기획의 관리 대상으로 하는 것이 원가기획의 효과를 높인다고 하는 메커니즘이 실증연구에서도 밝혀졌다(박경표, 2016).

는 조직적 노력이라고 정의된다. 원가기획에서는 일반적으로 목표 매출액에서 목표이익을 공제하여 목표원가를 산출한 다음에 이 목표원가를 다시 기능별, 부품별로 할당을 한다. 이렇게 할당된 목표원가는 현행의 파라미터를 토대로 산정된 견적원가와 비교하여 차이가 발생하면 가치공학(VE) 분석을 통해서 그 차액원가를 절감하기 위한 각종 시책이 검토된다.

여기에서 다시 한번 VE에 대해서 살펴본다. 그것은 제품과 서비스가 갖는 가치를 다음과 같이 기능과 원가로 나누고 이 양자의 관계에서 가치를 높이기 위해서는 어떻게 하면 좋은가를 검토하는 접근 방법이다. 즉 기능을 올리려고 생각하면 원가가 들어가고 또 원가를 내리려고 하면 기능이 저하되므로 기능과 원가는 일반적으로는 상충관계에 있다. 그러나 VE에서는 기능(↑)과 원가(↓)의 쌍방을 고려해서 가치를 높이고자 하는 개선 방식을 찾아 나간다. 예를 들면 기능에는 꼭 필요한 기본기능 이외에 2차적 기능으로서 고객이 요구하는 기능과 기본기능을 달성하기 위해 부가된 설계착상에 따른 기능, 그리고 불필요한 기능 및 과도한 사영이나 과대한 요구사항 등이 있다. 이러한 2차 기능은 기술적인 검토가 불충분하기 때문에 불필요한 기능이나 여유기능이 생기게 된다. 그래서 먼저 이 중에 고객에게 필요 없는 불필요 기능을 제거하고 다음으로 설계 아이디어를 바꿈에 따라 2차 기능을 달성하기 위한 원가를 절감하는 것이다. 이렇게 해서 비로소 성능을 희생함이 없이 원가를 절감하고 가치 있는 상품을 만들어낼 수 있다.

많은 기업에서 이 VE의 대상으로 삼고 있는 것은 구입부품비, 재료비, 외주가공비와 같은 변동비이며 설계와 사양, 공법의 변경은 물론 제품의 기본 개념의 변경까지도 검토의 대상이 된다. 즉 설계단계(기본설계, 상세설계단계, 공정설계의 각 단계)에 있어서 적용되는 VE(1st Look VE)와 상품기획단계에서 적용되는 VE(2nd Look VE)가 각각 적용된다.

어느 쪽이든 VE는 단순히 원가의 절감만을 지향하는 것은 아니고 제품의 기능과 소비자의 입장에서 가치(품질)를 동시에 높이는 것을 지향한다. 본래 개발설계단계에 있어서의 원가와 품질의 조성 활동이라는 것도 바로 이 VE적인 사고와 기법이 뒷받침하고 있기 때문이다. 바꾸어 말하면 원가기획의 실질적인 검토 프로세스가 VE에 힘입은 바가 크다고 할 수 있다. 그렇다면 VE 그 자체의 사고와 접근법의 바람직한 방식이 바뀌지 않는 한 환경배려 원가기획의 실현은 대부분 없어진다고 말할 수 있다. 그 때문에 소위 환경 배려 VE라는 기법의 가능성도 함께 탐구해 갈 필요가 있다.

실제 일부 선진기업에서는 환경문제에 대한 VE 접근법이 큰 성과를 올리고 있다. 이 접근법의 기본적인 사고는 다음과 같이 표현된다(伊藤[Ito], 2004).

$$종합가치 = 고객만족가치 + 환경만족가치 = \frac{고객만족기능}{사용원가} + \frac{환경만족기능}{환경대책원가}$$

여기서 환경만족기능은 실질적으로 환경부하의 크기에 따라 평가되지만 일반적인 VE 검토의 경우와 마찬가지로 이 기능 부분을 화폐적인 척도로 표현할 필요성은 없으며 후술하는 LCA(전과정평가)의 측정치를 그대로 갖고 있으면 된다. 한편 이 분석을 의미가 있는 것으로 만들기 위해서도 환경대책원가에는 관련되는 지출을 장기적인 관점에서 측정해 두는 것이 중요하다. 그리고 이 환경VE에서는 환경만족기능의 목표치 또는 특정한 원가 제약하에서 환경만족기능을 증대 또는 최대화하기 위해서는 어떻게 하면 좋은가를 검토해 간다. 이것은 통상적 VE 검토와 동일한 접근법이지만 양자는 때로는 전혀 상이한 방향성을 나타내는 경우도 있다. 예를 들면 리사이클 원가를 포함하는 제품의 폐기원가를 줄이기 위해서는 부품 가공도는 일반적으로 낮은 쪽이 바람직하지만 VE적 발상에서는 원가의 절감과 조립의 용이성을 추구해서 거꾸로 하나의 부품에 복합기능을 가지도록 하는 설계가 지지된다. 그래서 환경VE의 실천 현장에서는 환경만족가치와 고객만족가치의 균형을 고려하면서 종합가치(total value)를 향상시켜야 하며 환경만족가치와 고객만족가치를 동일한 씨름판 위에서 동시공학(concurrent engineering) 방식으로 추구해 가는 것이 필요하다.

4. DfE와 원가기획 연계의 과제와 해결 방안

DfE(친환경설계)에 부족한 경제적 측면을 원가기획에서 강조되고 있으며, 원가기획에 부족한 환경 측면은 DfE에서 강조되고 있다는 점에서 양자는 상호 보완적 관계에 있는 것을 알 수 있다. 그러나 현재는 환경 측면과 경제적 측면을 동시에 도입한 전개까지는 도달하지 않고 있는 것이 일반적이다.

환경원가를 원가기획 속에서 본격적으로 고려하기 위해서는 환경문제에 관한 최고경영층의 전략적인 판단이 명확히 이루어지고,

일상의 비즈니스 프로세스와 관리시스템에 명확히 침투시키는 것이 필요하다. 예를 들면 경영자에 의한 경영방침의 명시나 적극적인 관여가 그 해결책의 한 가지가 될 수 있다. 나아가 환경 측면과 경제적 측면을 동시에 병행하기 위해서는 새로운 관점과 사고방식, 조직구조를 도입할 필요가 있다.

먼저 환경을 배려하는 원가기획 활동을 일상적으로 추진하는 것이다. 원가기획은 결코 친환경제품 개발을 저해하는 것은 아니지만 기껏 10원도 되지 않는 나사 한 개가 원가절감의 대상이 되는 격심한 경쟁 사회에 있어서는 친환경 활동에 충분한 자금과 경영 자원이 투입되지 않는 것이 현실이다. 또한 가격을 올리지 않고 환경원가의 내부화를 검토해 가는 것도 쉬운 일이 아니다. 이런 어려움 때문에 친환경설계와 원가기획 사이에는 다양한 시점과 국면에서 서로 상충관계가 생기게 된다. 그렇다고 해서 환경보전을 포기할 수도 없고 또한 원가기획의 대처는 물론 그 사고방식을 부정해서도 안 된다. 그 때문에 이 원가기획 자체를 친환경 형태로 전환시키는 가능성을 검토하는 것이 당면한 중점 과제의 하나로 되고 있다. 여기에서 환경배려를 강조하는 것은 그것이 기존의 활동을 뛰어넘는 대처를 요구하는 반면에 어떤 특별한 프로젝트로서 추진되는 성격의 것이 아니라 어디까지나 일상적인 원가관리 활동의 일환으로서 시행되어야 한다는 것이다.

둘째, 경영자의 의지와 더불어 실무자들의 의식이 바뀌어야 한다. 환경배려 원가기획의 타당성을 평가하는 측면에서 기존 사례를 살펴보면 공통적으로 경영자의 의지 못지않게 실무자들의 의식이 중요하였으며 기법이나 시스템의 수준은 크게 문제가 되지 않았다.

또한 환경과 원가에 관한 구성원 간의 정보공유와 이를 활성화하기 위한 제도적 장치는 물론 나아가 이러한 시스템의 지속적 개선 여부도 성공에 큰 역할을 차지했음을 알 수 있다.

셋째, 환경방침을 상품기획·개발의 가이드라인에 반영시키는 것이다. 자원순환형 사회에서는 단순히 상품개발에 있어서 환경을 배려하는 관점의 도입만이 아니라 기업-고객-사회의 관계에서 제품개발의 구조를 근본적으로 전환할 필요가 있다. 구체적으로는 환경방침을 상품개발의 기본 가이드라인에 적용하여 개발 구조를 획기적으로 바꾸는 전략적 접근법이 요구된다.

넷째, 경영요소의 통합 설계 방식이다. 환경배려 제품개발의 관점에서 서술한 바와 같이 환경배려 제품개발에는 3R, 자원 절약, 에너지 절약만이 아니라 상품의 수명 증대와 중금속, 환경호르몬, 납땜 등의 유해물질의 배제를 목적으로 한 안전성의 확보도 포함되어 있다. 이와 같이 환경보전성은 품질과 안전성에도 깊게 관련되어 있으며, 기존의 제품설계에서 목표로 해 온 종합적 품질관리에서 말하는 경영요소인 Q(품질), C(원가), D(생산성, 시기, 납기)에 추가해 앞으로는 E(환경보전), S(안전성) 등이 핵심적인 경영요소가 된다. 따라서 이들 경영요소를 어떻게 균형적으로 도입하는가가 설계상의 큰 과제가 된다. 한 가지 대안으로서는 이 단계에서 다양한 경영요소를 도입한 QFD(품질기능전개)[6] 기법이 매우 유효한 통합화 설계수단이란 것을 강조하고 싶다. 상당수의 국내의 전자, 자동차 기업에서도 상품기획단계에서 모든 제품에 QFD를 이용한

---

6) QFD(Quality Function Development)는 품질전개표(HOQ: House of Quality)를 순차적으로 전개하여 제품의 설계과정에서 모호하게 표현되기 쉬운 소비자의 요구 사항을 제품의 공학적 특성으로 변환시켜 이를 최종 제품에 반영하기 위한 체계적 접근법이다.

통합화 설계가 이루어지고 있다.

그리고 Q(품질), C(원가), E(환경보전) 등의 경영요소에 의거한 평가·검증을 실시할 때의 소통의 중요성은 이미 강조했으나, 그것을 효과적으로 실시하는 수단으로서 환경보전에 관한 정보의 일원화와 데이터베이스의 구축이 필요하다. 품질정보와 원가정보는 이미 선진 기업에서 상세한 데이터베이스를 작성하고 유효하게 활용하고 있으나, 친환경설계와 환경관리에 관한 데이터베이스도 정비하여 구성원 간에 공유할 수 있는 것이 효과적인 소통과 경영요소의 통합 설계에 크게 이바지할 것이다.

끝으로 환경배려 원가기획의 실천에 해당하는 검토해야 할 과제를 살펴본다. Ito(2006)는 녹색구매를 포함한 녹색 공급망(supply-chain), LCA 및 LCC, BSC(balanced scorecard) 등과 같은 지원 도구와 그 구조가 친환경형 원가기획의 실현에 큰 공헌을 한다고 하였다. 국내의 S전자 반도체, LCD 총괄에서도 국내외 환경규제에 대응하고 친환경적인 제품을 제공하기 위하여 제품 및 원부자재의 환경성을 평가, 개선하기 위한 총체적 환경성 평가 도구(Tool)인 Eco-Product System(EPS)을 개발하였다. 외부 관련기관의 자문 및 내부 검증을 통해 개발된 이 시스템은 총 5개 모듈로 구성되어 있다. 각 모듈은 LCA(Life Cycle Assessment, 전과정평가) 모듈, Eco-Design 모듈, EA(Environmental Accounting, 환경회계) 모듈, GP(Green Procurement, 녹색구매) 모듈, CS(Customer Service, 고객응대) 모듈이며, 5개의 모듈은 각각의 결과를 서로 공유하여 유기적으로 평가하도록 구성되어 있다.

환경배려 원가기획과 같이 원가기획 단계에서 환경을 배려하는 것을 방침으로 정하고 있는 경우에는 환경 영향뿐만이 아니라 MFCA(물질흐름원가회계)로부터 얻을 수 있는 정보도 가미하여 제품의 설계개발 방법이 검토되는 것이 당연하다(육근효, 2013). 또한 친환경 포장재는 재사용과 리사이클을 고려하기 때문에 체적이나 중량 등에서 유리하며 창고 보관원가, 운반원가, 폐기물로서의 처리원가가 일반 재료보다도 경제적으로도 장점이 있는 경우가 많다. 그러나 이러한 사실을 경험으로 인지는 하고 있으나 제품개발 프로세스에서는 많은 경우 설계자가 이들 세 가지 원가 전부를 고려하지 않고 단순한 원재료비의 비교만으로 판단하는 구조로 되어 있다. 환경을 가능한 한 고려하고 싶다는 양심적인 설계자라도 원재료비에서 큰 차이가 있다면 친환경 재료의 도입을 단념하지 않을 수 없다. 따라서 앞으로는 제품개발에 있어서 라이프 사이클 전반의 가격 영향을 계산해서 경제와 환경과의 조화를 생각해 의사결정 할 수 있는 구조를 만들 필요가 있다.

梶原[Kajiwara] 등(2009)에서는 서베이 분석을 통해 원가기획 활동에 있어서의 외부환경원가의 내부화 규정 요인과 DfE의 여러 요소가 성과에 미치는 영향에 대해 검토하였다. 분석 결과는 투자자의 환경관심도가 높고 환경부서의 영향력이 강하며 LCA를 실시하고 있는 기업에서는 외부환경원가의 내부화 정도가 높고, 외부환경원가의 내부화와 LCA의 활용이 환경배려에 의한 비용 증가를 완화하며, 환경원가의 산출과 LCA의 실시가 원가절감과 환경성과를 동시에 달성할 수 있다는 것이 확인되었다. 박경표(2016)에서는 3R 설계와 같은 DfE가 환경원가의 내부화를 가져오고 이 내부화를 매개로 하여 원가절감의 효과가 나타난다고 하였다. 즉 환경원가를 원가기획의 관리 대상으로 하는 것이 원가기획의 효과를 높인다는 결과를 보여주었다.

친환경제품 개발 실무에서의 DfE와 원가기획 실태를 보면 일본의 경우 응답기업 중 79%가 DfE를 실시하고 있으며 원가기획을 실시하고 있는 기업 가운데 DfE를 실시하고 있다고 회답한 기업은 약 60%로 나타났다. 우리나라의 경우는 아직 조사한 결과가 없으나 앞으로 상당수 기업이 목표원가관리를 실시하면서 동시에 DfE도 실천할 것으로 예상된다. DfE를 실시하면서 원가기획을 실시하고 있는 기업이 원가기획만을 실시하고 있는 기업에 비해 환경에의 배려도가 높은 것이 실증되었으므로(박경표, 2017), 우리 기업에서도 환경을 고려한 제품개발에서 DfE와 원가기획을 밀접하게 관련시켜 나가야 할 것으로 생각된다. 향후에는 이러한 서로 관련된 양자의 관계 및 활동 실태에 관해서 전략적 원가관리 또는 관리회계 영역에 있어서의 현장 및 경험적 실증연구를 축적하는 것이 요구된다.

5. 사례: C기업의 환경배려 원가기획시스템

C기업의 기업 이념

C기업은 인간존중주의를 글로벌 사상으로 진화시켜 '세계 인류와의 공생'을 선언하고 기업 이념으로 제정했다. 이 기업은 기업 이념 「공생」의 기치 아래, 인간 존중과 환경 배려를 기본으로 하면서 전략적 대전환의 새로운 가속과 충실에 도전해 사회 과제를 해결하는 혁신(innovation)을 제공하고 있다. 특히 환경문제는 이제 인류가 직면한 위기라고 해도 과언이 아닌 상황으로, 그 과제에 부

응해 나가는 것이 기업의 최우선 사항이라고 인식하고 있다. 환경 비전 「Action for Green」의 슬로건하에 사업 활동을 통해 환경부하의 삭감에 임하고 있으며, 「풍요로움의 향상」(=뛰어난 제품에 의해 사람들의 생활을 쾌적하게 한다)과 「환경 부하의 저감」(=제품의 제공에 수반해 생기는 환경 영향을 최소화한다)의 양립을 목표로 세워 환경 가치를 평가하고 있다. 이 중에서 「환경부하 저감」은 연구·개발에서부터 설계, 조달, 생산, 물류, 판매, 서비스, 재활용에 이르는 모든 사업 활동에 관계하고 있으며 그 때문에 C기업에서는 관련된 조직이 하나가 되어 제품 라이프 사이클 전체를 대상으로 다양한 환경 활동을 실천하고 있다. 구체적으로는 환경 비전 「Action for Green」을 제정하여 「저탄소 사회 실현에의 공헌」, 「자원순환형 사회 실현에의 공헌」, 「유해물질 제거와 오염 방지」, 「자연공생형 사회 실현에의 공헌」을 중점 영역으로 정해서 사업 활동과 연동한 대처를 제품 라이프 사이클 전체에서 진행하고 있다(<그림 15> 참조).

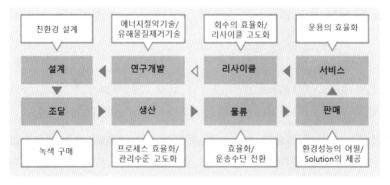

<그림 15> 제품 라이프 사이클 전체에서 추진되는 환경 활동
출처: C기업의 SUSTAINABILITY REPORT 2020

환경 추진 체제와 환경경영의 구조

C기업은 환경비전과 환경목표의 실현을 향해서 국내외 그룹 회사가 하나가 되어 환경 보증 활동을 전개하고 있다. 환경 담당 임원인 부사장 아래 「환경통괄센터」를 핵심으로 해 사업본부, 국내외의 생산거점 및 판매거점과의 글로벌한 체제로 환경 활동을 진행시키고 있다. 활동의 실시에 임해서는 환경통괄센터가 담당 임원에게 월 1회 정기적으로 보고를 실시하면서 활동의 승인 및 개선 지시를 받고 있다.

다음으로 환경경영의 구조를 보면 C기업은 환경보증 활동의 지속적인 개선을 실현해 나가기 위한 구조로서 국내외의 사업소에서 ISO14001에 의한 그룹 공통의 환경경영시스템을 구축하고 있다. 이 시스템은 각 부문(각 사업본부, 각 사업소 및 그룹 회사)의 활동과 제휴한 환경보증 활동을 추진(DO)하기 위해서 중기 및 매년의 「환경목표」를 결정(PLAN)하고, 그 실현을 향한 중점 시책이나 실시 계획을 책정하여 사업 활동에 반영시키고 있다. 그리고 각 부문에 있어서의 대처 상황이나 과제를 확인하는 「환경감사」와 실적평가에 환경 측면을 넣은 「환경실적 평가」를 실시(CHECK)해, 환경보증 활동의 계속적인 개선·강화(ACT)에 연결하고 있다. 각 부문의 환경보증 활동에서도 각각 PDCA 사이클을 실천함으로써 지속적인 개선·강화를 도모해서 그룹 전체의 환경보증 활동을 추진하고 있다(<그림 16>).

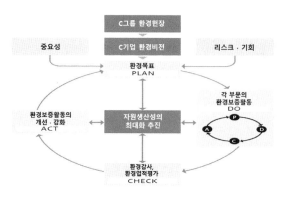

<그림 16> C기업의 환경경영시스템

또한 이 기업은 기업 이념 「공생」의 기치 아래 환경 보증(environ-
mental assurance) 이념으로서 「자원 생산성의 최대화」를 내걸어 환
경보증 활동과 경제활동의 양립을 추구하고 있으며 환경보증의 기본
방침 중에서 「EQCD 사상」을 정하고 있다. EQCD는 환경
(Environment), 품질(Quality), 코스트(Cost), 납기(Delivery)의 약어
로 환경보증을 '제품을 만드는 자격'으로 정의하고 있다.

LCA기법을 활용한 제품개발의 구조

C기업의 환경 대처는 자사 공장에서의 대처에 머무르지 않고 제
품 라이프 사이클 전체에서 행해지고 있다. 라이프 사이클 전체에
서의 환경부하 저감을 실현하기 위해 제품개발에서는 LCA(Life-
Cycle Assesment: 전과정평가)의 방법을 도입했다. 제품개발부터
정보 공개까지를 일관체제로 관리할 수 있는 'LCA개발 관리시스
템'을 구축하여 개발, 설계 단계에서부터 CO_2 배출량을 산정하여
목표 달성을 위한 제품 제조에 활용하고 있다(<그림 17>).

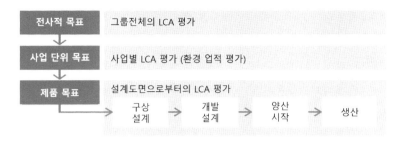

<그림 17> LCA 기법을 이용한 친환경설계의 흐름

다음으로 제품화의 단계에서는 제품 환경에 관한 법적 요구사항 및 그 외의 요구사항에 적합하며, 달성해야 할 환경 성능을 갖는 것을 확실히 하기 위해 「제품환경평가」를 실시하고 있다. 우선, 상품기획의 단계에서 제품이 달성해야 할 환경성능을 목표로 하여 설정, 상품화 판단 및 양산 이행 판단 이전에 제품의 환경목표 달성 현황을 평가하고 제품에 대한 법적 요구사항 및 기타 요구사항 대응 상황을 확인한다.

제품개발 프로세스와 정보의 흐름

제품의 개발 프로세스는 상품기획과 요소기술 개발에서 시작하여 제품개발 이행의 판단을 거쳐 제품개발에 들어간다. 다시 상품화의 판단이 행해진 후에 양산(대량생산) 시작(시험제작) 이행의 판단이 이루어지고 양산 시작을 실시한다. 그 후 양산 이행으로의 판단이 이루어지고 양산이 행해진다. 기획에서 양산까지의 사이에는 제품개발 이행 판단, 상품화 판단, 양산 시작 이행 판단, 양산 이행 판단의 네 개의 관문이 놓여 있다.

상품기획과 요소기술 개발의 단계에서 중기 환경목표가 포함되어 환경목표가 설정된다. 제품개발 이행의 판단이 이루어지면 개발 설계에서 시작이 행해지며 이 사이에 상품화 판단이 이루어진다. 시작의 결과에서 양산 시작 이행 판단이 이루어지면 설계, 양산 시작으로 진행되고 양산 시작 결과에서 양산으로의 이행판단이 이루어지고 양산으로 이행한다. 이들 사이에 제품평가가 3회 이루어진다. 이들 관계가 <그림 18>에 나타나 있다.

참고로 C기업 제품은 다양하게 생산되고 있으나 PC 프린터 등 사이즈가 큰 물품에서는 제품개발 이행의 판단에서부터 양산이행의 판단까지의 기간이 1년 정도 걸리고 있으며 제품개발 이행판단 이전에 제품환경계획서가 작성된다. 계획서에는 에너지 절약의 사양 등이 포함된다.

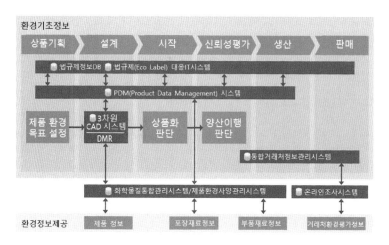

<그림 18> 제품개발 프로세스와 정보의 흐름

환경배려 원가기획

C기업에 있어서 환경배려 원가기획이라고 할 수 있는 에코 디자인은 환경을 배려한 설계(DfE)의 추진, ECP(환경제품보증)의 추진, 녹색구매(조달)의 추진, 환경정보시스템의 구축이라는 5개의 항목으로 성립된다. 에코 디자인의 프로세스는 제품기획, 개발·설계, 제품 시작(試作), 품질보증, 생산의 단계로 나누어진다. 이 프로세스 중에서 개발·설계 단계에서는 가상 제품의 환경검토와 환경영향평가 등이 이루어진다. 제품 시작(試作) 단계에서는 예상 제품을 환경검토와 환경영향평가에 더해 ECP의 추진으로서 제품환경보증이 실시된다. 그리고 품질보증의 단계에서 환경배려 설계의 추진으로서의 실제기계 검증, 제품환경보증, 녹색구매, LCA(전과정평가) 등이 행해지고 있다. 프로세스 전체의 흐름 속에서 제품영향평가가 실시되고 있으며 개발·설계 단계 이후에 제품 환경사양관리가 이루어지고 있다. 이들 관계를 <그림 18>에서 나타내고 있다.

DfE(친환경설계)의 추진에서는 과거의 기종/타사 기종과의 비교와 중간 평가를 하고 있으며 ECP에서는 에너지 절감·자원 절약·유해물질 배제와 표준화, 제품영향 관리, 에코 라벨 취득의 지원, 종합 평가, 환경정보 관리 등을 실시하고 있다. 또한 녹색구매의 조사와 LCA의 실시에 관해서는 보다 상류의 개발 단계에서의 실시를 지향하고 있다.

환경회계시스템

환경회계는 기업 등이 지속가능한 발전을 목표로 사회와 양호한 관계를 유지하면서 환경보전에 대한 노력을 효율적이고 효과적으로 추진해 나가는 것을 목적으로 사업활동에서의 환경보전을 위한 비용과 그 활동을 통해 얻어진 효과를 인식해 가능한 한 정량적(화폐단위 또는 물량단위)으로 측정해 전달하는 구조이다. C기업의 환경회계는 1983년에 공해방지에 관련되는 투자와 비용의 파악으로부터 시작되었다. 1991년에는 공해방지로부터 환경 전반으로 대상을 넓혀 인적·물적·자금 등 경영자원이 최적 투자되고 있는지를 판단하는 재료로 활용해 왔다.

C기업의 2019년도(2020년 발행) 환경회계 실태를 보면 환경보전비용은 투자 3,760억·비용 1,941억으로 전년 대비 환경보전비용에 있어서 투자는 1,200억 증가했고 비용은 약 20억 감소했다. 이러한 환경관련 투자액 증가는 사업 확대에 따른 환경보전의 조직이나 설비 증가에 따른 자본적 지출 증가가 주된 이유이다. 경제 효과는 전년과 같은 약 618억이 되었다. 이러한 효과를 얻기 위한 개선비용(비용절감)은 388억 원으로 환경에 대한 대처가 경제적으로도 적합한 것으로 평가할 수 있다고 판단된다.

<표 8> 환경보전원가 (단위: 억 원)

분류		주된 내용	투자액	비용액
(1) 사업 영역 내 원가			345	831
내역	공해방지원가	대기·수질·토양 오염방지 등	153	404
	지구환경보전원가	온난화 방지, 에너지 절약, 물류 효율화 등	182	187
	자원순환원가	자원의 효율적 이용, 폐기물삭감·감량화·분리수거·재활용[※]	10	240
(2) 상·하류원가		녹색구매 노력, 제품의 재활용 등	7	710
(3) 관리활동원가		환경교육, 환경관리시스템, 녹화, 정보공시, 환경광고, 인건비	5	359
(4) 연구개발비		환경부하 저감 연구·개발비	0	15
(5) 사회활동원가		단체에 대한 기부, 지원, 회비 등	3	13

분류	주된 내용	투자액	비용액
(6) 환경손상원가	토양복구비용	15	9
(7) 기타	환경보전에 관련된 비용	0	3
합계		3,760	1,941

※ 사용이 끝난 제품의 재활용에 따른 회수·보관·선별·수송 등의 비용

<표 9> 환경보전효과

효과의 내용		환경보전효과를 나타내는 지표	
		지표분류	지표값
사업 영역 내 원가에 대응하는 효과	사업활동에 투입하는 자원에 관한 효과	에너지절약(t-CO$_2$)	50,304
	사업활동에서 배출하는 환경부하/폐기물에 관한 효과	재자원화량(t)	110,955
상·하류원가에 대응하는 효과	사업활동에서 산출하는 재화·서비스에 관한 효과	에너지절약(t-CO$_2$)	2,944
		사용후제품재자원화(t)	68,593

<표 10> 환경보전에 수반되는 경제효과

환경보전에 의한 경제효과			상·하류원가에 대응하는 효과	
효과의 내용			효과의 내용	
수익	폐기물의 유상처분에 의한 매각익	230	제품 에너지소비삭감에 의한 전력요금절감	7,887
비용절감	에너지절약에 의한 에너지비 절감	211	사용 끝난 제품의 유상처분에 의한 매각익	583
	녹색구매에 의한 효과	0		
	자원절약/리사이클에 따르는 폐기물처분비용의 삭감	177		
합계		618		8,470

4장

물질흐름원가회계(MFCA)와
전과정평가(LCA)의 결합

1. MFCA, LCA의 개념과 결합의 필요성

MFCA, LCA의 개념

지구온난화, 자원·폐기물 문제 등 환경·자원 제약이 갈수록 높아지는 가운데 어떻게 환경과 경제를 양립시켜 지속가능한 경제사회를 구축하는가가 매우 중요한 과제이다. 이러한 지구 규모의 과제에 대해서 경제성이 요구되는 기업 활동과 환경보전 활동을 어떻게 조화시켜 갈 것인가 하는 딜레마가 해결해야 할 주제로 떠오르고 있다. 그 유력한 후보로 제시된 것이 MFCA와 LCA(Life Cycle Assessment: 전과정평가) 기법이다.

MFCA에서는 제조 프로세스 중의 원재료나 부품 등 "물질"의 흐름(flow)과 체류(stock)를 물량과 금액 양쪽에서 측정하고 비용을 물질(재료) 비용, 시스템 비용, 배송·폐기물 처리 비용으로 분류하여 관리한다. 제조 공정의 각 단계에서 사용하는 자원과 각 단계에서 발생하는 불량품, 폐기물, 배출물을 물량 기준으로 파악하고 그 것을 화폐액으로 환산함으로써 불량품이나 폐기물, 배출물 등 손실의 경제적 가치를 분명히 한다. 즉 MFCA는 물질 흐름에 관한 환경정보뿐만 아니라 비용이라는 경제정보를 취급하는 방법으로서, 생산 공정에서 물질적 비효율성을 식별하고 화폐적 평가를 목표로 하는 흐름지향 회계 접근 방식이다.

MFCA의 특징은 환경과 경제를 연계시키는 것으로, 환경보전 활동이 구체적으로 경제 면에서도 효과(주로 폐기물 삭감에 의한 비용절감효과)가 있음을 평가할 수 있는 방법이므로 기업현장에서 환경보전과 사업활동의 연계를 촉진하는 효과가 있다고 여겨져 왔다(Kokubu & Kitada, 2015). 이에 비해 LCA는 제품 또는 서비스의 생산(원료취득 포함), 소비(사용), 폐기의 모든 과정에서 수반되는 물질, 에너지, 폐기물의 양을 정량화해서 분석하고 환경오염의 부하 정도를 측정하는 기법이다. 즉 제품의 생산(원료취득 포함)과 소비의 모든 과정에서 소모되고 배출되는 물질, 에너지, 폐기물의 양을 분석하고 환경에 미치는 영향을 측정하는 기법이다. 이 기법의 대상으로는 단순한 제품에서 복잡한 시스템에 이르기까지 목적에 따라 자유롭게 설정할 수가 있으며, 환경에 대한 영향으로는 국지적인 환경오염물의 배출뿐만 아니라 자원, 에너지의 소비 또는 인간의 건강, 생태학적 영향까지 포함된다.

그런데 MFCA의 분석범위가 한 가지 제품의 제조공정임에 비해 LCA는 원재료 취득에서 최종처분에 이르기까지의 제품시스템 전체를 범위로 한 수명주기 전체를 대상으로 한다. MFCA는 적용범위가 비교적 좁지만 실측에 의한 실제 값을 바탕으로 의사결정에 유용한 정보를 작성한다. 반면에 LCA에서는 상대적으로 광범위한 수명주기의 데이터를 바탕으로 환경영향평가 하기 때문에 모든 데이터가 MFCA와 마찬가지로 실측치 등 실제치에 기초한다면 의사결정상의 유용성은 같은 차원에 있다고 할 수 있지만, 실제로는 수명주기 데이터의 일부(대부분)는 일반적인 추측치가 된다.

MFCA에서는 폐기물 삭감이나 자원생산성의 향상과 더불어 비용절감이라는 경제적인 효과를 나타내므로 환경과 경제가 연계되어 win-win 관계가 성립하게 된다. 그런데 실제로 MFCA를 비용절감의 경제적인 목적으로 실시하는 경우가 많아지면서 환경보전 목적은 뒤쪽으로 밀려나는 단점이 자주 나타나게 되었다. 또한 MFCA는 폐기물 삭감량은 알 수 있지만 구체적인 환경정보(CO_2 배출량 등)는 산정할 수 없다. 반면에 LCA에 의한 환경영향평가에서의 일반기준은 완전성, 투명성, 일관성을 요구하고 있으며 투명성에 대해서는 물질 및 에너지 영향 그리고 가정(assumption)에 대해서 명확히 기술할 것을 요구하고 있다. 그러나 사용되는 모형은 가정에 의해 설정되므로 모든 잠재적 환경영향은 충분히 반영되지 못하며 가정들이 주관적으로 결정된다는 것을 알아야 한다. 무엇보다도 기업 입장에서는 LCA의 경제성에 대해 의문을 가지고 있다.

이 한계를 극복하기 위해서는 MFCA에 의한 환경보전 측면의 효과를 강조할 수밖에 없으며 LCA와의 통합에 의해 명실상부한 환경효과와 경제효과를 달성할 수 있다. MFCA와 LCA는 경계, 상세한 측정 방법에는 차이가 있지만 물질흐름을 바탕으로 중량단위로 측정하는 곳이 공통적으로 있기 때문에 MFCA의 환경 면 효과를 나타내기 위해서는 LCA와의 통합이 가져오는 이점은 클 것으로 여겨진다.

MFCA, LCA 결합의 구조

MFCA는 완제품으로 성립되지 않는 물질을 비용으로 평가함으로써 그 삭감을 동기부여하고 의사결정을 지원하는 기법이다. 그러나 비용평가가 우선시되어 다른 큰 비용절감 기회가 있을 경우에 그쪽이 우선시되고 MFCA 절감의 우선순위는 다른 활동에 비해 떨어진다. 이러한 한계를 극복하기 위해서는 MFCA 스스로가 환경영향을 반영하여 의사결정을 할 수 있도록 하는 것이 해결책이다 (東田[Higasida] 등, 2014). 환경영향을 가미한 MFCA 정보는 물량단위와 화폐단위로 나타나는 정보라 하더라도 해당 정보에서 소급해 재료비나 인건비를 알아내기는 어렵다. 따라서 MFCA와 LCA를 연계시키는 것은 MFCA 정보의 정보내용을 풍부하게 할 뿐만 아니라 정보공유의 관점에서도 공급사슬을 촉진시킬 수 있다.

MFCA와 LCA의 통합은 단순히 MFCA에 환경영향 측면을 고려했다는 의미에만 그치는 것이 아니다. MFCA에서 대상으로 하는 투입 물질은 원재료의 채취에서부터 가공, 수송과 다양한 프로세스를 거쳐 초점(원청) 기업의 공정에 투입된다. 즉 MFCA가 대상으로 하는 공정에 투입될 때까지 CO_2가 누적되어 왔으며, 투입 물질이 삭감되면 그에 따른 CO_2 배출량도 삭감할 수 있다. 이러한 생각을 기본으로 MFCA와 산업연관표에 의해서 산정된 인벤토리 데이터를 기초로 한 CO_2 환산량과의 통합을 시행하고 있다. 이 CO_2 환산량 원단위가 화폐가치 단위당 원단위이기 때문에 MFCA의 물질에 관한 비용평가 금액에 CO_2 환산량 원단위를 곱하면 MFCA-CO_2

환산량이 산출된다. 물론 LCA에서 제공되는 인벤토리 데이터에 의한 CO_2 환산량 원단위의 항목 수가 MFCA에서 대상으로 하는 투입물질의 종류와 비교하면 적다는 과제가 있지만 MFCA에 환경영향을 반영시킬 수 있다는 점, 그리고 물질흐름을 CO_2 환산량으로 표현할 수 있다는 점에서 MFCA와 LCA 결합의 가능성을 내포하고 있다(中嶋[Nakajima] 등, 2015).

　<그림 19>는 예시적인 통합 LCA 및 MFCA 프로세스 모델을 보여준다. 이 그림은 재료, 에너지, 시스템 및 폐기물 관리 흐름의 분류를 통해 MFCA가 LCA를 개선하기 위한 선행 요소로 작용하는 방식을 강조한다. 예를 들면 금속 철판을 가공하면 필요한 원형 철판 부분이 정(+)의 제품인 양품으로 완성되고 나머지 자투리 부분은 필요 없는 부(-)의 제품으로 손실 처리된다. 이때 MFCA에서는 투입 물질(원재료, 에너지 등)의 원가와 양품(Product) 및 불량품(Loss)의 원가를 화폐액으로 파악한다. 이를 근거로 해서 LCA에서는 투입 물질과 완성품 및 불량품(폐기물 포함)이 발생하는 단계에서의 CO_2 배출량을 계산한다. 이 접근법은 물리적 및 화폐적 관점에서 불량품이나 폐기물과 같은 부(-)의 제품 산출물만이 아니라 제품의 환경적 측면과 영향의 통제를 지원하고 이에 따라 자원, 경제적 및 환경적 희소성 평가를 지원한다. MFCA-LCA 통합 접근법을 적용함으로써 CO_2배출량·폐기물량·비용이 동시에 산출되어 환경과 경제 양 측면을 고려한 평가의 실시를 가능하게 하고, 자원 절약화는 CO_2 배출량 삭감으로 이어지는 유용한 접근방식을 찾아낼 수 있게 한다.

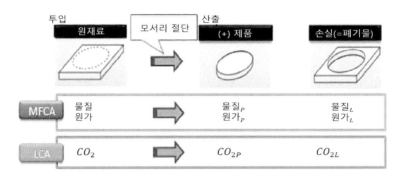

<그림 19> MFCA-LCA 통합의 기본 개념

출처: MFCA회계수법도입가이드(2007, p.187) 그림을 저자가 수정

2. MFCA와 LCA 결합의 이론적 검토

　MFCA와 LCA를 비교 평가하기 위해서는 몇 가지 점에서 MFCA와 LCA 계산의 사고에 관한 논리를 정리할 필요가 있다. 첫째, 기본적으로 MFCA는 프로세스를 대상으로 하고 LCA는 원칙적으로 제품을 대상으로 하는 기법이다. LCA는 제품이 제조되는 공정을 평가하는 기법으로서는 지금까지 별로 이용되어 오지 않았으나 MFCA에서와 같이 공정의 환경부하를 평가하는 기법으로서 응용하는 것에 문제는 없다. 그것은 제품군을 LCA로 평가하는 것은 그 구성요소를 파악할 수 있다면 제품을 평가하는 경우와 동일하게 평가할 수 있기 때문이다. 다만 실제 적용에 있어서는 양자를 프로세스 혹은 제품의 어떤 수준에서 비교할 것인지를 결정할 필요가 있다(國部[Kokubu] 외, 2015).

　둘째, 측정의 범위에 관한 것이다. MFCA가 원칙적으로는 공장 내에 머무르는 데 비해 LCA는 이론적으로는 전체 수명주기를 대상으로 하

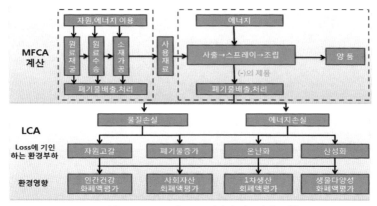

<그림 20> MFCA와 LCA 기법의 비교평가 모형

고 있어 측정범위에 차이가 있는 것처럼 보인다. 그러나 MFCA가 대상으로 하는 원가정보는 과거의 원재료 채취로부터 구입까지 들어간 경제적 가치(비용)의 총계라고 할 수 있으므로 이 점에서 LCA와 조화를 이루고 있다.

셋째, 어떤 수준의 LCA를 MFCA와 비교하는가 하는 문제가 있다. 이론적으로는 모든 단계에서의 LCA 데이터는 MFCA 데이터와 비교가 가능하다. 그러나 MFCA를 기업 단위로 적용하는 경우에는 제품의 사용·폐기 단계는 계산에 포함되지 않는다. 또 사용 단계의 LCA 계산은 과도하게 복잡하게 될 우려가 있다. 따라서 이 단계는 MFCA와 LCA의 비교 평가의 범위 밖으로 하고 제조단계(다만, 제조단계에 생기는 폐기물 처리의 단계는 포함한다)까지를 그 대상 영역으로 하는 것이 합리적이다. 이 책에서는 기업이 구입하는 재료와 에너지(전력)를 얻기까지 발생하는 환경부하와 그것을 기반으로 제조하는 공정에서의 환경부하 부분이 MFCA와 LCA의 비교 평가의 범위가 된다(<그림 20> 참조).

MFCA와 LCA 결과를 비교 평가하기 위해서는 2가지 접근 방법을 생각할 수 있다. 첫째는 MFCA를 도입하고 있는 공정에 대해서 원재료의 투입과 산출의 관계를 LCA 평가함으로써 양자를 비교하는 방법이다. 이것은 제조 프로세스 개선에 있어서 MFCA가 물량 단위의 환경부하 정보밖에 제공할 수 없다고 하는 한계를 극복하기 위한 접근법이다. 또 한 가지는 LCA로 환경영향을 평가한 제품에 대해서 그 생산라인에 MFCA를 응용하여 보다 효과적인 원가절감과 환경부하 저감을 목표로 하는 방법이다. 이것은 MFCA와 LCA의 시스템적인 비교 평가라고 하는 의미보다도 경영기법으로서 활용하는 측면에서의 비교이다.

이 책에서는 전자의 유형을 채택하는데 그것은 이미 MFCA를 도입하고 있는 한정된 소수의 기업 중에서 샘플기업을 선택해야 하며 비교 평가의 실행 가능성을 높일 수 있기 때문이다. 또한 여기에서는 LCA 중에서도 환경영향의 통합 기법인 LIME(Life Cycle Impact Assesment Method based on Endpoint Modelling)를 수정한 LIME Ⅱ와 MFCA 결과를 비교 평가하는 접근법을 시험적으로 검토하는 것을 목적으로 한다.

LIME Ⅱ를 이용하는 것은 이 기법이 환경영향을 화폐단위로 평가할 수 있어 회계 모형인 MFCA와 가장 정합적으로 운용할 수 있기 때문이다. 그리고 LIME를 활용하면 방법론과 더불어 환경부하 물질별로 계수 리스트를 공개하고 있으므로 실시자는 특별한 지식이 없어도 환경부하의 데이터와 이것에 대응하는 계수 리스트의 선형 계산에 의해 환경영향의 평가를 할 수 있다. 즉 환경영향의 통합화는 다음 식에 의거해 통합화 계수($IF_{S,IC}$)와 환경부하물질의 목록($Inv._S$)만 있으면 용이하게 실시할 수 있다.

$$SI = \sum_{IC}\sum_{S}(IF_{S,IC} \times \in v._S)$$

여기서 SI: 환경영향의 단일 지표

IC: 영향 영역(예를 들면 지구 온난화, 산성화 등)

S: 환경부하 물질

IFs: 통합화 계수

INV,s: 환경부하물질의 목록(Inventory)

이 책에서는 MFCA를 통해서 소위 부(-)의 제품이라고 부르는 폐기물의 구성요소별 중량이 구해지므로 이 결과에 대해서 해당 제품 단위량을 제조하기까지 발생할 수 있는 환경영향을 곱함으로써 폐기물에 수반하는 외부원가의 계산을 실시한다. 환경영향의 통합화 계수($IF_{S,IC}$)는 이미 기존 문헌에서 공개되고 있으므로, 위의 식에 따라 환경영향의 통합화 지표를 구할 때 환경부하의 데이터(목록 데이터, $Inv._S$)가 필요하게 된다. 환경부하량(환경부하 원단위)을 계산하기 위한 데이터는 LCA에 있어서의 기초 연구를 통해서 여러 기관이 데이터베이스로서 공개하고 있다. 우리나라에서는 환경산업기술원과 생산기술연구원(국가청정생산지원센터)에서 국가 프로젝트의 일환으로서 각각 LCA전용 소프트웨어 TOTAL과 PASS를 개발했다. 이 데이터베이스에 포함되지 않은 물질은 스위스 대학연구기관이 구축한 데이터베이스 ecoinvent를 사용한다.

MFCA-LCA 통합의 계산 절차는 구체적으로 다음과 같이 실시한다.

(1) 계산의 준비

먼저 MFCA 계산모형을 준비해야 하는데, 일반적으로 제조 프로세스에 따라서 재료의 종류별로 투입 물량과 정(+)의 제품 물량, 부(-)의 제품(불량품, 폐기물) 물량을 정리해 둔다.

(2) 재료 종류별의 LCA의 실시

LCA 분석 대상인 투입 재료나 에너지, 배출물, 폐기물별로 LCA의 목록 분석과 영향 평가를 실시해서 「LIME 통합화 계수(원/kg)」를 산출한다.

(3) 공정별 LCA의 실시

LCA 분석 대상인 3가지 공정별로 LCA의 목록 분석과 영향 평가를 실시해서 공정별로 환경영향을 계량화함으로써 환경에 미치는 영향을 화폐액으로 평가한다.

(4) MFCA 계산의 각 항목에 대한 LCA의 실시

MFCA 계산 안에서 사용하는 원재료의 단가, 에너지의 단가 및 폐기물 처리의 단가를 LIME 통합화 계수로 치환하고 이어서 3가지 제조공정에서 발생하는 환경영향을 양품과 불량품(또는 폐기물)에 배분한다.

(5) MFCA와 LCA의 비교 평가의 실시

부(-)의 제품(불량품, 폐기물)에 관한 MFCA 계산 결과와 거기에 대응하는 LIME에 의한 LCIA 계산 결과를 비교 평가한다. MFCA 와 LCA의 계산 결과를 어떻게 분석하는가는 이용 목적에 따라 다르지만 본 연구에서는 MFCA 면에서의 계산 결과와 LCA 면에서의 계산 결과를 대비함으로써 공정의 개선 포인트가 동일한지의 여부를 판단한다.

3. MFCA와 LCA 결합 모형의 분석과 결과

기업개요

S기업은 자동차부품 및 위성방송수신기의 사출 및 후가공을 하는 업체이다. 물질수지분석을 위해 가장 보편적이고 많이 생산되는 제품을 선정하였는데, 분석 대상 제품은 Front/Panel이며 1일 생산량은 15,000PCS이다. 각 공정별 투입과 산출에 관한 데이터는 <부록 1>과 같으며 대상 제품 제조공정도를 파악한 결과, 대상 제품 생산은 크게 사출공정, 스프레이(spray)공정, 조립공정으로 구분할 수 있으며, 각 공정별로 물질수지를 분석하였다. 또한 각 공정별 전력사용량을 산출하기 위한 기초자료로 사용기기의 가동시간과 시간당 소비전력(kwh)을 파악하였다. S기업에 MFCA를 적용하기 위한 물량센터는 사출공정과 스프레이공정, 그리고 조립공정의 세 개로 구성하였다. S기업 대상 공정의 경우 앞서 설정한 물량센터와 원가중심점(Cost Center)이 일치하고 있다. 이 기업은 1일 15,000개 기준으로 24일 가동(월평균 360,000개 생산 가정)하고 있다. 이 기업에서는 원가중심점별로 Material Cost(원재료 및 부재료 등), System Cost(인건비 및 감가상각비 등), Utility

Cost(에너지 및 용수 등), 폐기물 처리비용 등의 원가를 집계하고 있다.

공정별 물질수지분석

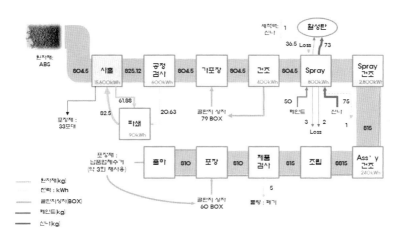

<그림 21> S기업 Front Panel의 물질수지도

(1) 사출공정 물질수지분석

사출공정에 대한 물질수지분석 결과를 하루 생산량 기준으로 작성하였다. 원자재로 투입되는 ABS(Acrylonitrile-butadiene-styrene Resin)는 한 포대에 25kg이고, 물질수지 분석 시 사용한 데이터는 조사 기간 내 측정된 데이터를 사용하였다. 가포장되는 골판지상자는 100% 재활용되고 사출공정 후 발생하는 스크랩은 파쇄기로 파쇄하여 전량 재사용되며, 전력사용량은 시간당 소비전력×가동시간으로 산출하였다.

(2) Spray 공정 물질수지분석

Spray 공정에 대한 물질수지분석 결과를 하루 생산량 기준으로 작성하였다. Spray 작업 시 투입되는 페인트와 시너의 투입 비율은 약 1:1.5이고 각각 하루 투입량은 50kg/day, 75kg/day이다. Spray 작업 시 배출되는 페인트 loss의 경우 컨베이어 벨트에 묻은 폐페인트는 지정폐기물로서 정기적으로 처리업자를 통해 처리되며, 시너의 경우 페인트가 고착하는 데 사용되는 보조제로 spray 시 바닥으로 배출되는 양을 제외하고 대기 중으로 모두 배출되는 것으로 설정하였다.

Spray 공정이 이루어지는 부스에서는 Spray 작업 완료 후 매일 세척작업이 이루어지고, 1개월 기준 약 30회 정도 실시되며 이때 세척제로는 시너를 사용한다. 제품 1개에 투입되는 페인트 양은 Spray 공전 전후의 무게 차이와 페인트의 고착률을 고려하여 산정하였고, 그 값은 약 0.7g으로 나타났다. Spray 공정 시 사용되는 컨베이어 벨트는 조립공정까지 이어져 사용되므로 컨베이어 벨트의 전력사용량은 조립공정에 포함시켰다.

(3) 조립공정 물질수지분석

조립 시 추가적으로 투입되는 것은 포장 시 사용되는 포장재만 존재하며 공정검사를 통해 배출되는 불량품은 전량 폐기처분 된다. 컨베이어 벨트의 전력사용량은 시간당 소비전력이 별도로 표시되어 있지 않아 하루 전력 사용량과 일반적인 컨베이어 벨트의 소비전력을 활용해 추정하였다. 포장재는 납품업체에서 수거하여 평균적으로 약 3회 정도 재사용된다.

물질수지도(Mass Balance)

물질수지표를 활용하여 물질수지도를 작성하여 <그림 21>에 나타내었다. 하루 생산량인 15,000PCS 기준으로 작성하였으며, 전력은 투입량으로 별도 표시하였고 3가지 공정으로 구분하여 제품의 경로로 나타내었다.

물질흐름원가의 계산 결과

(1) 물질손실(Loss)원가 계산

원자재(ABS수지)는 초기 투입된 물량센터1에서 물량센터3까지 흘러간다. 물량 센터1(사출)에서는 원자재(ABS) 8,109,360원, 스크랩(ABS) 831,600원, 상자(골판지) 432,288원이 투입되고, 물량센터2(Spray)에서는 페인트 2,160,000원, 시너(spray) 1,152,000원, 시너(세척) 12,000원이 투입되고, 물량센터3(조립)에서는 포장재 530,000원 등이 신규 투입된다.

물량센터별 Loss 비율 계산을 보면 물량센터1(사출)에서는 Loss율 0%(사출에서 스크랩이 발생하나 전량 재투입되므로 Loss로 볼 수 없음)이나, 단, 에너지원가(Utility Cost)의 경우 이를 Loss로 산정하였다. 물량센터2(Spray)에서는 배출되는 폐페인트와 시너의 양(금액)을 Loss로 파악하였다. 물량센터3(조립)에서는 공정검사에서 불량으로 확인된 양만큼을 Loss 비율로 파악하였다(5/(5+810)). 분석결과 물량센터별 원부자재 Loss 비율은 물량센터1(0%), 물량센터2(1.26%), 물량센터3(0.59%)으로 나타났다(부록 참조).

에너지원가(Utility Cost)는 에너지에 관한 원가로 본 분석대상에서의 에너지원가는 전력비만 해당되며 에너지원가에 대한 Loss 원가는 물량센터 전체를 통해서 56,400원인 것으로 분석되었다. 폐기물 관련 처리비용은 물량센터2에서 63,396원 발생하였다(<그림 22> 참조).

(2) MFCA와 LCIA(LIME) 계산 결과 비교

공정별 MFCA와 LIME 결과의 비교:

S기업의 제조라인의 물량센터(공정)는 사출 → 스프레이 → 조립의 3 개 프로세스이며 1일 15,000PCS 생산에 대한 계산 결과를 나타내었다. 예를 들어 사출공정에서의 (-) 제품의 에너지원가(<그림 22>의 사출공정에서의 수치 5.6천)를 LIME에 의해 계산하면 다음과 같다. 먼저 전력 1kwh 생산에 대한 환경영향 목록을 보면 CO_2가 4.17E-1kg 발생하고,[7] 여기에 각각의 LIME에 이미 계산되어 있는 CO_2의 통합화계수 (1kg 배출당 환경영향의 경제가치액) CO_2 2.77(円/kg)을 곱하면 탄소의 환경영향평가액, 즉 사회적 비용이 계산된다. 이 외에 전력 1kwh 생산에는 CH_4 9.40E-6kg, N_2O 1.94E-5kg 등의 다양한 환경부하물질 목록 항목이 나타나며 여기에 이미 계산되어 있는 각각의 물질에 대한 통합화계수인 CH_4 7.33+01(円/kg), N_2O 8.73+02(円/kg) 등을 곱하여 합산하면 1kwh에 약 3.55円의 경제적 피해금액이 산출된다.

---

7) 전력 1kwh를 생산하는 경우에 발생하는 각종 환경부하물질을 LCA계산 소프트웨어(MiLCA)를 사용해 산출하면 CO_2 4.17E-1kg, CH_4 9.40E-6kg, N_2O 1.94E-5kg 등의 수치 목록(inventory)을 얻을 수 있다.

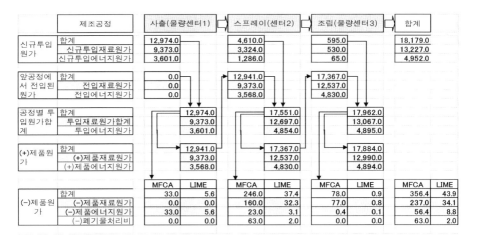

제조공정		사출(물량센터1)	스프레이(센터2)	조립(물량센터3)	합계
신규투입원가	합계	12,974.0	4,610.0	595.0	18,179.0
	신규투입재료원가	9,373.0	3,324.0	530.0	13,227.0
	신규투입에너지원가	3,601.0	1,286.0	65.0	4,952.0
앞공정에서 전입된 원가	합계	0.0	12,941.0	17,367.0	
	전입재료원가	0.0	9,373.0	12,537.0	
	전입에너지원가	0.0	3,568.0	4,830.0	
공정별 투입원가합계	합계	12,974.0	17,551.0	17,962.0	
	투입재료원가합계	9,373.0	12,697.0	13,067.0	
	투입에너지원가	3,601.0	4,854.0	4,895.0	
(+)제품원가	합계	12,941.0	17,367.0	17,884.0	
	(+)제품재료원가	9,373.0	12,537.0	12,990.0	
	(+)제품에너지원가	3,568.0	4,830.0	4,894.0	

		MFCA	LIME	MFCA	LIME	MFCA	LIME	MFCA	LIME
(-)제품원가	합계	33.0	5.6	246.0	37.4	78.0	0.9	356.4	43.9
	(-)제품재료원가	0.0	0.0	160.0	32.3	77.0	0.8	237.0	34.1
	(-)제품에너지원가	33.0	5.6	23.0	3.1	0.4	0.1	56.4	8.8
	(-)폐기물처리비	0.0	0.0	63.0	2.0	0.0	0.0	63.0	2.0

<그림 22> MFCA와 LCA(LIME)에 의한 공정별 원가계산의 결과 (단위: 천 원)

이 수치를 환율과 우리나라의 구매력평가를 감안하여 환산하면 1kwh에 약 36원이 된다. 이 금액을 기초로 사출공정 (-)제품의 에너지 손실에 대한 환경영향평가액을 계산하면 약 5,580원이 된다.[8)]

스프레이공정의 (-)제품에 대한 물질원가는 원재료의 구입단계까지 발생한 환경영향평가(A)와 제조공정 과정에서 발생한 환경영향평가 (B)의 2가지로 구성된다. 예를 들어 원재료 구입 단계를 기준으로 스프레이 공정에서의 (-)제품에 대한 물질손실 평가액을 LIME을 이용해 구하면 14,630원이 나온다. 이에 대한 산출과정은 다음과 같다. 먼저 페인트 50kg이 투입된 것 중에서 바닥으로 배출된 것이 3kg, 대기 중 포집된 것이 36.5kg이며 또한 시너가 75kg 투입된 후에 바닥으로 배출된 것이

---

8) ANRE 전력가스사업부의 '전기요금의 각국비교에 대해서'라는 보고서(2011년 8월)에 의하면 구매력평가환산에 의한 한국과 일본의 1kwh 산업용 전기요금은 각각 $0.092와 $0.129로 나타났다. 또한 엔화 환율을 1円=14.5원으로 환산하면, 3.35円*14.5원*(0.092/0.129)=36원/kwh로 된다. 그런데 (-)제품의 에너지원가가 사출공정의 투입원가에서 차지하는 비율이 33/3601(0.92%)이 되므로 환경영향평가액(LIME)은 36원*16,290kwh*0.92%=5,580원이 된다.

2kg, 대기 중 포집된 것이 73kg이다. 페인트 1kg 구입 시점의 환경평가액은 약 190원이며,[9] 시너 1kg의 환경평가액은 7,125원(=95원 *75kg)이 된다.

한편 ABS수지, 페인트, 시너 등을 투입한 스프레이공정의 제조과정에서 발생한 환경영향평가총액은 181,230원인데,[10] 이것을 스프레이공정의 투입물량에서 (-)제품이 차지하는 CO_2 배출량 비율(9.78%)에 따라 배분하면 각각 17,724원이 된다.[11]

<그림 22>와 <표 11>을 보면 MFCA에 의한 손실금액이 LIME에 의해 평가된 명목금액에 비해 상당히 큰 것을 알 수 있다. 그것은 MFCA의 계산에서는 물질별, 공정별 (-)제품의 물량에 원재료 등의 실제단가를 곱하며, LIME에서는 물량 값에 LIME 통합화 계수를 곱하여 환경에 미치는 영향을 화폐액으로 결과를 계산하기 때문이다. 일반적으로 환경영향평가액은 환경으로 인한 피해액을 추정하여 산정하는데 이때 설문조사 등을 이용하여 지불의사액(willingness to pay)을 구하는데 이것이 실제 시장에서의 재료비보다 작게 산출되는 경향이 있다.[12] 즉,

---

9) 페인트(도료) 1kg을 생산하는 데 아이소프로필 알코올, 톨루엔, 아나타제, N-부틸알코올이 45%, 30%, 18%, 7%의 비율로 혼합되어 완성된다. 이것을 기초로 페인트 1kg 완성에 CO_2가 4.365kg 배출되며 기타 다양한 환경오염물질이 부수적으로 발생한다. 여기에 통합화계수(CO_2의 경우에는 2.77(円/kg)이다)를 곱하여 합산하면 약 190원으로 환산된다. 동일한 방식으로 계산하면 시너 1kg은 약 95원의 환경평가액이 산출된다.

10) 이 수치는 먼저 LCA평가 소프트웨어 MiLCA를 이용해서 인간건강과 사회자산 등에 미치는 환경영향을 구한 다음 여기에 LIME에 의한 경제환산계수를 곱해 원화로 산출하였다.

11) ABS수지 804.5kg, 페인트 50kg, 시너 75kg의 각각의 CO_2 배출량을 합산하면 2998.3 (804.5*3.727kg)+218.25(50kg* 4.365)+157.45(75*2.1kg)=3,374kg이 되는데 이 중에서 (-)제품인 페인트 39.5kg과 시너 75kg의 CO_2 배출량은 9.78%(=330kg/3,374kg)를 차지한다. 배분에 있어서는 CO_2 배출량 대신에 사용원료의 환경평가액을 기준으로 배분하는 것도 생각할 수 있다.

12) 일반적으로 소비자들의 환경영향에 대한 피해의 인식은 강하지만 환경피해를 회피하기 위해 본인이 실제로 지불하고자 하는 의사(금액)는 상대적으로 크지 않기 때문이다. 즉 환경에 관한 가치판단은 일상적인 구매행동과는 다르다는 것이다. 또한 LIME에서는 임업이나 물에 대한 영향의 경제가치가 누락되어 있는 등 모든 항목을 포함할 수 없기 때문이다.

<표 11>에서 3가지 공정의 Loss 합계액을 보면 LIME에 의한 외부원가의 크기는 41.9천 원으로 MFCA에 의한 내부원가 294.1천 원의 14% 정도에 그치고 있다.

<표 11> MFCA와 LIME의 공정(물량센터) 간의 Loss 원가 비교 (단위: 천 원)

		사출	스프레이	조립	합계
MFCA	물질원가	0.0(0.0%)	160.3(67.6%)	76.9(32.4%)	237.2(100%)
	에너지원가	33.5(58.9%)	23.0(40.4%)	0.4(0.7%)	56.9(100%)
	소계	33.5(11.4%)	183.3(62.3%)	77.3(26.3%)	294.1(100%)
LIME	물질원가(원료)	0.0(0.0%)	14.6(95.4%)	0.7(4.6%)	15.3(100%)
	물질원가(제조)	0.0(0.0%)	17.7(94.1%)	0.1(5.9%)	18.8(100%)
	에너지원가	5.6(63.6%)	3.1(35.2)	0.1(1.1%)	8.8(100%)
	소계	5.6(13.4%)	35.4(84.5%)	0.9(2.1%)	41.9(100%)

이 수치가 중요한 의미를 갖는 것은 공정상에서 개선해야 하는 곳이 어디인가를 2가지 기법을 활용해 확인하는 것도 필요하지만, 또한 MFCA에서 중요하게 평가되는 공정과 환경부하가 큰 공정은 반드시 일치해야 하는 것이 아니므로 이 2가지를 비교해 보면 LIME을 적용함으로써 환경부하가 큰 공정과 경제가치가 중요한 공정을 식별할 수가 있다.

MFCA와 LIME에 의한 공정별 Loss 금액을 비교해 보면(<표 11> 참조) 스프레이 공정에서 모두 가장 큰 외부원가가 발생하지만(각각 62.3%, 84.5%) 사출공정에서는 MFCA보다 LIME에 의한 Loss 금액의 비중이 높게 나타나며 조립공정에서는 역으로 MFCA보다 LIME에 의한 Loss 금액의 비중이 낮게 나타나는 결과를 보여주고 있다.

이것은 MFCA에서는 조립공정에서 Panel 조립이 끝난 후 제품검사

과정에서 불량으로 판정 난 것이 5kg(완성품 810kg)인데 여기에는 ABS powder를 투입하여 사출공정을 거치고 다시 스프레이 공장에서 페인트 고착 등에 추가로 사용된 원가 등이 누적적으로 가산되어 있다. 즉 MFCA의 특성이, 동일한 1kg의 불량이나 폐기물이 발생하더라도 공정이 진행될수록 가공비가 추가되어 1kg에 대한 가치가 증대되는 것이기 때문이다. 반면에 LIME에서는 조립공정의 제품검사에서 불량이 된 5kg 중에는 대부분 사출과 스프레이 공정에서 이미 환경에 미치는 영향이 각각 반영되었으며 조립공정 자체에서 환경영향에 미치는 환경부하는 극히 작기 때문이다.

구체적으로 살펴보면 MFCA에 의하면 (-)제품, 즉 loss와 폐기처리에 357천 원(전체 투입원가 17,962천 원의 2.0%), LIME의 환경영향에 의하면 loss와 폐기처리에 43.9천 원(전체 LIME값 1,440천 원의 3.1%)으로 되었다.

원가 종류별 MFCA와 LIME 결과의 비교:

(-)제품의 재료(물질)원가를 사출, 스프레이, 조립의 공정별로 살펴보면 다음과 같다. 먼저 MFCA에 의한 (-)제품의 결과를 보면 각각 0.0%, 67.6%, 32.4%가 공정별로 차지했으며 LIME의 결과는 각각 0.0%, 95.4%, 4.6%를 차지하고 있다. 2가지 방법 모두 스프레이 공정에서 가장 (-)제품의 금액(loss)이 크게 나타났다.

다음으로 (-)제품에 대한 에너지 원가(전기)를 공정별로 살펴보면 먼저 MFCA에 의한 경우는 각각 58.9%, 40.4%, 0.7%로 나타났으며 LIME에 의한 결과는 63.6%, 35.2%, 1.1%를 차지하는 것으로 나타났다. 즉, 에너지원가에 한정해서 보면 MFCA와 LIME 모두 사출공정에 초점을 맞추어 에너지 개선 방안을 모색하는 것이 경제 면에서 원가를 삭감하고 환경부하도 삭감할 수 있는 가능성이 크다고 인식할 수 있다. 그러나 에너지 원가에 대해서도 사출공정에 16,290kwh, 스프레이 공정에 4,800kwh가 투입된 것을 고려하면(부록 1 참조) 에너지 원가의 투입 대비 손실(loss)의 비율이 역시 스프레이 공정이 가장 크다는 것을 알 수 있다.

한편 에너지원가의 경우는 MFCA와 LIME 결과의 명목금액은 상당한 차이가 있으나 상대적으로 차지하는 비중은 유사하게 나타났다. 반면에 재료(물질)원가의 경우는 2가지 방법 간에 상당한 차이가 발생하였다. 이것은 MFCA 계산에서는 사용물량에 재료나 에너지의 단가를 곱하고 LIME에서는 단가 대신에 LIME 통합화계수로 치환하여 환경영향값을 산출하는 방식에 기인한다. 즉, 단위당 실제 단가와 단위당 통합화계수가 상이하기 때문이다.

이상에서 재료(물질)원가와 에너지원가를 합산해서 전체적으로 보면 스프레이 공정이 MFCA와 LIME 모두 loss 금액의 비중이 가장 크므로 향후 적극적으로 loss를 삭감하는 개선 방안을 강구해야 할 것이다. 한편 조립공정에서는 MFCA에 의한 loss 금액이 스프레이 공정 다음으로 개선의 여지가 큰 것으로 나타났으나 LIME에 의하면 사출공정보다도 개선의 우선순위가 낮게 나타났다.

이것이 시사하는 바는 2가지 기법 모두 스프레이 공정이 개선되어야 한다는 결과가 나왔다고 해서 다른 사례에서도 2가지 기법의 결과가 항상 동일하게 나오는 것은 아니라는 점이다.[13) 또한 동일한 결과를 얻었

---

13) 물론 MFCA와 LCIA(LIME)의 계산 결과가 다르고 개선의 우선순위가 달라지는 경우가 있다. 따라서 각 기법의 활용은 기업의 활용 목적에 따라 정해지게 된다. 이때는 기업으로서 장기와 단기로 나누어 전략적으로 어떠한 방법을 선택하는 것이 유리한지를 신중히 검토할 필요가 있다.

다고 해도 조직에 있어서의 경비절감의 포인트와 환경영향의 저감을 동시에 추구할 수 있다는 점에서 상호 보완적인 정보 제공의 유용성이 있다고 볼 수 있다. 즉 지속가능보고서 등에 단순히 환경보전비용만 게시하는 것이 아니라 환경보전효과에 대한 정보를 경제가치도 병행 기재함으로써 이해관계자에게 보다 다양한 환경관련 정보를 제공할 수 있다는 것이다.

추가 분석: 총비용(full cost) 대비 Loss 금액의 비교:

<표 12> MFCA, LCIA, FCA에 의한 (+)제품과 (-)제품의 비교 (단위: 천 원)

		사출	스프레이	조립
MFCA	(+)제품	12,941(99.7%)	12,367(98.6%)	17,884(99.6%)
	(-)제품	33(0.3%)	246(1.4%)	78(0.4%)
	소계	12,974(100%)	17,551(100%)	17,962(100%)
LIME	(+)제품	1,047(99.5%)	337(90.5%)	16(94.7%)
	(-)제품	5.6(0.5%	35.4(9.5%)	0.9(5.3%)
	소계	1,051.6(100%)	372.4(100%)	16.9(100%)
FCA	(+)제품	13,988(99.7%)	12,704(97.8%)	17,900(99.5%)
	(-)제품	38.6(0.3%)	281.4(2.2%)	78.9(0.5%)
	소계	14,026.6(100%)	12,985.4(100%)	17,978.9(100%)

추가 분석으로서 양품과 Loss를 합계한 물량 전체에서 발생한 원가와 loss 금액을 비교해 보면 먼저 일반적인 MFCA에서는 3가지 공정 중에서 스프레이 공정의 loss 발생액이 가장 크지만 3가지 공정 간의 차이가 크지 않았다. LIME의 결과에서도 스프레이 공정의 loss 발생액이 가장 크게 나타났다. 반면에 각 공정에서 전체적으로 발생한 원가를 대상으로 비교해 보면 사출공정에 들어간 원가가 가장 크다는 것을 알 수 있

다.[14) 환경에 영향을 미치는 외부원가를 화폐액으로 환산해서 나타내는 LIME에서도 사출공정에서 발생한 전체 원가가 가장 크며 LIME과 같은 피해산정형 모델에 기초해서 만든 한국형 전과정영향평가지표(KORID) 방식에서도[15) 역시 사출공정에서 가장 큰 외부원가가 발생하는 것으로 나타났다(부록 3 참조). 이러한 결과는 불량이나 폐기물과 같은 (-)제품, 즉 Loss에 대한 재료(물질)원가와 에너지원가가 3가지 공정 가운데 스프레이 공정에서 가장 크게 발생한 것과는 상이하다는 것을 알 수 있다.

따라서 기업에서 공정개선이나 원가절감 및 환경영향의 저감을 위한 개선 방안을 강구하는 의사결정을 위해서는 MFCA나 LCIA(LIME) 모두 스프레이 공정에 초점을 맞추는 것이 타당하다고 할 수 있다. 그러나 기업이 탄소생산성이나 환경효율 등을 위해 기업 전체의 CO_2 감축에 초점을 맞추는 경우에는 Loss에 대한 원가 이외에 양품(goods)에 대한 원가까지 합산하여 고려하는 것도 병행해야 할 것이다. 왜냐하면 내부비용과 외부비용을 합산한 총비용평가(FCA: Full Cost Assesment)의[16) 실시는 친환경제품의 특징인 환경영향의 저감량을 파악할 수 있으므로 원가상승의 단점과 사회적 비용 감축의 장점 사이의 상충관계에 대해 파악하는 것이 가능하기 때문이다(UNEP 2001 참조).

---

14) 각 공정의 신규투입원가 합계는 사출공정이 12,974원, 스프레이는 4,610원, 조립공정은 595원이다.

15) 전과정영향평가지표는 국가별로 특성을 반영하여 작성되는데 한국과 일본 간의 특성에 따라 결과가 달라지는가를 검토할 필요가 있다. KORID(Korean Life Cycle Impact Assesment Index Based on Damage Oriented Model)는 박필주·김만영(2010)이 개발한 것으로서 피해산정형 모델에 기초한 한국형 전과정영향평가지표이다.

16) 총비용평가(FCA)는 수명주기를 통하여 당사자가 부담하는 비용인 내부비용에 시장에 있어서 거래되지 않지만 특정가치가 감모된 것을 나타내는 외부비용을 합산한 것이다. 다만 이 책에서는 수명주기 중에서 원재료 생산과 제조과정까지의 단계를 대상으로 하였다.

4. MFCA와 LCA 결합의 한계와 과제

이 장에서는 LCA를 기본으로 한 환경부하 통합평가 기법인 LCIA(LIME)와 프로세스에 있어서의 물질(원재료와 에너지)의 흐름을 측정해 불량이나 폐기물 등의 물질손실에 대한 경제가치를 파악하는 기법인 MFCA의 비교 가능성을 시험적으로 파악했다. 그리고 불량이나 폐기물 등의 물질손실이 가져오는 기업 내부원가와 환경에 미치는 외부원가를 측정함으로써, 환경과 경제의 양립을 목표로 하는 기업경영에 있어서 어떠한 시사점을 얻을 수 있는지를 검토했다.

MFCA와 LCA를 비교 평가하는 방법론으로서 양 기법의 특징을 분석한 결과, MFCA의 LCA 전개, 즉 MFCA를 계산하고 있는 제품에 대해 LCA 계산을 실시하는 방식으로 양 기법을 비교하는 것이 유효하다는 것을 인지했다. 실제로 도입한 대상 제품에 대해서, 각 공정 간의 상대적인 중요성이 MFCA에 의한 분석과 LIME에 의한 분석 사이에서 큰 차이는 없었다. 그러나 원가 항목별로 분석한 결과에서는 물질원가(재료원가)와 에너지원가에 대해서 양 기법 간에 상이한 결과(명목금액)가 산출되었으나 이것도 상대적인 크기(투입 대비 산출)로 환산하면 모두 스프레이 공정이 개선해야 할 과제라는 것이 판명되었다.

MFCA와 LCA의 결합 효과로서는 MFCA 면에서의 절감 효과(경제 면에서의 효과)와 LCA 면에서의 부하 저감 효과(환경 면에서의 효과)를 정확하게 파악하여 가시화할 수가 있다는 점이다. 이것은 곧 제조원가 절감과 환경부하 저감의 동시 실현을 증명하기 쉽다는 것이다. 또 하나의 효과는 MFCA에 의한 개선안과 다른 생산관리기법에 의한 개선안이 대립하는 경우, MFCA를 원가절감의 수단으로서만 판단하는 것은 환경경영의 관점에서는 바람직하지 않으며 환경 측면의 효과도 충분히 고려해서 의사결정을 해야 하는데 그때 LCA와의 비교 결과를 이용하면 효과가 크다는 것이다. 그리고 MFCA에 의한 내부비용과 LCIA에 의한 외부비용을 합산한 총비용평가(FCA: Full Cost Assesment)를 통해 친환경제품 개발 시의 원가상승과 사회적 비용 감축 간의 상충관계를 파악할 수도 있다. MFCA와 LCA는 물질 흐름을 기초정보로 한다는 점에서 친화성이 있을 뿐만 아니라(Bier 등, 2015) 공급망이나 제품 전체의 환경부하 삭감을 목표로 할 때, 서로의 기법에 있어서 통합하는 이점이 크다는 것을 알 수 있다. 나아가 향후 탄소배출권 거래 등에 대비해 사회적 비용을 줄이는 방안을 마련하는 데도 유용한 정보를 제공할 수 있다.

이와 같이 MFCA와 LCA를 결합할 때의 장점은 분명히 존재하나 이두 가지를 통합하는 방법상의 문제가 남아 있다. MFCA와 LCA의 통합 방법에는 LCA에 의해 측정된 환경영향을 경제 평가하여 MFCA에 직접 통합하는 방법과 MFCA의 수치와 LCA 수치를 합산하지 않고 병용함으로써 간접적으로 따로 통합하는 방법 두 가지가 있다. 앞에서 사례를 들어 설명한 방법은 직접적으로 통합하는 방법을 채택했다. 그러나 폐기물의 비용금액에 대해 LCA(LIME)에서 평가된 환경영향 금액 평가액은 매우 작아 대체로 MFCA에서 계산하는 비용의 1% 정도밖에 되지 않으므로 MFCA에 LCA 기법을 더해도 경영의사결정의 개선 효과는 미미하다. 따라서 MFCA와 LCA를 통합할 때에는 경제와 환경은 합산하지 않고 병기하여 간접적으로 통합해야 한다는 접근법이 제시되고 있다(國部[Kokubu], 2016). 구체적으로는 LCA의 인벤토리 데이터베이스를 개발해 물질별 CO_2와 비용을 병기하는 집계 방법을 개발해 제품과 물질손실양쪽이 비용과 CO_2 모두로 계산할 수 있는 방법을 제안했다. 이것은 환경과 경제를 대비적으로 제시하고 기업으로서 어디에 주력해야 하는지를 알 수 있다는 장점이 있다.

이상과 같이 MFCA-LCA 비교 모형의 활용 가능성은 인식되었으나 비교 평가의 유효성을 높이기 위해서는 몇 가지 해결해야 할 과제가 있다. 첫째, 실제의 평가에 있어서는 대상으로 하는 제품·프로세스의 특징을 반영한 분석 방법을 고안해야 한다. 이를 위해 각각의 제품의 재료 특성이나 생산 특성, 제조 프로세스의 특징을 계층화하고, 그 유형별로 평가를 실시하고 결과에 대한 예측이 가능하도록 다양한 사례연구가 축적되어야 한다.

둘째, 우리나라에서는 LCA 그 자체의 데이터베이스가 충분하다고는 할 수 없으므로 적합한 데이터를 얻는 점에서 문제가 있다. 본 장에서도 일부 항목은 목록 데이터가 풍부한 Ecoinvent를 활용했다. 경우에 따라서는 산업연관표를 사용하는 일도 검토해야 한다. 무엇보다 이러한 작업을 공정별로 실시하는 것은 용이하지 않으므로 MFCA-LCA 비교 평가를 위한 LCIA 데이터(LIME이나 KORID 통합화 계수)의 표준화가 바람직하다. MFCA-LCA 통합 연구는 현시점에서 환경부하의 저감과 경제효과의 추구라는 두 가지를 양립시키기 위한 출발점을 제시하는 것이라고 평가할 수 있다.

<부록 1> 물질수지표와 LCI 데이터베이스

사출 공정

투입/배출	세부공정	항목	세부항목	단위	물량	비고	LCI Database 물질명	연도	기관
투입	원자재 투입	원자재	ABS	kg	804.5	33포대	ABS powder	2002	지식경제부
			포장재	포대	33		황산염미표백펄프	2003	환경부
		스크랩	ABS	kg	82.5				
	사출	전력	열풍	kwh	600	습기제거	전기	2000	지식경제부
			사출1호기	kwh	6,200		전기	2000	지식경제부
			사출2호기	kwh	5,200		전기	2000	지식경제부
			사출3호기	kwh	3,600		전기	2000	지식경제부
	공정검사	전력	냉각기	kwh	600		전기	2000	지식경제부
	파쇄기	전력	분쇄1호기	kwh	30		전기	2000	지식경제부
			분쇄2호기	kwh	60		전기	2000	지식경제부
	가포장	상자	골판지상자	BOX	79	100%재사용	골판지원지(폐지재활용): 아황산미표백펄프=1:1 의 비율 고려	2003	환경부
배출	원자재 투입	포장재	포장재	포대	33				
	사출	스크랩	ABS	kg	61.88				
	공정검사	스크랩	ABS	kg	20.63				
	가포장	상자	골판지상자	BOX	79				
	가포장	사출품	ABS	kg	804.5				

Spray 공정

투입/배출	세부공정	항목	세부항목	단위	물량	비고	LCI Database 물질명	연도	기관
투입	외관 Spray	사출품	ABS	kg	804.5		ABS powder	2002	지식경제부
		건조	투입 건조로	kwh	400	먼지제거	전기	2000	지식경제부
			Spray부스	kwh	800	제품이동	전기	2000	지식경제부
			페인트	kg	50		페인트 sheet참고		
			시너	kg	75		시너류[thinner type]	2003	환경부
			전력(Spray 건조로)	kwh	2,800	열풍이용	전기	2000	지식경제부
			전력(Compressor)	kwh	800		전기	2000	지식경제부
		세척	시너	kg	1	1회 세척시 1Kg 사용			
배출		Loss	페인트	kg	3	바닥으로 배출			
			시너	kg	2				
			페인트	kg	36.5	대기중 포집			
			시너	kg	73				
		세척폐액	시너	kg	1				
		Spray품	ABS	kg	815				

조립공정

투입/배출	세부공정	항목	세부항목	단위	물량	비고	LCI Database 물질명	연도	기관
투입	조립	Spray품	ABS	kg	815	ABS	powder	2002	지식경제부
		Ass'y	전력(Ass'y 건조로)	kwh	240		전기	2000	지식경제부
			전력(컨베이어 벨트)	kwh	2.08	추정치	전기	2000	지식경제부
	포장	포장재	골판지상자	BOX	60	1BOX 250개	골판지원지(폐지재활용): 아황산미표백펄프=1:1 의 비율 고려	2003	환경부
배출	조립	공정검사	ABS	kg	5	폐기			
		제품	ABS	kg	810	54g/개			
	포장	포장재	골판지상자	BOX	60	1BOX 250개			

<부록 2> LIME을 이용해서 화폐액으로 환산한 전과정 환경영향의 평가 결과

	환경평가 결과			경제환산 계수	단위	원화로 환산한 경제가치		
	사출	스프레이	조립			사출	스프레이	조립
인간건강	1.02E-03	3.83E-04	1.53E-05	1.47E+07	DALY	201,824	75,966	3,028
사회자산	8.39E+03	3.49E+03	1.26E+02	1.00E+00	Yen	113,278	47,100	1,700
1차 생산	2.63E+01	8.97E+00	3.95E-01	4.62E+02	kg	164,282	55,970	2,464
생물다양성	3.28E-11	1.14E-11	4.92E-13	1.42E+13	종	6,292	2,193	94
합계	8.42E+03	3.50E+03	1.26E+02			485,676	181,229	7,286

주) 왼편의 환경영향평가는 MiLCA 소프트웨어를 사용해서 계산했으며 경제환산계수는 LIME2에 나와 있는 계수를 인용하였다. 원화환산은 13.5원/Yen으로 하였다.

<부록 3> KORID를 이용해서 화폐액으로 환산한 전과정 환경영향의 평가 결과

	환경평가 결과			경제환산 계수	단위	원화로 환산한 경제가치		
	사출	스프레이	조립			사출	스프레이	조립
인간건강	1.02E-03	3.83E-04	1.53E-05	2.82E+07	DALY	28,679	10,795	430
사회자산	8.39E+03	3.49E+03	1.26E+02	1.00E+01	KRW	83,900	34,900	1,260
1차 생산	2.63E+01	8.97E+00	3.95E-01	4.93E+04	kg	129,660	44,222	1,947
생물다양성	3.28E-11	1.14E-11	4.92E-13	5.69E+05	종	1.8E-05	6.5E-06	2.8E-07
합계	8.42E+03	3.50E+03	1.26E+02			242,239	89,917	3,637

제 2 부

환경회계와
환경공학의 만남

5장

탄소회계의 전개와 도전

1. 탄소보고와 탄소회계

기업의 탄소에 관한 보고(reporting)는 외부 이해관계자가 조직의 탄소발자국과[17] 배출 감소 노력을 진실하고 공정하게 표현하는 데 중요하기 때문에 재무보고 규칙과 유사하게 탄소 배출량에 대해 비교 가능하고 정확한 계산이 필요하다(Haigh and Shapiro, 2012; Schaltegger and Csutora, 2012). 탄소회계는 어떤 사업 활동이 얼마나 온실효과가스 배출 또는 삭감에 기여했는지를 산정해 집계하는 대처 방식이다. 즉 탄소회계는 사업 활동에 있어서의 이산화탄소(CO_2) 등의 온실효과가스의 배출량 및 그 삭감량을 CO_2로 환산하고 산정해서 공시하는 것이다. 온실가스 관련 정보의 계산과 공시가 중요한 것은 급격한 지구온난화가 진행되는 가운데 교토 메커

---

17) 탄소발자국(Carbon footprint)은 개인 또는 단체가 직·간접적으로 발생시키는 온실가스, 특히 이산화탄소(CO_2)의 총량을 의미한다. 여기에는 이들이 일상생활에서 사용하는 연료, 전기, 용품 등이 모두 포함된다. 이 개념은 2006년 영국의회 과학기술처(POST)에서 최초로 제안하였는데, 제품을 생산할 때 발생되는 이산화탄소의 총량을 탄소발자국으로 표시하게 하는 데에서 유래하였다. 탄소발자국의 표시는 무게 단위인 kg 또는 실제 광합성을 통해 감소시킬 수 있는 이산화탄소의 양을 나무의 수로 환산하여 표시한다.

니즘을 비롯해 기후변화에 관한 정부 간 패널(IPCC)의 보고 등, 전세계적으로 정부, 기업, 환경보호단체에 의한 다양한 대응이 시작되고 있으며 금융기관에서도 CSR(기업 사회적 책임) 활동의 일환으로서 융자 대상 기업에서 발생하는 온실가스를 산정해 그 사업을 평가하는 움직임이 나타나고 있기 때문이다. 그리고 이렇게 온실가스에 대해 축적한 집계 결과는 장래의 경영정보로서 활용해 탈탄소 사회 구축에 유용하게 쓰는 것을 목표로 하고 있다.

탄소회계는 환경자본에 미치는 영향을 다루는 비교적 새로운 연구 분야로 탄소배출거래 시장 개발을 통해 특히 주목을 받고 있다 (Nelson 등, 2011). 지속가능성의 환경적 차원을 다루는 탄소회계는 탄소의 측정과 표준화 과정에 관련된 여러 이해관계자의 우선순위를 강조함으로써 다양한 규제, 직업 및 사회적 조건 및 응용 프로그램에 대해 연구되었다(Ascui and Lovell, 2011; Bowen and Wittneben, 2011).

탄소보고는 외부 이해관계자가 조직의 탄소발자국과 배출 감소 노력을 진실하고 공정하게 그리고 비교 가능하게 표현(공시)하는 것이 중요한데(Haigh and Shapiro, 2012), 기후변화 대응 정보 공개를 위한 글로벌 표준인 '탄소정보공개 프로젝트(Carbon Disclosure Project, 이하 CDP)'와 기후관련 재무정보공개 대책반 (TCFD: Task Force on Climate-related Financial Disclosures)이 공개한 권고안과 깊은 관련이 있다. CDP는 국제적인 비영리 환경단체로 기업의 환경 데이터 공개를 장려하며 매년 기후변화대응, 수자원, 산림자원 등 부문별 전략과 활동을 평가하고 있다. CDP는 기업들의 답변서를 바탕으로 환경정보 공개 정도, 인식 수준, 관리

수준 등에 따라 A에서 D까지 등급을 매기며 정보 평가가 불가능한 기업은 F등급을 받는다.

이에 비해 TCFD는 G20 재무장관과 중앙은행 총재들의 위임을 받은 금융안정위원회(Financial Stability Board)가 자발적이고 일관성 있는 기후관련 위험 정보 공개를 통해 투자자들과 여타 이해관계자들에게 올바른 의사 결정을 하도록 도와주는 기준을 개발하기 위해 만든 것이다.[18] TCFD의 권고안은 기후 관련 위험을 저탄소 경제로 전환하는 과정에서 발생할 전환위험(transitional risks)과 이상기후로 인한 물리적 위험으로 구분하고 이들 위험과 기회를 재무 정보 공개에 반영하기 위한 4대 영역, 즉 지배구조(기후변화의 위험과 기회에 관한 이사회의 감독과 경영진의 역할을 분명히 할 것), 경영전략(기후변화의 장단기 위험과 기회 그리고 이들 위험과 기회가 경영전략에 미치는 재무적 영향 등을 설명할 것), 위험 관리(기후 관련 위험을 평가하고 관리하는 조직의 절차를 밝힐 것), 지표와 목표 설정에 관한 지침(기후 관련 위험과 기회를 평가하는 지표와 목표를 설명할 것)을 담고 있다.

이 외에 GHG(온실가스) Protocol은 세계에서 가장 널리 사용되는 온실가스 회계기준을 제공한다. 이 기준은 기업, 정부 및 기타 기관이 임무와 목표를 지원하는 방식으로 온실가스 배출량을 측정하고 보고할 수 있는 프레임워크를 제공하도록 설계되었다. 특히 그중에서 GHG Protocol Corporate Standard는 기업에서 사용되는 온실가스 회계 및 보고기준을 말한다. 2016년에 Fortune 500대 기업 중 92%가 GHG Protocol 기반 프로그램을 통해 직간접적으로

---

18) 글로벌 녹색성장 미디어 - 이투뉴스(http://www.e2news.com).

GHG Protocol을 사용했다.

탄소회계는 한마디로 기후 변화 협약을 위한 국제 공약을 실현하기 위해 탄소배출 삭감이나 감소를 효율적이고 효과적으로 실현하기 위한 회계적인 도구라고 할 수 있다. 탄소회계는 아직 요람기에 있어 통일된 정의는 없으나 이 책에서는 온실가스 삭감을 목적으로 재무 보고와 지속가능성 보고에 사용되는 것을 탄소회계라고 규정하기로 한다.

탄소회계를 위해서는 기업은 온실가스 배출량을 공표하고 있지만 기업 자신의 배출량 공개에 머무르고 있는 경우가 많다. 그러나 온난화 대책이 진행됨에 따라 원재료의 조달·제조·제품 사용·폐기와 같은 가치사슬상의 온실가스 배출량 삭감 효과를 정확하게 파악하고 있어야 한다. 앞에서 설명한 GHG 프로토콜과 CDP에서의 기준이나 안내서에서는 사업자의 가치사슬상의 온실가스 배출원을 아래의 3가지 범위(scope)로 나누고 있다.

범위 1: 해당 사업자가 소유 또는 지배하는 경영 자원으로부터의 직접적 배출

범위 2: 해당 사업자가 구입한 에너지를 소비함으로써 발생하는 간접적 배출

범위 3: 해당 사업자의 가치사슬에서 발생하는 범위 1, 2 이외의 모든 간접적 배출

이상과 같이 온실가스 배출량의 파악과 기업에 의한 그 삭감 활동의 중심은 범위(scope) 1·2에서 범위 3으로 이행하고 있으며, 범위 3의 각 발생원의 배출량을 파악하는 기업도 증가하고 있다.

2. 탄소관리회계는 무엇인가

한편 탄소회계가 온실가스 배출의 산정, 집계, 보고에 초점을 맞추고 있으나 근본적으로 온실가스의 삭감을 위해서는 전략적이고 체계적인 관리가 필요하다. 여기에는 온실가스에 관련된 의사결정, 성과관리 및 보고 내용 등이 포함되며(Burritt 등, 2011), 이와 같이 온실가스 삭감을 전반적으로 관리하기 위해서 사용되는 관리회계 수단을 탄소관리회계(CMA: Carbon Management Accounting)라고 정의할 수 있다. 탄소관리회계 시스템이라고도 하는 탄소회계 방법은 정확한 탄소정보를 제공하고 탄소성과의 전반적인 관리에 중요한 역할을 하며(Zvezdov and Schaltegger, 2015), 단기 및 장기 탄소정보를 생성하는 지속가능성 회계의 한 부문이라고 할 수 있다. 이와 유사하게 Bowen and Wittneben(2011)은 탄소관리회계를 탄소 배출량 측정, 이 데이터의 조합 및 기업 내부 및 기업 간의 커뮤니케이션으로 정의한다.

이러한 탄소관리회계 시스템이 실제로 어떻게 등장하고 있는지에 대한 체계적인 분석을 위해서는 적절한 프레임워크가 필요하다. Burritt and Schaltegger(2002)는 관리 정보를 물리적 및 화폐적 차원, 의사결정 기간(과거, 현재 및 미래), 단기 또는 장기, 그리고 임시 및 일상성으로 분류하는 포괄적인 환경관리회계 프레임워크를 제안했다. 이 환경 프레임워크를 원용하여 <표 13>에서는 기업 탄소 관련 정보를 설명하는 데 적용하였다. 탄소관리회계 프레임워크는 기업 의사 결정자와 가장 관련이 있는 정보 속성 및 이러한 속성이 탄소정보 수집 및 관리와 관련된 실무 및 업무 흐름과 어떻게 관련되는지에 대한 기본 가이드 역할을 한다. 또한 이러한 프레임워크는 실제로 탄소회계 구조 및 프로세스의 범위 및 잠재적인 변동성을 비교하기 위한 기초를 제공한다.

<표 13> 탄소관리회계의 프레임워크

		화폐적 탄소회계		물질적 탄소회계	
		단기	장기	단기	장기
과거 지향	일상적으로 생성되는 정보	1. 탄소비용회계 (예: 시장에서 매주 판매 및 구매한 탄소배출 인증서의 수익 및 비용 설정)	2. 탄소자본지출회계 (예: 탄소감소 기술에 대한 연간 자본지출 관련 데이터 수집)	3. 탄소흐름회계 (예: 생산과 관련된 일일 탄소배출흐름 정보 수집)	4. 탄소자본영향 회계 (예: 지난 10년 동안 기업의 탄소발자국 감소 계산)
	임시 정보	5. 단기/관련 탄소비용 결정에 대한 사후평가 (예: 사무실 블록에서 수명이 긴 전구로 변경함에 따른 매달 비용절감 평가)	6. 탄소감축 투자에 대한 사후평가 (예: 공장의 발전을 위한 태양광 패널 투자로 인한 비용절감 평가)	7. 단기 탄소영향에 대한 사후평가 (예: 단기 탄소감소 프로그램의 일환으로 임원의 이동 거리 감소에 대한 정보 수집)	8. 물리적 탄소투자 평가에 대한 사후평가 (예: 제품유통을 위한 탄소감소 물류 네트워크 도입 투자로 달성된 탄소감소)
미래 지향	일상적으로 생성되는 정보	9. 금전적 탄소 운영 예산 (예: 전기소비와 관련된 탄소 감축으로 예상되는 월별 비용절감)	10. 장기적 탄소 재무계획 (예: 탄소발자국을 영구적으로 줄이는 계획을 통해 얻을 수 있는 미래의 재정적 이익 예측)	11. 물리적 탄소예산 책정 (예: 녹색 기술에 대한 직원 교육이 도입됨에 따라 상업용 건물에서 배출되는 CO_2 감소 예상)	12. 장기적·물리적 탄소기획 (예: 연구개발 부서에서 생성한 프로젝트에서 예상되는 CO_2 배출 감소)
	임시 정보	13. 관련 탄소원가계산 (예: 더러운 제품의 CO_2 비용이 고객에게	14. 화폐적 탄소 프로젝트 투자평가 (예: 해외에서 매립폐기물의 개방 연소를 줄	15. 탄소영향예산 (예: 다음 회계기간에 프로젝트의 CO_2 감소 효과 고려)	16. 물리적 환경투자 평가 (예: 청정생산 투자의 총 CO_2 감축 효과 계산)

		화폐적 탄소회계		물질적 탄소회계	
		단기	장기	단기	장기
		부과되는 가격에 포함된 경우 다음 회계기간의 수익변화 계산)	이는 청정개발 메커니즘 프로젝트 투자로 예상되는 이익평가)		

출처: Burritt, Schaltegger, Zvezdov(2012)에서 인용

탄소관리회계가 중요한 것은 기업 조직의 전략적 결정에 CO_2 정보를 통합하도록 규제 기관, 금융기관, 소비자 및 일반 대중을 포함한 모든 부문으로부터 압력을 받고 있으며(Yunus 등, 2016), 동시에 탄소관리회계 시스템의 설계가 탄소성과를 측정하고 관리하려는 조직에게 전략적으로 필요하기 때문이다(Hendrichs and Busch, 2012). 또한 경영자는 탄소관리회계가 조직의 배출량 및 관련 경제적 영향을 줄이기 위해 다양한 활동의 잠재력을 식별하고 평가하는 데 도움이 될 것으로 기대할 수 있다. 나아가 탄소성과의 관리에는 탄소 관리와 비즈니스, 경쟁 전략을 연결하고 탄소정보를 경제 비즈니스 정보 및 탄소보고와 통합하는 건전한 관리회계시스템이 필요하다.

탄소감축 이니셔티브 및 배출보고의 확대는 매우 광범위한 문제이기 때문에 경영자와 관리회계 담당자에게 새로운 역할을 기대하고 있으며(Cadez and Guilding, 2017), 이들은 기후변화 정책에서 탄소 통제뿐만 아니라 기후변화 전략 실행자로서 자리매김할 것으로 예상된다. 또한 전통적인 비용 및 수익관리 분석 영역 외에도 복잡한 기후변화 문제와 관련된 알고리즘을 사용하여 자원을 할당해야 한다는 요청을 받고 있다(Howard-Grenville 등, 2014). 이것

은 온실가스 배출 관리와 관련된 자산, 부채 및 위험을 기존의 관리회계 실무, 지배구조 및 통제 메커니즘에 통합함으로써 달성된다(Deloitte, 2014; Ernst and Young, 2015).

이와 같은 탄소관리회계의 중요성에도 불구하고 탄소회계의 조직 내부관리 문제는 기업의 의사결정, 성과관리 및 보고에서 의무적인 반면, 관리회계 관점에서 수행된 CO_2 배출량에 대한 경험적 작업은 거의 없었으며 대부분 초기 단계에 그치고 있다(Cadez and Guilding, 2017). 탄소관리회계의 기업 내부 문제는 독일 기업의 내부 탄소관리회계 실무와 다국적 기업 Danone의 사례와 Yagi 교수가 제시한 탄소회계 매트릭스를 제외하고는 지금까지 경험적으로 심층 조사된 적이 거의 없다(Gibassier and Schaltegger, 2015; Hrasky, 2012; 八木[Yagi] 등, 2016).

기업 세계에서 탄소회계의 채택과 실행은 다양한 탄소관리회계 접근 방식을 취하고 있는데 Gibassier와 Schaltegger(2015)는 이를 다음과 같이 설명한다.

[…] 가치사슬의 모든 수준에 대한 온실가스 배출의 비화폐적 및 화폐적 평가 및 모니터링을 인식하고, 생태계의 탄소 순환에 대한 이러한 배출의 영향에 대한 인식, 평가 및 모니터링을 한다.

이 정의와 관련된 탄소관리회계의 세 가지 주요 유형은 조직의 탄소회계, 제품의 탄소회계 및 프로젝트 탄소회계이다(Cadez and Guilding, 2017). 조직 탄소회계는 기업의 탄소 배출량을 측정 및 분석하고 탄소 배출량 최소화 목표를 설정하기 위해 특별히 개발되었다. 제품 탄소회계는 하나의 제품에 대해서만 수명주기 평가 접근 방식을 기반으로 탄소 배출량을 측정하며 내부적으로는 제품 최적화 및 설계에 사용되며 외부적으로는 환경 라벨링 목적 및 소비자와의 커뮤니케이션에 사용된다. 프로젝트 탄소회계는 공동 실행 또는 온실가스 감축사업인 청정개발체제(CDM: Clean Development Mechanism) 프로젝트를 통해 CO_2 보상 상쇄를 만드는 것을 목표로 한다.

최근 몇 년 동안 기업이 탄소 관련 정보를 생성하여 탄소배출 문제를 해결하는 것에 집중할 정도로 엄격해졌다. 그러나 법적 요구사항으로 인해 발생하는 벌금 부과를 방지하거나 운영 라이선스를 보호하거나 경쟁 우위를 확보하기 위해 탄소 정보 공개에 관여하는지 여부에 관계없이 탄소 관련 정보를 제공하기 위한 탄소관리회계 시스템의 효과적이고 효율적인 설계가 필요하다. 조직의 전략적 목표 내에 지속가능성을 포함하고 관리회계시스템 정보와 전략 및 구조를 적절하게 조정하는 것이 생태학적으로 지속가능한 관리를 위한 전제 조건이 된다(Bebbington and Thompson, 2013). 그러나 탄소관리회계 목표를 효율적이고 효과적인 탄소배출 감축 결정 지향 도구로 조직적 상황 요인과 일치시키는 것은 실현되기 어렵다. 탄소 관련 데이터의 수집, 측정 및 전달과 관련된 기업의 탄소정보보고에 대한 경험적 증거는 거의 없으므로 앞으로 탄소관리회계가 환경 자본의 영향을 기본적으로 다루는 비교적 새롭고 초기 연구 분야로 인식해야 할 것이다(Nartey, 2018). 이를 위해 정부의 정책은 온실가스 배출 감축 전략 및 기타 관련 조직의 환경 위험을 해결하는 데 있어 각각의 조직이 운영되는 상황을 고려해야 한다. 그것은 정부의 지침에 대한 대응은 개별 조직이 직면한 상황에 따라 달라질 가능성이 있기 때문이다.

3. 탄소회계 매트릭스의 전개

탄소회계 매트릭스의 프레임워크

가치사슬상에서의 온실가스 배출량의 파악과 삭감 활동을 효율적으로 수행하기 위해서는 온실가스 배출원의 구분 범위(scope) 1과 2보다는 범위(scope) 3을 대상으로 한 탄소관리회계 혹은 환경관리회계가 필요하다. Schaltegger and Csutora(2012)의 연구에서도 탄소배출에 관련된 물량 정보와 화폐 정보 양자의 관련성의 중요성을 지적하고 탄소관리회계 모델을 범위(scope) 3에도 확장하는 것을 제창하였다. 그러나 이를 위한 구체적인 모델을 제시하지는 못했다. 이에 본 장에서는 앞으로 더욱 커질 것으로 예상되는 기업이나 사회에 대한 온실가스 삭감 요청에 부응할 수 있는 보다 구체적인 탄소관리회계 모델을 소개하기로 한다.

Yagi(八木) 등(2016)은 제1부에서 설명한 물질흐름원가회계(MFCA)와 환경예산 매트릭스 기법을 혼합하여 탄소관리회계 매트릭스의 구조를 제시하였다. MFCA는 제조 전과정(product life-cycle)을 원재료 등의 물질(material)의 흐름으로 파악하고, 이런 물질흐름을 분석하여 폐기물 및 에너지를 저감하고 이를 통해서 원가를 절감할 수 있는 방법을 모색하는 환경회계기법이다. MFCA는 경영활동에서 사용하는 에너지 사용과 그 사용으로 인해 배출되는 온실가스에 대한 흐름을 효율적으로 관리하고 이를 재무적으로 측정하므로 온실가스 배출량을 파악하기 쉬운 계산 구조로 되어 있다.

MFCA는 각 협력업체에 대한 적용은 물론 모기업을 대상으로 전체 공급사슬의 원가와 물질관리 정보를 확인함과 동시에 공급사슬 전체의 효율 향상으로부터 발생하는 잠재적 효익을 파악할 수 있다(김종대 등, 2012). MFCA 자체는 처음 개발된 독일에서 물질이나 원가의 흐름을 관리하는 도구로 자리매김되고 있으며, 그 사고방식은 현상분석뿐만 아니라 자본예산, 제품개발, 마케팅 등 다양한 적용이 상정되어 있다.

한편 MFCA의 목적이 물질흐름의 추적에 있으므로 비록 물질손실의 크기와 그것이 경영에 미치는 영향이 분명해졌다 하더라도 그 자체로는 이것을 저감하기 위한 개별 구체적인 유효한 시책이나 활동이 밝혀지지 않는 한 효과적인 개선은 바랄 수 없다. 그래서 이러한 딜레마를 해결하려는 하나의 방향으로서 환경예산 매트릭스의 활용이 제시되었다(Ito and Yagi, 2009). 이 기법은 특정의 손실 항목 삭감에 유효한 시책·활동의 식별을 지원하고 아울러 그것들을 실천하는 데 있어서 필요한 경영자원을 적절히 할당할 수 있도록 한다.

환경예산매트릭스는 본질적으로 QFD(품질기능전개: Quality Function Deployment)라는 기법을 변형하여 적용한 것이다. QFD는 분석의 대상(목적, whats)인 고객 요구사항(요구 품질)을 도표의 왼쪽(행)에, 그리고 이러한 고객의 요구사항을 구현하는 분석의 방법(수단, hows)인 기술적 대응(설계특성 또는 품질요소)을 오른쪽(열)에 열거하는 방식으로 표현된다. 그리고 이 목적(무엇을)과 수단(어떻게)과의 관련성을 상호 평가하여 목적과 수단과의 관계를 파악해 나감으로써 소비자의 요구사항을 공정이나 생산개선 내지 서비스 개선에 구체적으로 반영할 수 있게 된다. 이 부분이 품질 (전개)표의 핵심이 된다.

환경예산매트릭스의 기본 구조를 보면 환경보전원가(평가원가를 포함)와 내부부담 및 외부부담 환경손실과의 인과관계를 행과 열의 대응 관계를 통해서 파악할 수 있도록 설정되어 있다.[19] 즉 이 매트릭스는 환경보전활동에 대한 투자를 나타내는 환경보전원가(일종의 환경예방원가) 및 평가원가와, 이러한 활동이 불충분함으로써 조직이 입게 되는 손실인 내부 및 외부부담 환경손실과의 역비례적 상관관계에 착안한 기본 구조를 이루고 있다.

환경보전비용과 환경평가비용은 사전 비용이며, 두 가지 환경손실은 사후 비용이다. 사전 비용과 사후 비용은 상충관계(trade-off)에 있다.

탄소회계 매트릭스 분석 사례

<표 14>에 제시된 완제품(양품)과 물질손실의 비용 항목 및 공급사슬(SC: Supply Chain)상의 물량센터(QC: Quantity Center)의 항목은 MFCA에서 사용되는 각 개념에 따랐다. 물질원가는 투입된 원재료비 등이며, 시스템 원가는 원자재를 가공할 때에 투입된 노

---

19) 환경예산 매트릭스(육근효, 2009; Ito(伊藤), 2013)에 있어서는 기업의 환경보전 활동과 관련된 환경비용을 환경보전비용, 환경평가비용, 내부부담 환경손실, 외부부담 환경손실로 분류한다. 환경보전비용은 환경문제의 발생을 예방하는 장래의 지출을 감소시키기 위한 비용이며, 환경 평가비용은 환경에 미치는 영향을 감시, 점검, 검사하기 위한 비용이고, 내부부담 환경손실은 환경보전 대책이나 검사 등이 불충분해서 발생하는 폐기물 처리비, 손해배상 등의 기업이 부 담하는 손실이며, 외부부담 환경손실은 환경보전 대책이나 검사 등이 불충분해서 발생하는 환 경부하 또는 환경손실이다.

무비, 감가상각비 등이다. 에너지 원가는 연료비, 전력비 등이며 폐기물 관리는 폐기물 처리, 재활용 비용 등을 뜻한다. 공급사슬상의 사업자는 SC1~SCn에서 나타난다. 각 SC에는 QC가 설정되며, QC는 물질 흐름이나 에너지 흐름의 분기점 혹은 변화점을 의미하며 비용은 QC별로 파악된다.

온실가스는 물질이나 에너지의 흐름에 따라 배출된다. 따라서 각 QC의 온실가스 배출 항목에는 범위(scope) 1~3의 온실가스 배출량이 기입되고 물량센터별로 완제품(양품), 물질손실의 비용 발생액과 온실가스 배출량이 대응해서 나타나게 된다. 또한 각각의 비용항목과 온실가스 배출량은 SC별로 집계되므로 SC를 선택 혹은 구성할 때에 필요한 비용·온실가스 배출정보가 일목요연하게 나타나게 된다.

이 탄소회계 분석사례는 원료공급업체 A와 제품제조업체 B 사이에서 원료의 가격과 품질, 수송거리, 포장재 등에 대해 이들이 어떻게 원가, 손실(loss), CO_2 발생에 영향을 미치는가를 밝히는 것이다.

구체적으로 매트릭스의 설정 과정을 보면 다음과 같다. 먼저 MFCA 계산을 위한 조건을 보면 QC1~QC3은 원료공급업체인 SC1에, QC4~QC6은 제품생산기업인 SC2에 설치되어 있다. 간략화를 위해 제조공정에서의 원재료의 투입은 각 가치사슬의 최초의 공정인 QC1과 QC4만으로 이루어지고, 다른 QC에서는 포장재만이 투입되는 것으로 한다. 또한 QC의 열에 기재되어 있는 금액은 각 QC에 새롭게 투입된 비용 및 손실비용이 기입되어 있다.

다음으로 CO_2 배출량을 보면 탄소회계 매트릭스에서는 범위(scope) 1~3에 대응하여 CO_2 배출량을 파악한다. 범위(scope) 3에서는 QC마다 설정이 어려우므로 기업 전체에서 CO_2 배출량을 계산한다. 특히 범위(scope) 3에서의 배출량은 범위(scope) 2에서 속하지 않는 간접배출로서 원재료의 생산, 제품 사용 및 폐기 과정에서 발생하는 CO_2 배출량도 계상한다.

설정된 시나리오와 계산 조건 등에 따라 수치를 도입한 탄소회계 매트릭스의 계산 결과와 각 사례의 특징을 나타내면 다음과 같다 (<표 14> 참조).

첫째 사례(A사)를 보면 생산원가의 합계(18억 원)는 원료공급업체 중에서 가장 싸다. 원료비가 싼 데다 불순물 제거에 관계되는 설비가 없기 때문에 생산에 관계되는 에너지비용과 처리비용도 낮게 억제되고 있다. CO_2 배출량(365t-CO_2)은 불순물 제거를 하지 않음으로써 감소되는 한편 손실 발생에 의한 증가가 있으며, 범위 1(4t-CO_2)과 범위2(11t-CO_2)는 다른 사례와 비교해 큰 차이점은 없다. 원료공급업체의 고객은 기업이며 고객사용과 고객폐기물은 공장 내의 사용과 폐기를 가리키며 실제 계산할 때는 컷오프 될 정도로 작은 값이다.

둘째 사례(B사)를 보면 생산원가의 합계(32.7억 원)는 유사한 제품의 생산업체 중에서 가장 비싸다. 불순물을 많이 포함한 원료를 이용하고 있기 때문에 불순물 제거에 관계되는 설비가 필요한 만큼, 생산에 관계되는 에너지비용과 처리비용이 많이 든다. CO_2 배출량(490t-CO_2)은 불순물 제거와 손실 발생에 의한 증가가 발생하며, 범위(Scope) 1(100t-CO_2), 범위(Scope) 2(56t-CO_2)는 다른 유사업체에 비해 가장 많다.

<표 14> 탄소회계 매트릭스의 계산 결과

제품/ 손실항목	활동	원료공급업체(A기업) SC1 (만 원)				제품생산기업(B기업) SC2 (만 원)				SC1+ SC2
		QC1	QC2	QC3	소계	QC4	QC5	QC6	소계	발생량
제품 (양품)	물질원가	90,090	11,250	19,050	120,390	219,800	16860	26480	3263,140	263,140
	시스템원가	29,280	8,370	13,920	51,570	20,300	14710	16130	51,140	51,140
	에너지원가	55	100	100	255	4,150	40	-10	4,180	4,180
물질 손실 내부 부담 환경 손실	물질원가	920	2,650	1,790	5,360	2,090	2250	2180	6,520	11,880
	시스템원가	210	1,010	830	2,050	350	450	730	1,530	2,580
	에너지원가	1	4	5	10	70	55	60	185	195
	폐기물처리	90	175	100	365	200	110	120	430	795
합계		120,646	23,559	35,795	180,000	246,960	34,475	45,690	327,125	333,910
외부 부담 환경 손실	Scope1	2	1	1	4	66	2	2	100	104
	Scope2	3	4	4	11	42	9	5	56	67
	Scope3 원재료 /수송	270			270	220			220	490
	Scope3 제품 수송	80			80	50			50	130
	Scope3 고객 사용	0			0	15			15	15
	Scope3 고객 폐기	0			0	40			40	40

주) QC: Quantity Center(물량센터), SC: Supply Chain(공급사슬)
출처: Yagi 등(2016)에 근거해 작성

이상의 탄소회계 매트릭스 설정 사례에서는 원료의 가격, 질, 수송 거리 등이 제품 제조기업의 원가구조, 생산성, 손실 발생량, CO_2 발생량 등에 영향을 미치고 있음을 알 수 있으며, 비용과 환경 면에서의 문제점이나 개선점을 공급사슬 전체에서 명시할 수 있다. 또한 원자재나 에너지와 손실, 환경부하, 비용 등의 관계가 수치화되어 있으므로 공급사슬 방안의 책정·비교·의사결정에 더해 비용과 CO_2 배출량 삭감 등의 경상적인 공급망 관리에도 적용할 수가 있다.

결론적으로 탄소회계 매트릭스는 환경보전과 비용절감의 동시달성 혹은 양자의 균형을 고려한 전략구축에는 효과적인 도구라고 할 수 있다.

4. 사례: Danone(다농)의 탄소관리회계 접근 방식

Danone의 탄소관리회계 시스템의 개요

일반적으로 탄소관리에 대한 내부 성과측정 및 외부보고에 가장 많이 사용되는 탄소회계 및 보고 프레임워크는 온실가스(GHG) Protocol Corporate Standard라고 할 수 있다. 그런데 탄소관리회계의 설계는 탄소성과를 측정하고 관리하려는 조직에게 전략적으로 중요하며 따라서 특정 기업의 경영 환경과 구조 및 실무에 따라 자신에 적합한 독자적 탄소관리회계 시스템을 설정하는 경우가 있다. 실제로 탄소성과를 측정하고 보고하는 전 세계적으로 비교 가능한 결과를 얻을 수 있는 유일한 방법은 없으며 Puma의 "환경손익계정"[20]과 같이 다양한 개별 기업의 탄소회계 접근 방식이 존재한다.

본 장에서는 조직 변화를 주도하고 조직이 탄소배출 감축 활동에

---

20) 2011년부터 Puma는 환경이익 및 손실 (EP & L) 보고서를 발행한 최초의 회사가 되어 환경가치와 비즈니스 비용을 공개했다. 환경손익계정은 사업 수행의 환경영향에 금전적 가치를 부여한다. 기존의 손익계산서가 비즈니스가 더 비용 효율적일 수 있는 위치와 방법을 결정하는 것처럼 EP & L도 정확히 환경영향의 비용과 수익을 계산한다. 특히 공급망에서 일상적인 비즈니스 운영에 이르기까지 모든 것을 살펴봄으로써 EP & L은 비즈니스가 지구촌에 어떤 비용을 지출하고 있는지 정확하게 알려줄 수 있다. Novo Nordisk도 EP & L을 도입했는데 그 이유는 자신들의 환경발자국의 87%가 공급망 내에서 발생하고 13%만이 자체 운영에서 발생한다는 사실을 발견했기 때문이다.

참여하도록 설계된 다국적 기업 Danone의 탄소관리회계 접근 방식이 GHG Protocol과 어떻게 결합하여 통합된 탄소관리회계 시스템으로 수렴될 수 있는지에 대해 살펴보고자 한다. 참고로 Danone은 프랑스 파리에 본사를 둔 전 세계 55개국에 10만 명 이상의 종업원을 가진 식품회사이다.

Danone은 2007년 환경성과를 측정하는 새로운 방법을 찾기 위해 야심 찬 환경회계 프로그램에 착수했을 때 이미 강력한 CSR(사회적 책임) 실적을 보유하고 있었다. Danone에서 탄소관리회계에 관심을 갖게 된 것은 환경성과를 나타내는 지표 중에서 탄소가 전 세계적으로 중요성이 이해되고 이미 "측정 가능"하고 스포트라이트를 받고 있으며 전체 공급사슬(농업에서 매립지/재활용에 이르기까지)을 대표할 수 있었기 때문이다. Danone은 처음에 지배적인 표준(GHG Protocol Corporate Standard)을 사용하지 않기로 결정했기 때문에 탄소성과의 결과를 외부에 전달하기가 어려웠다. 그래서 마침내 다른 회계 접근 방식을 통합하여 환경회계시스템을 전문화해야 했다. Danone은 ERP(Enterprise Resource Planning) 시스템을 통해 탄소회계를 통합하면서 탄소 마스터(데이터 수집을 담당하는 직원)에서 탄소회계 전문가에 이르기까지 새로운 역할의 출현을 확인했다.

탄소관리회계 접근 방법에는 크게 기업 전사적 수준의 접근과 제품 수준의 탄소관리회계 접근 방식이 있다. 전자는 기업 전체적으로 탄소 배출량을 측정 및 분석하고 탄소 배출량 감축 목표 설정을 돕기 위해 개발되었는데 그 대표적인 것이 GHG Protocol에 의해 2001년에 발표된 외부 탄소보고를 위한 지배적인 기업 탄소회계

표준이며 현재까지 가장 널리 사용되고 있다. 반면에 후자는 어느 한 제품에 대해서만 LCA(Life Cycle Assessment) 접근 방식을 기반으로 탄소 배출량(또는 탄소등가물 배출량)을 측정하며 내부적으로는 제품 최적화 및 설계 그리고 외부적으로는 환경 라벨링 목적과 소비자와의 커뮤니케이션에 사용된다. 이 외에 프로젝트 방식의 탄소회계가 있는데 공동 구현 또는 청정개발 메커니즘(CDM) 프로젝트를 통해 CO_2 보상 상쇄를 생성하는 방식이다. 즉 온실가스를 감축하기 위해 투자하여 시행한 프로젝트를 통해 발생한 온실가스 감축분을 감축실적으로 인정받아 이것을 배출권 형태로 거래하는 것이다. 이 접근 방식은 예상되는 탄소영향 또는 실제 투자의 탄소 감소 효과 계산에 중점을 둔다.

Danone은 2007년부터 PAS 2050을 기반으로 하는 고유한 탄소관리회계 시스템과 다양한 개별 제품의 발자국을 측정하기 위한 자체 탄소정보시스템을 개발했다. 그러나 자체 시스템만으로는 한계를 느껴 2010년 말부터 가장 일반적으로 사용되는 탄소관리회계 표준인 GHG 프로토콜 기업 표준을 사용하여 회계의 조정을 테스트하기로 결정했다. 즉 Danone은 탄소성과에 대한 다양한 이해관계자의 견해를 모아야 할 필요성에 따라 2010년부터 "수렴(convergence)" 프로젝트를 시작하기로 결정한 것이다. 두 가지 다른 회계 접근 방식을 준수해야 하는 것은 번거로울 수 있으나, Danone은 내부관리 목적에 부합하는 것과 보고 목적에 부합하는 두 가지가 모두 필요하다는 것을 인식했다. Danone의 목표는 탄소 배출과 관련된 모든 활동에 대한 공통 데이터를 공유하는 방식으로 두 가지 탄소관리회계 접근 방식과 환경성과 지표 관리시스템을 연결하고 개발을 통해 탄소관리회계 접근 방식을 수렴하는 것이다.

Danone의 통합 탄소관리회계 시스템의 핵심 목표는 탄소 배출량 감축 목표의 측정 및 달성을 지원하는 것이다. 이를 위해 조직 차원에서 탄소는 회사의 모든 국가별 사업단위의 "탄소 마스터(데이터 수집을 담당하는 직원)"로 구성된 네트워크, 본사를 기반으로 하는 "자연 금융(nature finance: 다양한 형태로 자금을 모으고 그러한 자금을 필요한 부분에 투자하는 것을 의미)"팀, 탄소관리회계의 모든 기술적 문제(배출계수 등)를 다루는 탄소데이터 위원회를 통해 관리된다.

Danone의 탄소관리회계 수렴 프로젝트

본 장에서는 기업 전사적 수준의 접근과 제품 수준의 탄소관리회계 접근의 두 가지가 연결될 가능성이 있는지를 조사하고자 한다. 이 두 가지 방식을 함께 연결하면 회계비용(정보시스템 비용, 외부 컨설팅 및 인적자원 비용)을 줄일 수 있기 때문이다. 또한 제품 수준 및 기업 수준에서 탄소감축 계산을 연결하면 두 가지의 탄소관리회계 시스템에서 생성된 데이터의 품질을 비교하는 데 도움이 될 수 있다(Gibassier and Schaltegger, 2015).

Danone은 브랜드 및 국가별 사업단위를 기반으로 한 내부 책임 구조를 가지고 있기 때문에 제품 발자국을 반영한 다음 각 국가의 판매량을 기반으로 국가별 사업단위 발자국을 반영하는 탄소회계시스템을 개발하는 것이 합리적이라고 생각했다. 이를 통해 회사는 각 관리자가 제품, 브랜드 및 국가별 탄소발자국에 대해 책임을 지고 특정 책임 영역에서 배출량을 줄이는 데 책임을 지게 할 수 있다.

이와 같이 Danone은 탄소발자국 공개보다 탄소배출의 실질적 감소에 더 중점을 두고 있지만 외부 이해관계자가 보고된 정보를 기반으로 기업 탄소성과 분석을 기반으로 하므로 널리 인정되는 공통 탄소회계 표준(예: GHG 프로토콜 기업 표준)을 사용하여 전사적 탄소 배출량을 추가로 측정하기로 하였다.

GHG 프로토콜에 따른 탄소 배출량 계산은 KPI(핵심성과지표) 정보시스템의 에너지 및 기타 데이터를 GHG 프로토콜 웹 시스템으로 공급하는 환경 KPI 정보시스템과 연결되므로 Danone은 다양한 회계 요구사항과 목표를 조정해야 했다. 이 때문에 Danone의 수렴 프로젝트는 내부·외부 이해관계자의 니즈에 부합하는 공통의 수렴된 탄소관리회계 시스템을 구축하는 방향으로 이어졌다. 이 프로젝트의 목표는 Danone이 책임지는 모든 배출량을 설명하고 탄소회계의 현재 세계 표준을 준수하는 것이다. 결론적으로 수렴 프로젝트는 각 회계 접근 방식 내에서 서로 다른 범주를 조정하고 두 표준을 기반으로 검증 가능한 탄소 측정치를 구축하는 데 도움이 되었다.

구체적으로 방법론적 조정 차이를 살펴보면 다음과 같다. 먼저 융합 프로젝트를 위해 구성된 워크숍에서 프로젝트 팀(Danone의 탄소회계 팀, SAP의 탄소 전문가 및 미국 사업부인 Stonyfield의 탄소 마스터)은 실제로 융합이 수행되기 전에 세 가지 유형의 차이점을 확인했다. 첫째, Danone의 탄소관리회계는 새로운 GHG 프로토콜 제품 수명주기회계 및 보고 표준에서의 **"비기여 프로세스(Non-attributable)"**라고 하는 것을 고려하지 않았다. **비기여 프로세스는** 제품의 수명주기 동안 제품 또는 서비스에 직접 연결되지 않는 일부의 서비스, 재료 및 에너지 흐름을 말한다. 둘째, GHG 프로토콜 기업 표준은 생산 시 생산-기반 배출을 고려하는 반면 Danone의 소비-기반 회계는 제품이 소비될 때 배출을 고려하기 때문에 타이밍 문제가 발생한다. 셋째는 "경계(boundary)" 문제이다. Danone은 공장이라는 장소를 넘어서 책임을 고려하며 여기에는 다른 기업에서 "공동 제조"했지만 Danone 상표로 판매되는 제품이 포함된다. 이러한 제품은 GHG 프로토콜 기업 표준에 있어서 어떤 형태의 "통제"에도 들어가지 않으며 범위(scope) 3의 원자재 구매로만 간주된다. 이 외에 Danone이 다른 회사(B2B)를 위해 제품을 생산한 경우, GHG 프로토콜 기업 표준은 이러한 제품이 Danone 제품이 아니더라도 생산 현장에서의 에너지 소비량에 대한 설명을 요구하지만, Danone의 회계에서는 고려하지 않았다. 다음 <표 15>에는 GHG 프로토콜 회계와 Danone의 자체 탄소관리회계 방식 간의 조정이 이루어진 결과를 보여준다.

<표 15> GHG 프로토콜 회계와 Danone의 탄소관리회계 방식 간의 조정

Danone 회계					GHG 프로토콜 회계
수명주기	배출 프로세스	CO_2(톤)	범위	범위3*	범주
원료/일괄 생산	원료/생산(상류운송 없음)	113,709	3	1	재화/서비스의 구매 원 료 / 일 괄 생 산 (Danone제품)
상류물류	상류운송(운영통제하에 없음)	12,647	3	4	상류운송/유통
제조	제조공장(운영통제하에 있음)	6,698	1	-	Scope 1 에너지 관련 배출
제조	제조공장(운영통제하에 있음)	12,092	2	-	Scope 2 에너지 배출
제조	제조공장(운영통제하에 있음)	1,311	3	3	Scope 3 에너지 관련 배출

Danone 회계					GHG 프로토콜 회계	
수명주기	배출 프로세스	CO₂(톤)	범위	범위3*	범주
제조	제조최종사업장(포장) Danone제품	77	3	5	운영 중 발생하는 폐기물
하류물류	하류운송(운영통제하에 없음)	43,332	3	4	하류운송/유통
하류물류	운영통제 안 받는 창고의 에너지/비산 배출	10,968	3	4	하류운송/유통
하류물류	운송손실	4,770	3	5	운영(물류) 중 발생 하는 폐기물
소매	운영통제 안 받는 소매점 냉장고의 비산 배출	18,477	3	9	하류운송/유통(운영 통제 받지 않는 소 매점의 비산 배출)
사용단계	사용단계	3,458	3	11	판매된 제품의 사용
최종고객	최종소매와 가정	223	3	12	판매된 제품의 최종 처리
비-기여공정	본사/기타사업장	226	1	-	Scope1 에너지 관련 배출 (본사/기타사업장)
비-기여공정	영업용 자동차와 회사용 자동차에서 발생하는 이 동식 연소	99	1	-	영업용 자동차와 회 사용 자동차에서 발 생하는 Scope 1 이 동식 연소
비-기여공정	본사/기타사업장의 에너 지 배출(전기)	359	2	-	Scope 2 에너지 관 련 배출 (본사/기타사업장)
비-기여공정	자본재	5,062	3	2	자본재
비-기여공정	본사/기타사업장에서의 에너지 관련 배출	208	3	3	Scope 3 에너지 관 련 배출 (본사/기타사업장)
비-기여공정	출장	704	3	6	출장
비-기여공정	직원 통근	1,162	3	7	직원 통근
합계		235,572			

* 범위(Scope)3*: Scope 3에 포함된 15개 범주의 번호(Number)를 가리킨다.
출처: Gibassier and Schaltegger(2015)에서 인용

이상의 사례연구에서 발생한 실제 문제는 다음과 같다.

- 사업장(site)이 무엇인지에 대한 공통된 정의가 필요하다(특히 창고가 공장건물의 일부인 경우 또는 이전에 ERP 시스템에 없었던 새로운 사업장이 건설된 경우).
- 물류 데이터가 항상 Scope 1과 Scope 3 정보를 구별할 수 있는 것은 아니다.
- 마케팅 또는 재무와 같은 운영비용의 Scope 3 데이터는 주로 현재 사용되는 LCA(PAS 2050)가 아닌 입출력 유형의 LCA 를 요구하는 형식으로 제공된다.

물론 이러한 조사에서 발생하는 모든 문제가 하나의 사례연구 분석으로 해결될 수 있는 것은 아니지만, 모든 프로세스를 공통분모로 분류하여 설명도를 만들 수 있다. Danone 사례에서 얻은 교훈 (예: 탄소회계를 개발하기 위해 구축된 인적자원, 조직구조 및 환경회계시스템을 설계하는 방법에 대한 직간접 이해관계자가 수행하는 역할)은 다른 산업 유형에도 유용하게 적용할 수 있다.

6장

온실가스 배출권 거래에 관한
의사결정과 회계시스템

1. 배출권거래의 원리와 경제적 효과

배출권거래의 탄생 배경

환경문제 내지 환경파괴로 인한 피해는 생산기업이나 구매자와는 관계가 없는 제3자가 입게 되는데, 손해배상을 받지 않는 이상 환경피해는 경제 거래의 범위 밖에 있게 된다. 이러한 외부 불경제에 의해서 생긴 피해를 외부비용 혹은 사회적 비용이라고 한다. 따라서 환경문제를 해결하기 위해서는 외부 불경제 때문에 생기는 사회적 비용을 오염배출 당사자가 책임지게(내부화) 하는 것이 필요하다(Lohmann, 2009). 그러나 영리조직이 사회적 비용을 내부화하는 것은 환경보전을 위해서 추가적인 지출이 수반되므로 쉽게 실행으로 옮기기 어렵다. 따라서 내부화를 위한 수단으로서는 법률에 의한 직접적 규제나 조세와 보조금(환경세, 과징금 및 예탁금 환불제도(deposit refund)) 혹은 배출권 거래와 같은 경제적 방법(시장

메커니즘의 도입) 등이 사용되었다.

이 중에서 배출권 거래의 사고는 1968년 캐나다 토론토 대학의 경제학자 Dales가 환경관리를 위한 거래 가능한 재산권(property right)을 제의하면서 시작되었다. Dales(1968)의 기본 구상은 규제 당국이 오염 배출의 허가증을 발행하고 이 허가증을 경매로 매매한 다고 하는 것이다. 즉 환경(공기와 물)은 자유재이며 공유재인데 경제주체는 스스로의 이윤 극대화를 도모하기 위해 환경을 희생으로 삼을 것이며 그 결과 공해라는 외부 불경제가 발생한다. 이것을 방지하기 위해서는 환경에 사용권을 주고 가격이 만들어지는 시장을 형성한다면 최적 배분이 가능하게 되고 환경파괴도 방지할 수 있게 된다는 것이다.

그 후, 여러 학자에 의해 이 제도의 경제 효율적 우위성에 대해 연구가 이루어져 왔는데, 실제 사회에서 처음 도입된 것은 기본 구상으로부터 약 30년 후, 1995년에 석탄화력 발전소에서 배출되는 이산화황(SO_2)과 산화질소(NOx)의 배출량 억제를 위해 미국에서 실시된 산성비 프로그램(1980년에 실시)에서 당초 목표를 웃도는 감축을 달성할 수 있었고, 배출권 가격도 예상을 밑돌아 '성공적인 환경정책'으로 평가받았으며 이후 유럽의 배출권 거래제도 도입의 계기가 됐다.

이러한 Dales의 접근법이 현재 국제적인 온실가스 배출권 거래에 도입되고 있는 것이다. 이것은 개개의 경제 주체에 있어 배출가스 삭감의 한계비용이 달라진다는 점에 착안한 것이다. 그 이후, 배출권 거래는 1997년 12월에 교토에서 개최된 「기후변동틀조약 제3회 체결국회의」에서 의결된 교토의정서에서 도입된 온실가스의 삭감을 위한 경제적 기법이 되었다. 이 배출권 거래에서는 온실효과 가스의 배출허용량을 전체 틀로서 설정하고 개개의 주체별로 일정한 배출 가능한 분량을 할당한다. 그리고 각 주체가 배출허용량 이상을 배출한다면 다른 주체로부터 배출권을 구입해야 되며 역으로 배출허용량 이하인 경우에는 그 차이만큼을 시장에서 매각할 수 있는 제도이다.

한편 OECD는 2001년에 「확대 생산자책임 가이드 매뉴얼(Extended Producer Responsibility Guidance Manual)」을 공표해서 제품 등의 처리·처분으로 인한 사회적 비용(외부비용)은 생산자가 부담해야 하는 것으로 하여 실질적으로 내부화하도록 요구한 바 있다. 이렇게 본다면 배출권 거래는 사업 활동에 있어서 환경의 외부 불경제 비용을 기업 스스로가 부담하도록 요구하고 있다는 점과 밀접하게 관련되며, 시장과 같은 효율적인 경제시스템의 필요성이 탄생했다고도 볼 수 있다.

배출권 거래의 경제적 효과

현재 배출권 거래의 도입에 관해서는 찬반양론의 논쟁이 계속되고 있다. 반대론자의 주장은 형태가 없는 온실가스라는 무체물이 투기의 대상으로 되고, 최초의 배출할당량(배출틀)의 결정에 자의성이 들어가 공평성이 훼손될 가능성이 있다는 것이다. 또한 배출 주체의 장래 활동량을 정확하게 예측하기 어려우므로 배출량의 할당에 의해 경쟁조건이 왜곡되어 버릴 수 있다. 또한 배출삭감 의무가 부여되지 않는 개발도상국으로 자금이 흘러 들어가고, 기업들이 삭감의무가 없는 국가로 조업을 이전한다는 탄소누출 문제가 발생하는 것 등이다.

한편으로 찬성론자의 주장은 환경세와 비교한다면 합의형성이 얻어지기 쉽고 총량 삭감목표의 달성도 용이하며 비용효과를 비교해서 가장 효율적인 삭감이 실시될 수 있으며, CO_2에 가격을 부여함으로써 시장의 실패가 시정될 수 있다고 하는 것이다(장지경·김홍배, 2016).

<표 16>에서는 기업 간의 배출권 거래로 인한 경제효과에 대해서 구체적인 수치를 들어 살펴보았다. 사례를 단순화해서 여기서는 A사와 B사 두 회사만을 생각한다. CO_2를 추가로 1톤을 줄이는 추가비용이 A사에서는 첫 번째 1톤에 1만 원, 2톤에 2만 원, 3톤에 3만 원, 4톤에 4만 원, 5톤에 5만 원이 각각 소요된다고 하자. 한편, B사에서는 1톤째 5만 원, 2톤째 6만 원, 3톤째 7만 원, 4톤째 8만 원, 5톤째 9만 원이 각각 들어간다고 가정한다. A사와 B사는 수치가 다른데 이것은 양사의 기술이나 처한 환경의 차이에 의한 것이다.

<표 16> 배출권거래의 경제적 효과 예시

구분	배출량 거래가 없는 경우			배출량 거래가 있는 경우		
	A 기업	B 기업	소계	A 기업	B 기업	소계
필요 감축량(CO_2)	3t	3t	6t	3t	3t	6t
실제 감축량(CO_2)	3t	3t	6t	5t	1t	6t
감축 비용	₩60000	₩180000	₩240000	₩150000	₩50000	₩200000
매매 비용	-	-	-	₩100000	-₩100000	0

여기서 A사, B사 모두 3톤씩 감축 의무를 지기로 한다. 그렇게 되면 A사의 감축비용은 1톤째의 1만 원+2톤째의 2만 원+3톤째의

3만 원 합계 6만 원이 된다. B사의 감축비용은 1톤째의 5만 원+2톤째의 6만 원+3톤째의 7만 원 합계 18만 원이 된다. 전체 감축비용은 A사의 6만 원 더하기 B사의 18만 원을 하면 합계 24만 원이 된다. 이것이 배출량 거래를 도입하지 않는 경우의 감축비용, 바꾸어 말하면 온난화 대책에 수반하는 경제에 대한 나쁜 영향이다.

그렇다면 배출량 거래를 도입하게 되면 어떻게 되는 것일까. 결론부터 보면 B사가 A사로부터 배출범위(배출틀)를 1톤당 5만 원에 2톤을 구입하는 것이다(왜 5만 원이 되는가 하면, 양사의 추가적 비용(한계비용)이 같아지는 점이기 때문이다. 이때 두 회사 모두 절감비용 합계를 최소화할 수 있다. 추가비용이 5만 원이 되는 감축량과 당초 할당된 감축량의 차이가 바로 거래량이 되며 이 경우는 2톤이 된다). A사는 모두 5톤(=3톤+2톤)을 감축하게 되며, 감축비용은 1톤째의 1만 원+2톤째의 2만 원+3톤째의 3만 원+4톤째의 4만 원+5톤째의 5만 원 모두 15만 원에서 배출권의 매각수입인 10만 원(=톤당 5만 원×2톤)을 빼면 5만 원이 된다. 배출량 거래를 도입하지 않았을 경우의 합계 6만 원에 비해 절감비용은 줄어들었다. B사는 모두 1톤(=3톤-2톤)을 감축하게 되며 감축비용은 1톤째에 5만 원이 들어가고 여기에 배출권 구입비용 10만 원(=톤당 5만 원×2톤)을 더해 모두 15만 원이 된다. 배출량 거래를 도입하지 않았을 경우의 합계 18만 원에 비해 감축비용은 줄어들었다. 전체 감축비용은 합계 20만 원(=A사의 5만 원+B사의 15만 원)이 된다. 배출량 거래를 도입하지 않았을 경우의 합계 24만 원과 비교해서 감축비용, 즉 온난화 대책에 수반하는 경제에의 악영향은 4만 원만큼 작아진다.

즉, A사는 대가를 받고 B사 몫을 대신 감축하면 감축비용은 싸게 먹힌다. B사도 대가를 지불하고 A사가 대신 감축해 주면 절감비용은 싸게 먹힌다. 전체로도 배출량 거래를 도입하면 감축비용은 싸지지만 오히려 온난화 대책에 따른 경제에 악영향은 작아진다.

배출량 거래의 목적은 바로 여기에 있다. 각사 혹은 각국이, 자사 혹은 자국만으로 배출 감축을 실시하는 것은 비효율적이다. 따라서 각 기업 혹은 각국이 자사 혹은 자국의 감축비용이 가장 작도록 배출권을 자발적으로 매매하면 결과적으로 전체의 감축비용, 바꾸어 말하면 온난화 대책에 따른 경제에 악영향이 최소가 되는 구조가 배출량 거래이다.

배출권 거래의 장점을 구체적으로 살펴보면, 첫째, 직접 협상의 강점은 공공정책과는 달리 이해관계자 자신이 효율적인 해결책을 찾으려는 데 있다.

- 문제 해결에 대한 강한 유인을 가지고 있다.
- 배출 감축의 편익과 비용을 가장 잘 알고 있다.
- 상대의 부정을 감시하는 유인이 생기다.

둘째, 배출권 거래 제도는 이 장점을 활용하면서 직접 규제가 가지는 목표 달성의 확실성과 세금·보조금이 가지는 비용 효과성을 갖춘다.

- 허가증에 의해 배출총량을 결정함으로써 그 이상의 배출을 억제할 수 있다.
- 자유로운 거래를 통해 한계배출 절감비용이 균등화된다.

단, 배출량 거래에도 문제점이 있다. 가장 큰 문제점은 처음에 어떻게 배출틀 또는 감축 의무를 할당하느냐 하는 것이다. 앞의 사례에서 보면 온난화 대책으로서 전체 6톤을 감축해야 한다는 것은 과학적 근거를 바탕으로 정해졌다고 해도 A사, B사 모두 3톤씩의 감축의무를 지겠다고 했는데 여기에는 아무런 근거가 없다. 이와 같이 기득권을 존중하고 거기에서 일률적인 감축을 요구하는 방식이 자주 행해지는데, 그렇게 되면 배출량 거래가 도입되기 전에 불필요하게 배출량이 컸던 기업이나 국가일수록 조금만 노력하면 즉시 감축할 수 있고 타사나 타국에 배출틀을 매각할 수 있어 이득을 보게 된다. 반면에 배출량 거래가 도입되기 전에 불필요한 삭감에 힘써 온 기업이나 국가일수록 그 이상의 삭감은 어려우므로 타사나 타국에서 배출틀을 구입해야 되는 문제점이 있다. 그래서 기득권을 일체 고려하지 않고 경매로 할당하는 방식이 경제적으로는 가장 바람직하다고 여겨지고 있으나, 기업이나 국가에 따라서는 부담이 너무 크게 될 수도 있기 때문에 정치적으로는 도입이 곤란하다(山本[Yamamoto], 2011).

배출량 거래의 또 다른 문제점은 어떻게 거래를 관리·감시하느냐 하는 것이다. 탄소 배출량 같은 눈에 보이지 않는 거래는 정부나 국제사회가 어떻게 파악할 것인지 상당히 어려운 점이 있으며 개선 방안을 내면 된다 해도 거기에 드는 비용이 늘어나면 오히려 효율을 해치는 경우도 있다.

배출권거래 제도의 실질적 문제점으로서는 온실가스의 발생총량이 기대했던 것보다 줄어들지 않는다는 것이다. 대신에 권리를 사는 데 투입되는 비용은 계속해서 늘어나고 있기 때문에 기대하는 효과에 비해 비용적 성과가 부족하다는 평가를 받고 있다. 이런 단점을 해소하기 위해 정부에서는 기술발전을 통해 온실가스를 감축하고, 배출권거래 제도에서 교환의 대상이 되고 있는 권리에 대해 다양한 파생상품을 도입하고 기업들의 자발적인 참여 유도를 위해 목표한 성과에 도달한 기업들에는 세금감면과 같은 혜택을 주는 개선안을 마련하고 있다.

2. 탄소배출권의 종류와 거래 동향

탄소배출권 시장은 교토의정서에 합의한 선진 35개국이 참여하는 국제시장(CDM시장 등), 국가별 탄소배출권 관련 규제에 수반되는 지역시장(EU ETS 등), 기업, 비영리기관, 개인 등이 참여하는 자발적 시장 등 크게 3개 권역으로 구분된다. 다시 이 탄소배출권 시장은 배출권의 인정 방식에 따라 배출허용권(allowance)과 승인권(credit)으로 구분되는데 전자는 할당량 거래시장(Allowance-based Markets) 후자는 프로젝트 거래시장(Project-based Market)이라고 한다. 할당량 시장의 메커니즘은 총량제한배출권거래제도(cap-and-trade)를 채택한 의무감축국가 또는 지역 내에서 형성되는 시장으로, EU-ETS(European Union Emission Trading Scheme)를 필두로 형성된 시장을 일컫는다. 승인권(Credit)시장은 할당량시장의 보조적인 역할을 하는 시장으로 할당량시장에 할당량과 같이 배출권으로 활용할 수 있는 승인권(Credit)을 저렴한 가격으로 공급하는 역할을 하는 시장이다. 또한 각 시장은 교토의정서의 규정에 따라 온실가스를 감축하는 규제 시장(Compliance Market)과 규정에 상관없이 스스로 온실가스를 감축하는 자발적 시장(Voluntary Market)으로 구분할 수도 있다(<표 17> 참조).

할당량 거래시장에서 이루어지는 거래를 Cap & Trade(배출목표 설정방식) 형태라고 한다.[21] 이 시장 메커니즘은 먼저 할당량시장 내에서 기간 내 온실가스 감축 목표를 설정하고 매년 이에 따른 배출총량을 설정한다. 배출총량은 다시 각 의무감축 대상(에너지 다소비 업종 등 주요 온실가스 배출원)에 할당량 형태로 무상지급 또는 경매되며, 각 의무감축 주체는 한 해 동안 온실가스 감축 노력을 기울이고 기간 말에 실제 배출량만큼의 할당량을 국가에 제출하게 된다. 각 의무감축 주체는 기간 말 보유한 할당량이 실제 배출량보다 적을 시 부족분을 구매해야 하며, 보유한 할당량이 실제 배출량보다 많을 시는 이를 시장에 판매하거나 다음 해 사용을 위해 예치(이월)할 수 있다(임순영, 2019).

한편 할당량(허용량) 기준의 시장에서 거래대상이 되는 배출권의 종류에는 EU 배출권거래제도(EU ETS: European Union Emissions Treading Scheme)에서 승인된 배출틀인 EUA(EU Allowance)와 교토 메커니즘의[22] AAU(Assigned Amount Unit)가 있다. EU ETS

---

21) Cap은 본래 「상한」의 의미를 갖는데, 사회 전체에서 정해진 온실가스 배출량 중에서 개별 사업자에 인정되는 배출상한을 말한다.

22) 교토의정서에는 온실가스감축 의무국가들의 비용효과적인 의무부담 이행을 위하여 신축성 있는 교토 메커니즘을 제시하고 있는데 교토의정서를 이행하기 위한 경제적 수단에는 배출권거래제, 청정개발체제, 공동이행제도 등이 있다. 여기서 배출권거래제(ET: Emission Trading)는 교토의정서를 이행하기 위한 경제적 수단 중 핵심 수단으로 국가마다 할당된 감축량 의무달성을 위해 자국의 기업별, 부문별로 배출량을 할당하고 기업들은 할당된 온실가스 감축의무를 이행하지 못할 경우 다른 기업으로부터 할당량을 매입할 수 있도록 하는 제도이다. 공동이행제(joint implementation)란 선진국 A가 선진국 B국에 투자하여 발생된 온실가스 감축분을 A국의 감축실적으로 인정하는 제도를 말하고, 청정개발제도(CDM: Clean Development Mechanism)란 선진국 A국이 선진국 B국에 투자하여 발생된 온실가스 감축분을 A국의 감축

는 대표적인 규정준수의 할당량 거래시장으로 세계에서 가장 많은 거래가 이루어지고 있다.

Cap & Trade 방식의 거래가 이루어지는 순서를 보면 다음과 같다.

① 배출감축량을 정하고 배출틀을 발행한다. 첫 단계는 기준이 되는 연도부터 목표한 연도의 배출량, 즉 감축량을 결정하는 것이다. 그리고 그에 상응하는 양의 배출틀을 발행한다. 예를 들어, 기준이 되는 해에 100톤을 배출하는 국가가 10톤의 삭감을 목표로 하고 있는 경우 90톤의 배출틀을 발행하게 된다.

② 배출틀을 배분한다. 대상 부문 전체의 배출틀이 정해지면 이번에는 그것을 특정 기준에 따라 각 주체에게 배분한다. 대상이 되는 단위는 국가나 기업, 시설, 기타 주체 등이 될 수 있다. 최초의 배출틀의 배분 방법에는 무상할당과 유상할당이 있다. 무상할당에는 그 시설의 과거의 배출량에 의거해서 무상으로 배분하는 Grandfathering 방식과 그 시설이 사용하는 기술이나 만드는 생산물에 주목해 표준배출 원단위(벤치마크)를 만들고 거기에 근거해 배분하는 벤치마크 방식이 있다. 유상할당은 스스로의 경영판단에 의거하여 필요하다고 예상되는 배출틀을 경매(auction)에 의해 구입하는 방법이다(임순영, 2019).

③ 실제 배출량과 배출틀의 차이가 발생한다. 각 시설이 생산 활

실적으로 인정하는 제도이다.

동을 시작하면 거기에 따라 CO_2 등의 온실효과 가스가 배출된다. 그러면 당초 배분된 배출틀의 양보다 많이 배출해 버리는 곳, 같은 정도의 배출로 끝나는 곳, 적은 배출밖에 하지 않는 곳이 생기게 된다. 거래 제도가 없는 경우라면 각각의 주체는 각각의 장소에서 자력으로 삭감할 수밖에 없다.

④ 각 시설은 자력 삭감 또는 거래를 한다. 자신이 가지고 있는 배출틀의 양보다 실제 배출량이 초과해 버린 경우, 그 시설에는 기본적으로 두 가지 선택지가 있다. 하나는 자력으로 삭감하는 것이며 다른 하나는 배출틀을 다른 곳에서 사오는 것이다. 이때의 판단 기준은 일반적으로 「어느 쪽이 저렴한가」에 근거할 것이다. 그 결과 삭감 비용이 싼 것부터 삭감이 진행된다.

⑤ 배출량과 배출틀의 매칭. 일정한 기간이 종료되면 산정된 배출량과 배출틀의 양이 각각 맞는지 확인(매칭)한다. 두 가지가 맞거나 배출량 쪽이 배출틀보다 적으면 그 시설은 규칙을 준수한 것이다. 만약 배출틀이 배출량에 비해 적으면 해당 시설(또는 기업)에 벌칙을 부과한다. 여기서의 포인트는 배출틀은 달성하고자 하는 목표의 배출량(삭감 후의 배출량)만큼만 발행된다는 것이다. 즉, 만약 모든 시설의 실제 배출량과 배출틀의 양이 같으면 배출량은 목표대로 삭감되었다는 것이다.

이러한 Cap & Trade 형태의 배출량 거래는 다음과 같은 대표적인 특징을 가지고 있다.

첫째, 효과(삭감량)의 확실성이 있다. 앞의 설명에서 알 수 있듯이 배출권거래에서는 달성하고자 하는 목표를 최초로 정하고 그만큼의 배출틀만을 발행하므로 제도가 제대로 기능하는 한 달성되는 목표는 확실하다. 이 점은 다른 제도와 비교할 때 뛰어난 점으로 지적된다. 예를 들어 정부가 보조를 주거나 혹은 세금을 부과할 경우, 도대체 얼마를 내면 목표로 하는 효과를 얻을 수 있는지 알 수 없다. 그 점에서 배출권 거래는 처음에 나오는 배출틀의 양으로 효과를 결정할 수 있다.

두 번째는 비용 절감의 효과이다. 배출권거래는 대상 부문에서 일정량의 배출삭감을 달성하는 데 드는 비용을 최소화할 수 있다. 각각의 시설은 가지고 있는 기술이나 생산물의 종류에 따라 삭감에 드는 비용이 다르다. 거래를 할 수 없는 상황에서는 각자가 노력해 삭감할 수밖에 없지만, 배출틀의 매매가 가능하게 되면 자신이 삭감하는 것이 사는 것보다 싸면 스스로 삭감을 하고 비싸면 다른 곳에서 사온다. 반대로 모든 주체 간(시설 간)에서 배출에 드는 비용이 같으면 거래할 의미가 없으나 이러한 상황은 현실적으로는 있을 수 없다. 배출권 거래는 이와 같이 경제적 효율성은 달성되지만 실제 환경적인 효과는 크게 나타나지 않고 있다.

이에 비해 프로젝트(사업) 거래시장에서는 Baseline & Credit(배출삭감량계산방식) 형태의 거래가 형성되는데, CDM(Clean Development Mechanism: 청정개발제도) 사업과 같은 배출삭감의 사업(프로젝트)을 실시할 것을 전제로 만일 해당 프로젝트가 존재하지 않은 경우에 예상되는 배출 상황(Baseline)과 프로젝트 실시에 의한 실제의 배출량과의 차이가 배출 승인권(Credits)으로서[23] 발행되는 구조이다. 이는 다시 발행시장(primary market)과 유통시장(secondary market)으로 구분할 수 있다.

프로젝트 거래시장의 90% 이상은 교토 메커니즘의 CDM(청정개발제도: Clean Development Mechanism)과 연관되어 있다. 이 CDM이 유효하게 되기 위해서는 CDM이사회에서 인정된 지정 운영기관(DOE: Designated Operational Entity)에 의해 CDM사업이 유효한가의 여부의 심사를 받고 CDM 이사회(CDM사업을 관리·감독하는 UN의 기관)에서 사업화가 승인될 필요가 있다. CDM에 유래하는 삭감량을 CER이라고 하며 공동실시에 유래하는 삭감량은 ERU(Emission Reduction Unit)라고 부르며 사업실시국의 AAU 또는 RMU에서 전환된 것이다(<표 17> 참조).

이 외에 또한 교토 메커니즘에 의거하지 않는 각국 독자의 배출소멸 메커니즘에서 발생하는 배출틀은 VER(Verified Emission Reduction: 확인배출삭감량)이라고 부르며 상쇄제도(Carbon Offset)24) 등에 이용되는 일정한 기준을 충족하고 있는 VER 등이 있다.

우리나라의 탄소시장은 자발적 프로젝트 시장 방식(VER)을 채택하고 있다. K-ETS의 상쇄는 국내에서 시행된 외부감축사업에서 획득한 감축실적과 국내 업체가 해외에서 직접 시행하여 획득한 CDM 사업에 한해 인정된다.

---

23) 탄소배출권(정당한 자격: right)은 배출틀, 배출 할당량(allowance), 배출 승인권(Credit) 등으로 부르며, 모두 배출권 거래제도에 있어서 거래의 대상으로 된다. 하지만 실제 EU 지역 등에서는 탄소배출권을 할당량(EUA)과 크레딧(CER/ERU)으로 비교적 명확하게 구분하고 있다. 배출틀 자체는 배출하는 권리(a right to emit)를 확정하는 것이 아니다. 오히려 배출에 따라 생긴 의무를 해소하기 위해 수행해야 하는 도구(instrument)라고 할 수 있다.

24) 카본 오프셋(Carbon Offset)은 일상생활과 경제생활에 있어서 발생하는 온실효과가스의 배출에 대해서 그 배출량을 견적하고 배출량에 걸맞은 온실효과가스의 삭감활동에 투자하는 것 등에 의해, 배출되는 온실효과가스의 전부 또는 일부를 서로 메우는 것을 말한다.

<표 17> 탄소배출권의 종류(거래대상)

권역	구분	배출권 종류(거래대상)	개요
EU-ETS credit	할당(허용)량 기준 (Cap & Trade system)	EUA(EU Allowance: 허용량)	EU-ETS 제도하에서 참가국에 할당된 온실가스 배출권
Kyoto credit		AAU(Assigned Amount Unit: 할당량)	선진국(부속서 I국)에 할당된 온실가스 배출권
Kyoto credit	프로젝트 기준 (Baseline & Credit system)	CER(Certified Emission Reduction: 인증배출삭감량)	CDM 사업결과 발생한 승인권(credits)
		ERU(Emission Reduction Unit: 배출삭감단위)	JI사업결과 발생한 배출승인권
		RMU(Removal Unit: 제거단위)	선진국(부속서 I국)이 토지이용 및 산림활동에 대한 온실가스 흡수 실적을 산정해서 발행한 승인권
Voluntary	할당량 기준	CFI(Carbon Financial Instrument)	미국 시카고기후거래소(CCX)에서 거래되는 배출권
	프로젝트 기준	VER(Verified Emission Reduction: 확인배출삭감량)	자발적 탄소배출권

주) 배출권의 인정 방식에 따라 배출허용권(allowance)과 배출승인권(credit)으로 구분

2020년 12월 NGO '글로벌 탄소 프로젝트'가 발표한 <지구시스템 과학 데이터>에 따르면, 전 세계가 배출한 이산화탄소는 1800년도 이후 지속적으로 상승하여 2019년에 사상 최고치를 이루어 364억 톤이 되었으며 다만 2020년에는 전년 대비 24억 톤 줄어든 340억 톤으로 나타났다. 이는 COVID-19로 인한 전 세계적인 경제활동의 감소로 CO_2 배출량이 줄어든 것에 기인한다. 이에 비해 EU의 배출량은 1965년부터 끊임없이 상승하다가 1979년 4,655Mt CO_2e으로 피크를 이룬 다음 지속적으로 하락하여 2019년에는 약

3,320MtCO$_2$e을 배출하였다. 이는 EU 국가들의 환경에 대한 문화
와 더불어 EU-ETS가 경제적으로 효율적인 탈탄소를 제공하는 역
할을 하기 위한 것과(2013~2020년), 유럽 그린딜(European Green
Deal)이 요구하는 목표를 이해하고 이러한 도전에 대비하는 역할을
한 것에 힘입은 바가 크다고 할 수 있다.

　탄소배출권 거래 제도는 2005년 최초로 도입한 EU를 시작으로
활용 국가 및 지역이 지속적으로 확대되었으며, 2020년 4월 기준,
전 세계 31개 탄소배출권 거래시장과 30개의 탄소세(稅) 메커니즘
이 운영 중이다. 이 중에서 대표적인 시장인 EU-ETS가 2005년부
터 도입되었으며, 올해로 3단계('13~'20년) 계획기간이 끝나고
2021년부터 2030년까지 시행되는 4단계 계획기간이 진행되고 있
다. EU-ETS 거래규모는 EU 총배출량의 약 40%를 차지하는데 참
고로 2019년 총배출량 약 3,320MtCO$_2$e으로 1979년 4,655MtCO$_2$e
으로 피크를 이룬 다음 지속적으로 하락하고 있다. EU가 추진하는
경제적으로 효율적인 탈탄소화는 EU-ETS에 의한 가격 기능에 의
해 추진되어야 하는데 EU-ETS의 할당배출권인 EUA의 가격은
2010~2018년까지 탈탄소화에 대한 신호를 제공하는 수준에서 안
정화되었으며 2018년 이후 우상향으로 상승하고 있다.

　고정식 설비에서 발생하는 총 ETS 배출량은 전력 생산을 위한
석탄 사용량의 급격한 감소로 인해 2018년과 2019년 사이에 9.1%
감소했으며, 이는 10년 만에 가장 큰 감소였다. 현재 및 계획된 조
치에 따라 EU 국가에서는 ETS 배출량이 과거보다 상당히 느린 속
도임에도 불구하고 향후 10년 동안 계속해서 감소할 것으로 예상
한다. 2019년에 경매된 EU ETS 배출 허용량(EUA) 수는 36% 감

소했다. 높은 탄소가격으로 2018년에 비해 경매수익이 4억 4,700만 유로로 증가했다.

EU ETS는 EU 총 온실가스 배출량의 약 40%를 차지한다. 배출 집약적인 활동(예: 전기 및 열 생산, 시멘트 제조, 철 및 철강 생산, 정유 및 기타 산업 활동) 및 항공의 한도를 설정한다. 한도 내에서 기업은 온실가스 배출량을 최소한 비용으로 줄이기 위해 배출량과 무역 배출량을 줄일 수 있다. EU ETS의 고정 설비에서 발생하는 온실가스 배출량은 2018년 1,682메가톤의 이산화탄소(MtCOe)에서 감소했다. 2019년 1,530MtCOe, 9.1% 감소했으며 이는 2009년 이후 가장 큰 배출 감소를 나타낸다. 2005년에 비해 배출량은 2019년에 35% 감소했다(<그림 24> 참조).

한국은 '저탄소 사회'로 전환 및 기후변화 대응을 위한 국제협력(신기후체제) 강화를 위해, 2015년부터 아시아에서 3번째(일본/카자흐스탄)로 배출권거래 제도를 도입했다. 한국의 탄소배출권 거래시장은 유럽연합(EU)에 이어 세계 2위 규모다. 이처럼 시장이 폭발적으로 성장한 것은 국내 탄소 배출량이 줄어들지 않고 있다는 증거이기도 하다. 한국은 2017년 기준 경제협력개발기구(OECD) 국가 중 온실가스 배출량 5위이다. 1990~2017년 온실가스 배출량 증가율을 따지면 OECD 국가 가운데 1위이다.

현재 한국거래소에는 할당배출권(KAU)과 상쇄배출권(KCU), 외부사업감축량에 대한 배출권(KOC: Korean Offset Credit)이 상장되어 있다. 한국거래소의 국내 탄소배출권 연간 거래 추이를 보면 2020년 10월까지 한국거래소에서 거래된 탄소배출권은 1,919만 톤으로 집계되었다. 거래액은 5,942억에 달했는데 2015년 배출권 시

장 개설 첫해 대비 약 5년 사이에 거래 규모는 15.4배 늘었고 거래
액은 42.8배 증가했다.

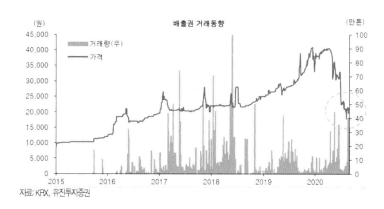

<그림 23> 우리나라의 배출권 거래 동향

정부는 국가온실가스 감축목표를 효과적으로 달성하기 위하여
배출권 총수량을 정하고 이를 기업별로 할당하는 계획기간별 국가
배출권 할당계획을 수립하여 운영하고 있다. 배출권거래제법 시행
에 따라 '15년부터 배출권거래 제1차 계획기간('15~'17)을 시작하
여 제2차 계획기간('18~'20), 제3차 계획기간('21~'25)이 시행 중
에 있다. 적용대상은 계획기간 4년 전부터 3년간 온실가스 배출량
연평균 총량이 125,000톤 이상 업체 또는 25,000톤 이상 사업장을
하나 이상 보유한 업체, 자발적으로 할당 대상업체로 지정 신청을
한 업체이다. 할당 방식은 배출량 기준 할당 방식(GF: Grandfathe-
ring)과 배출효율 기준 할당 방식(BM: Benchmark)으로 구분되며,
제1차 계획기간에는 할당량의 100%를 무상으로, 제2차 계획기간은

유상할당 대상 업종 내 기업에 할당되는 배출권의 3%를, 제3차 계획기간은 10%를 유상 할당하였다.

정부는 배출 허용량 중 유상으로 할당하는 업종과 비율을 점차 늘리고 있는데 1차 기간(2015~2017년)에는 대상 기업에 100% 배출권을 무상할당 했지만 2차 기간(2018~2020년)에는 3%를 유상할당, 3차(2021~2025년)에는 이 비율을 10%로 높인다. 유상할당 대상 기업은 이 비율만큼 배출량을 줄이거나 사들여야 하고 추후 유상할당 비율이 더 늘어날 가능성도 있다.

현재 배출권 시장에서 거래되는 거의 대부분의 외부사업감축실적 및 상쇄배출권은 이미 승인받아 추진되어 왔던 CDM사업으로부터 나오게 되는데 사실상 일정 수준 이하로 제약되어 있기 때문이다. 배출권의 수요를 외부사업감축실적이나 상쇄배출권으로 충족시키는 데 한계가 있을 수밖에 없기 때문에 2차 이행연도 이후 배출권 거래는 주로 장내에서 할당배출권 중심으로 재편되는 현상이 발생하였다.

다음으로 탄소배출권시장의 거래현황을 살펴보면 전 세계 탄소시장은 2020년에 또 다른 기록을 세웠다(<그림 24> 참조). 거래량과 다른 지역 시장의 평균 가격에 대한 데이터를 기반으로 전 세계 탄소배출 허가 거래의 총 가치는 2,290억 유로를 넘어섰다. 더욱이 2020년은 COVID-19의 글로벌 경제 위축에도 불구하고 이상치(outlier)가 발생하지도 않았으며 전 세계 탄소거래가 4년 연속 신기록을 세우고 있다. 2020년 총 시장가치는 2017년 가치의 5배 이상이다. 세계적 유행병이 실제로 침체된 경제 활동으로 인해 훨씬 더 낮은 배출량임에도 배출권 허가 시장이 성장했다는 것이 이상하게 보이지만 총 시장가치가 물량 곱하기 가격이라는 것을 기억할 필요가 있다. 즉 더 많은 배출량거래가 손 바꿈이 일어났으며 또한 거래된 제품이 더 높은 가격으로 이루어졌음을 의미한다. 2019년에도 거래량과 가격 모두 증가했음을 알 수 있다. 유럽의 탄소가격은 COVID-19 대유행이 이 지역을 강타한 2020년 3월에 급격히 떨어졌지만 나중에는 연말까지 33유로/t 이상으로 최고치를 기록했다. 가격은 2021년 3월 현재 톤당 37.5유로를 넘어 전례 없는 수준에 도달했다(<그림 25>).

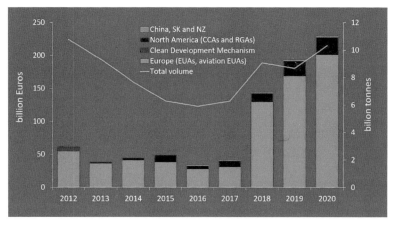

<그림 24> 세계 탄소시장 2012~2020; 지역별 총 가치와 총수량

출처: https://www.refinitiv.com/perspectives/future-of-investing-trading

북미의 두 지역 배출권 거래 시스템, 즉 서부 기후 이니셔티브(Western Climate Initiative)와 지역 온실가스 이니셔티브(Regional Greenhouse Gas Initiative)의 경우는 2020년 봄에는 COVID-19가 글로벌 경기 침체를 초래할 것이라는 두려움에 매각 물량이 증가하여 가격이 하락하였다. 그러나 두 프로그램 모두 향후 몇 년 동안 더 타이트해질 것으로 예상됨에 따라 가격이 2020년 연말에 폭등했다. 규제 당국은 배출 감축을 효과적으로 관리하기 위해 인센티브를 주는 것을 검토하고 있다. 2020년의 후반기 동안 중국, 일본, 한국, 캐나다, 남아프리카를 비롯한 많은 소규모 배출국이 2050년에 탄소 중립 목표를 공개적으로 약속했으며 유럽연합은 제로-배출 목표를 모색하고 있다. 배출권 거래 시스템은 보다 야심 찬 기후 목표를 달성하는 데 도움이 되는 도구이기 때문에 글로벌 탄소 거래 활동 및 가치 증가 추세는 계속될 것으로 예상한다.

시장별로 살펴보면 유럽연합 탄소배출권거래시장(EU ETS)은 전 세계 가치의 거의 90%를 차지하며 10.3Gt라는 기록적인 세계 최고 거래량의 대부분을 차지한다. 2020년에는 80억이 넘는 배출 허용량이 유럽 탄소시장에서 거래되었는데 이는 2019년보다 대략 20% 증가한 것이다. 가격은 2020년 연말까지 톤당 33유로 이상의 사상 최고치를 기록했다. 이어 한국 배출권거래 시장(KETS: Korea's Emissions Trading Scheme)이 현재 2위를 달리고 있으며 2017~18년에는 세계 1위를 차지했다. 다음으로 북미의 서부 기후 이니셔티브(WCI: Western Climate Initiative)와 뉴질랜드 배출권거래 시장(NZ ETS)이 3위, 4위 자리를 다투고 있다. 5위는 미국 동북부 10개 주가 참여한 RGGI(Regional Greenhouse Gas Initiative)가 차지했으며 국제연합(UN)의 청정개발체제(CDM)와 배출권(CER) 거래시장은 매우 미미한 점유율을 보여주었다.

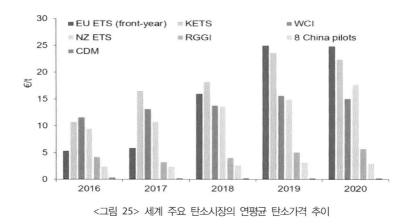

<그림 25> 세계 주요 탄소시장의 연평균 탄소가격 추이

3. 배출권거래 회계기준의 추이와 과제

배출권 거래에 관한 회계처리의 논점

배출권 거래는 크게 두 가지로 나누어 Cap & Trade 방식(이하에서는 C & T 방식)과 Baseline & Credit 방식(이하 BL & C 방식)의 두 가지 방식이 있으나, EU의 배출권 거래를 비롯해 세계적으로는 C & T 방식이 주류를 이루고 있다. 배출권거래에 관한 회계처리의 가장 큰 논점은 이 C & T 거래에서 정부 등으로부터 할당된 배출권(배출틀)을 자산으로 계상(on balance) 하느냐 하는 점에 있다.

(1) Cap & Trade의 회계처리

Cap & Trade의 회계처리는 향후 국제회계기준에서는 제정될 예정이지만 다양한 문제가 있어 여전히 제정되지 않고 있다. IASB는 배출량 거래에 관한 리서치 프로젝트를 개시하고 있다. IASB의 배출량 거래와 관련된 프로젝트에 관해서는 과거 유럽연합(EU)에서 2005년에 개시된 Cap & Trade(배출량 거래 체계의 한 유형)에 대처하기 위해 2004년에 IFRIC 해석 지침(IFRIC) 제3호 '배출권'이 발표되었으나 2005년에 취하되었다. IFRIC 제3호에 따르면 회계상의 미스매치가 발생했기 때문이다. 그 후 IASB는 FASB와 공동 프로젝트를 시작했으나 2010년에 중단되었다.

현재 우리나라에서는 할당량 시장과 프로젝트 기반 시장이 2015년부터 시작되고 있으나 유럽에서 할당량 거래시장이 급속히 성장하는 것과 더불어 할당배출권 중심으로 재편되는 현상이 나타나고 있다. 따라서 본 장에서는 국제회계기준이 발표되기 전에 사전에 대처하는 의미에서 Cap & Trade 방식의 배출권 거래에 대한 회계처리를 다양한 측면에서 검토하기로 한다.

배출권 거래에 관한 과거의 검토에서는 Cap & Trade에 관해 주로 다음의 회계상의 논점이 있었다.

(1) 배출틀(배출한도, 배출승인권)을 자산으로 인식해야 하는가?

① 배출틀을 자산으로 인식할 경우의 인식 타이밍

② 배출틀을 자산으로 인식하는 경우의 측정

(2) 배출한 양에 상응하는 배출틀을 송부할 의무를 부채로 인식해야 하는가?

(3) 구입 및 할당된 배출틀과 관련된 부채를 순액으로 표시해야 하는가?

실무에 있어서는 권위 있는 기준이 존재하지 않음에 따라 복수의 접근 방식이 존재하며, 이들 접근 방식은 다음 3가지로 집약된다.

- 접근 방법 1: 배출틀을 발행할 때 자산으로 인식한다. 무상분은 발행 시의 시장가격으로 측정하고, 같은 금액의 정부 보조금을 인식해 상각한다. 자산은 사후에 취득원가 또는 시장가격으로 측정된다. 부채를 배출 시에 인식하여 시장가격으로 측정한다.
- 접근 방법 2: 배출틀의 회계처리는 접근 방법 1과 같지만, 부채를 배출 시에 인식하고 보유하고 있는 배출틀(자산의 측정액)로 측정한다.
- 접근 방법 3: 배출틀을 자산으로 인식하지만 무상분은 제로로 측정한다. 부채를 배출 시에 인식하고 사후에 보유하고 있는 배출틀(자산의 측정액)로 측정한다(즉, 무상분은 제로).

프랑스 기준에 의한 회계처리

프랑스에서는 대형 기업의 전문가로 구성된 EPE(Enterprise pour l'Environment)가 IAS하에 있어서의 온실가스 배출량 규제(배출틀)의 회계처리에 대한 자문을 PwC에 구해 2002년에 「온실가스 배출권의 회계처리옵션~프랑스 GAAP와 IAS」를 공표했다.[25]

이 프랑스 배출권거래 기준의 출발점은 국가에서 무상으로 할당된 배출권(배출틀)은 기업이 받아들인 배출삭감의무에 대해 국가에 공약을 한 대가라고 생각하는 것이다. 이 기준의 특징을 정리하면

---

25) Options for the Accounting Recognition of Greenhouse Gas Emission Rights: French GAAP and IAS, (2002년 2월).

다음과 같다. 첫째, 배출틀의 용도는 온실가스 삭감의무의 공약이라는 부채에 대한 지불수단에 한정되며, 배출틀이 양도성을 가지는 경우에만 자산으로서 인식한다. 다만 배출틀의 법률적 성질 또는 세무처리에 대해서는 취급하지 않는다. 둘째, 국가에 의한 배출틀의 설정은 취득이 의무화된 권리이며 이 권리는 의무가 있기 때문에 존재한다. 그러므로 국가에 대한 부채의 한정적 지불수단으로서의 선급금이라는 회계적 속성을 갖는다. 셋째, 배출틀을 시장에서 취득하는 것은 다른 사업체가 지불한 선급금을 되샀다고 볼 수 있다. 따라서 할당된 배출틀이거나 시장에서 취득한 배출틀이거나, 즉 유상·무상 취득에 관계없이 동일한 자산(유동자산)으로서 분류된다(村井[무라이], 2008).

프랑스 기준에서 배출틀은 국가에의 부채를 감소시키는 것에 기여하는 것이며 연도 말의 시점에서 국가에의 부채와 배출틀은 상쇄 소거된다. 먼저 초기 무상으로 배출틀이 할당된 경우의 회계처리는 다음과 같다.

(차변) 배출틀 xxx (대변) 국가에의 부채 xxx

한편 연도 말에 있어서는 배출틀과 국가에의 부채를 상쇄 소거하는 회계처리를 한다.

(차변) 국가에의 부채 xxx (대변) 배출틀 xxx

그리고 설정목표의 미달에 관련하는 부채는 미확정된 것에 지나지 않으며 기업이 온실가스를 배출하지 않는 한 회계처리를 해서는 안 된다. 역으로 설정목표를 초과한 배출틀에 대해서는 부채 계상된다. 이 프랑스 기준의 사고가 후술하는 IFRIC 기준의 기초로 된 것이다.

영국 기준에 의한 회계처리

영국에서는 CCL(Climate Change Levy: 기후변화부과금)을 감면하는 것을 조건으로 2002년 4월부터 시작한 배출권거래제도(UK Emissions Trading scheme)에 참가하고 있는 기업에 대한 재무제표의 비교 가능성을 유지하기 위해, 2002년 5월에 토론서 「영국 배출권거래에 있어서의 탄소회계」를 작성했다.[26]

이 영국 기준의 특징은 직접 참가자에 초점을 맞춘 Cap & Trade 형태의 배출권거래 제도를 전제로 해서, 배출틀(allowance)을 금융자산으로서 파악한다는 것이다. 그것은 영국 배출권거래제도에 있어서의 절대 부문(직접) 참가자는 배출틀을 매각할 수 있으며 또한 배출틀은 장래의 경제적 편익을 얻는 권리를 향유하는 것이 가능하기 때문이다. 따라서 배출틀은 FRS 5(영국 재무보고기준 제5호)의 자산의 정의에 합치하고 자산으로서 인식된다. 그런데 배출틀은 영국 배출권거래제도에 있어서의 배출 승인권을 수취하고 온실가스배출에 의해 생기는 부채를 상쇄하기 위한 1회 한도의 이용을 목적으로 한 것이다. 그런 의미에서 고정자산에는 합치하지 않으며 유동자산으로서 분류하는 것이 합리적이라고 하고 있다. 나아가 배출틀이 금융자산의 정의에 정확히 합치하지는 않으나 성질면에는 유사성이 있으므로 금융자산으로 분류하는 견해를 채택하고 있으나 그 이유를 명확히 제시하지는 않았다.

---

26) IETF(국제배출권거래협회)와 영국 배출권거래그룹과 Deloitte감사법인의 3자가 협력해서 토론서 Discussion Paper, Accounting for carbon under the UK Emissions Trading Scheme를 (2002년 5월) 만들었다.

이와 같이 배출틀은 자산으로서 인식되지만 경매(auction)에 의해 무상으로 취득한 경우는 지불대가가 없으며 취득원가도 제로가 된다는 측정상의 논리에서 부외처리 하는 것이 적정하다고 생각된다. 반면에 배출틀의 무상취득을 증여에 의한 취득으로 간주해 배출틀을 자산으로서 인식한다는 견해도 있다. 이러한 경우 대변에 재평가적립금(revaluation reserve)의 기입이 이루어지고(Discussion Point 6) 자산 계상(on balance) 된다는 장점이 있으나 이점에 대해서는 검토 과제로 하고 있다.

제1법: 주석 없음(부외처리)

제2법: (차변) 배출틀 xxx (대변) 재평가적립금 xxx

다음으로 Cap & Trade 형태가 적용되는 직접 부문 참가자의 배출틀 거래를 둘러싼 부채의 파악 방식에 대해서는, 무상으로 할당된 배출량은 법적 의무 계약상의 채무로 될 수 있으므로 할당된 때에는 우선 부채로서 인식한다고 한다. 이것은 영국의 회계기준인 FRS12호「충당금, 우발부채, 우발자산」의 정의에 의거해서 배출량을 할당받은 경우에는 부채로서 인식한 것이다. 이 경우 토론서에서는 기업이 과거의 거래나 사건의 결과로서 현재 채무가 존재하며, 이 채무를 변제(회수)하기 위해서는 경제적인 편익을 이전시키는 것이 필요하며, 그 채무 금액에 대해 신뢰할 수 있는 견적이 가능한 때에는 충당금으로서 인식된다고 하였다. 따라서 배출틀의 인식에 관해서는 상술한 프랑스안과 같이 초기 무상 할당 시에 배출틀에 대한 자산과 부채를 일괄하여 동시 계상하는 것이 아니라 온실가스의 실제 배출틀에 대응한 충당액이 부채(배출 부채)로서 계상된다고 생각된다. 또한 배출량에 관련되는 자산(allowance)과 부채(emission liability)와의 상계 계상은 인정되지 않는다고 규정하고 있다. 그것은 자산과 부채는 그 기인하는 리스크 또는 그 속성에 따라 상이하며 별도로 인식되어야 하기 때문이다.

그리고 배출틀의 사후 측정에 관해서는 준수목적에 의한 보유의 경우는 원가로 평가하고, 매매목적에 의한 보유의 경우는 시가로 평가한다. 또한 준수목적으로 보유하는 배출틀을 배출부채의 삭감을 위해 사용하는 경우는 실현이익을 계상한다. 그리고 매월 말에 보유 배출틀에 대해 배출부채가 초과하고 있는 경우에는 배출부채를 시가로 평가한다.

이 영국 기준은 토론서라는 성격상 다양한 대체안이 제시되어 있으며 확정된 기준을 규정하고 있는 것은 아니다. UK의 배출권거래제도는 2002년부터 출발해서 교토 의정서의 제1차 실행기간인 2008년의 전해인 2007년까지의 5년간의 한정적인 국내 배출권 거래제도였기 때문에 무상취득의 배출량에 관한 취급도 확정적이지 않은 것이다.

국제재무보고해석위원회(IFRIC) 제3호의 회계처리

국제재무보고해석위원회(IFRIC)는 Cap & Trade 형태의 배출권 거래에 대한 회계처리에 한정해서 2003년 5월에 해석지침공개초안 제3호「배출권(Draft Interpretation D1 Emission Right)」을 공표했다. 이 초안은 자산과 부채에 대한 측정의 기초가 상이하기 때문에 손익의 부조화(mismatch)가 생긴다는 점에서 반대의견이 많았으나,[27] 2004년 12월에 해석지침 제3호는 변경되지 않고 승인이 되었다.

먼저 IFRIC 제3호에 있어서 온실가스 배출권(제3호는 배출틀 대신에 배출권이라고 지칭)이 갖는 자산과 부채의 성격을 검토해 본다. IASB에 있어서 자산(또는 부채)은 「과거의 사상에 의한 결과로서 기업에 의해 지배되고 있으며 또한 장래의 경제적 편익이 해당 기업에 유입(또는 유출)되는 것이 예상되는 것」으로 정의되고 있다. 이러한 정의에 의거해 배출권은 자산으로 그리고 배출권 인도의무는 부채로 인식된다. 여기서 배출권(배출틀) 자체는 배출하는 권리(a right to emit)를 확정하는 것이 아니다. 오히려 배출에 따라 생긴 의무를 해소하기 위해 인도되지 않으면 안 되는 도구(instrument)인 것이다(심갑용, 2013).

이와 같이 배출권이 자산으로서 인식되고, 그것에 대한 배출권 인도의무가 부채로서 인식되지만 배출권과 배출권 인도의무는 독립적으로 존재하며, 배출권과 배출권 인도의무를 동시에 설정해서 표시하는 것으로 하고 있다. 해당 주체가 배출권을 사용할 의도가 있다고 하면 채무를 청산하기 위해 배출권을 보유하나 그것을 강제할 수는 없다. 또는 해당 주체가 배출권을 매각하여 실제 배출량을 감소시키거나 장래 배출권을 구입할 수도 있다. 많은 회계주체가 채무의 청산을 위해 단순히 배출권을 보유하는 경우라도 이와 같이 자산과 부채와의 사이에 계약상의 연계는 존재하지 않는다. 따라서

---

27) 이것은 이미 초안의 단계에서 손익계산서에 부자연한 변동(Artificial volatility in the Income Statement)을 미친다는 문제가 지적되고 있었다. 즉 할당된 배출권(자산 측면)은 무형자산으로 하고 취득원가 또는 공정가치로 측정한다. 그러나 배출틀 인도의무(부채 측면)는 기말 시점에서 해당 의무를 변제하는 데 필요한 지출(예측치), 즉 시장가치(공정가치)로 측정한다. 이러한 처리에 의해 손익의 부조화가 일어나는 것이다. IETA, "Accounting treatment of EU allowances" July 2004.

배출권(자산)과 배출권을 인도하는 의무(부채)를 상계해서 소거하는 것은 적절하지 않다.

이렇게 본다면 자산으로서 인식된 배출권은 이미 프랑스 기준에서는 배출틀과 국가에의 부채가 대조계정이며 배출틀은 부채의 선급금(유동자산)으로 간주되며, 영국 기준에서는 금융자산(유동자산)으로서 분류되었지만, IFRIC 제3호는 프랑스안과 달리 배출권과 배출권 인도의무를 독립항목으로서 취급하는 점에서 영국안의 금융자산보다는 무형자산에 해당한다고 규정하였다. 그것은 IAS 제38호에서는 무형자산을 「물리적 실체가 없는 식별 가능한 비화폐성 자산」으로 정의하고 있는데, 정부에서 할당된 배출권 및 구입한 배출권은 모두 이 무형자산의 정의에 합치하는 것으로 보기 때문이다.

그러면 IFRIC 제3호에 관련되는 회계처리를 구체적으로 살펴보기로 한다. 첫째, 초기 무상할당 된 배출권은 IAS 제20호 「정부보조금 및 정부로부터의 원조의 공시」에 준거해서 국가보조금으로서 회계처리 된다. 이때 측정상의 문제, 즉 취득원가의 문제가 발생하는데, 제3호에서는 무형자산을 포함한 비화폐성 자산은 공정가치로 측정한다는 IAS 제20호의 원칙적 회계처리법에 따라 배출권과 국고보조금을 공정가치로 평가하였다. 그리고 국고보조금을 교부 시에 일괄 수익계상 하는 방법(IAS 20호)을 택하지 않고 IFRIC 제3호는 배출권 인도의무에 수반해 발생하는 비용과의 대응관계에서 이연수익으로서 계상하고 배출권이 발행된 약속 기간에 걸쳐 규칙적으로 상각하는 방법을 채택해야 한다고 하고 있다. 따라서 배출권의 초기 무상 할당 시점에는 다음과 같은 회계처리가 이루어진다.

(차변) 배출권 xxx (대변) 국고보조금(이연수익) xxx

그런데 배출권 인도의무는 부채로서 인식되지만 배출권의 초기의 무상할당 시점에 계상되는 것은 아니며, 실제의 배출과 동시에 배출량과 동등한 배출권을 인도하는 의무를 인식한다. 이 부채는 금액 또는 시기가 불확정한 채무(IAS 제37호)인 충당금으로 된다. 이 경우에 있어서 인식된 충당금의 측정은 기말 시점에서 해당 의무를 변제하는 데 필요한 지출(예측치), 즉 시장가치(공정가치)로 측정한다. 따라서 기말 시점에는 다음 회계처리가 이루어진다.

(차변) 비용 xxx (대변) 충당금 xxx

그리고 무형자산의 사후측정(중간결산 시점, 기말 시점)은 취득원가에 의한 원칙적 회계처리 방법을 취하지 않고, 공정가치에 의한 대체적 회계처리 방법을 추천하고 있으며 이때 발생한 평가손익을 보면, 평가손은 손익계산서에 평가익은 재평가잉여금에 계상하는 것을 규정하고 있다. 먼저 중간 결산 시점에는 배출권을 평가하고 그리고 배출권의 무상할당에 있어서의 이연수익인 국고조성금을 실제 배출량에 대응시켜 상각한다. 또한 중간결산 시점에 있어서도 온실가스의 배출량에 따른 배출권 인도의무가 공정가치에 의해 계상된다. 배출권의 장부가액보다 시장가격이 높다고 가정하면 회계처리는 다음과 같다.

(차변)	배출권	xxx	(대변)	재평가잉여금	xxx
	국고보조금	xxx		수익	xxx
	비용	xxx		충당금	xxx

그리고 기말 시점의 측정으로서 무형자산의 상각 문제가 있는데, IFRIC 제3호는 배출권의 잔존가액은 취득원가 또는 재평가액인 공정가치로 평가하지만 그 상각을 인정하지 않는다. 기말 배출권의 공정가치에 의한 평가손실이 중간 결산 시점에 있어서의 평가이익을 상회했다고 가정하면 기말에 있어서는 다음의 회계처리를 실시한다.

(차변)	재평가잉여금	xxx	(대변)	배출권	xxx
	배출권 평가손	xxx			
	국고보조금	xxx		수익	xxx
	비용	xxx		충당금	xxx

IFRIC 제3호는 프랑스 기준이 제안한 배출틀(부채의 선급금)과 국가에 대한 의무의 동시 설정에서의 배출틀의 자산 계상(on balance)을 부정하고, 동 시기에 제안되었던 영국 기준에 가까운 회계처리를 채택했다. 또한 영국 기준에서 언급된 배출틀의 금융자산성의 가능성은 부정되었다.

이 IFRIC 제3호는 실제의 배출권거래의 실체를 반영하고 있지 않은 회계기준인 것이 판명되었기 때문에 2005년 6월의 위원회에서 이 기준을 취소하고 그 후에 IASB와 FASB는 2007년 12월부터 「공동 프로젝트」를 검토하였다. 그리고 2012년 12월 IASB는 배출권 거래제 회계에 대한 포괄적인 지침을 개발하는 프로젝트를 IASB 전용 연구 프로젝트로 공식 재활성화하고 FASB와의 공동 작업을 연기했다. 2015년에 프로젝트는 배출 허용량을 사용하여 오염물질 배출을 관리하는 다양한 체계를 다루기 위해 "배출권 거래 계획"에서 "오염물질 가격책정 메커니즘"으로 이름이 변경되었다.

일본 환경성의 회계처리

일본 환경성은 2005년도부터 Cap & Trade 형태로서의 자주 참가형 배출권거래 제도를 실시했다. 그러나 Cap & Trade 형태에 의한 배출권 거래에 관련되는 회계처리에 대해서는 일본에 정착한 실무관행과 회계적 기준이 존재하지 않는 점에서 이러한 거래의 안정을 확보하기 위해 2006년 10월에 「Credit 회계처리 검토위원회」를 설치했다. 그 검토 결과로서 2007년 3월 15일에 「배출삭감 Credit 에 관련되는 회계처리검토 조사사업」(보고서)을 공표하였다.

① 부외자산(off-balance) 처리 방식
부외자산(off-balance) 처리 방식은 무상할당을 받아도 그 배출틀을 회계상의 자산으로서 인식하지 않는 방식이다. 이 처리 방식의 전제는 Cap & Trade 제도하에서 많은 기업은 초기할당의 배출틀은 사실상 자유롭게 처분할 수 없으므로 손을 대지 않고 그대로 남겨두며, 준수기간 중에 있어서 도중 매각하는 기업은 드물다고 생각된다. 오히려 부족한 분량만을 구입한다고 하는 행동을 취하게 되고, 배출틀은 기말 시점에 잉여분의 배출틀은 매각하거나 또는 부족분의 배출틀을 상쇄(차감계산)하는 행동을 취할 가능성이 많다.

따라서 초기 무상할당 시에 있어서의 회계적 인식은 이루어지지 않는다.

이것은 배출틀의 취득원가는 수익을 올리기 위한 하나의 희생, 즉 제품과 서비스 원가의 증분요소라고 상정하는 것인데, 무상으로 교부된 배출틀은 원가증가의 요소로 되지 않으므로 회계상 부외처리하게 된다는 논리이다. 즉, 경영자는 배출틀이 부족해서 추가의 배출틀을 유상으로 취득하는 경우만이 원가의 증가라고 생각하는 접근법이다.

이 방식의 장점은 Cap & Trade에 참가함으로써 배출틀이 자산계상되지 않으므로 제도 개시 전후에서의 기업의 대차대조표와 정합성을 가질 수가 있다. 한편 단점으로서는 기중의 매매에서 초기할당 배출틀을 매각하는 거래를 하면 부외처리한 자산을 매각하는 거래가 발생하고, 또한 기말에 초기 무상할당의 배출틀이 남게 되면 매각가능액을 부외처리하는 문제가 존재한다.

② 배출삭감의무 초기인식법

이 접근법은 초기 인식 시점에 있어서의 회계처리는 프랑스안과 유사하다. 배출삭감의무 초기인식법의 전제는 정부로부터의 할당(국가에 대한 법적 배출삭감의무)과 국가와 약속한 목표치가 있는 경우에 법적 권리의무가 따르는 일종의 계약으로 된다. 따라서 보조금 수급의 권리와 벌칙을 부과하지 않는 권리를 얻는 대신에 선언한 목표치 이내로 배출을 억제할 의무가 있으며, 억제되지 않을 때에는 배출틀을 조달해서 실제 배출량과 균형시키는 의무를 진다고 생각하는 것이다.

구체적인 과정을 보면 먼저 초기에 배출삭감의무를 받아들임과 동시에 그 받아들인 배출의 범위 이내라면 CO_2 배출이 가능하게 되는 배출틀이 계약에 의거해 부여된다. 그리고 기말이 되면 CO_2 배출실적에 기초해서 배출틀 납부 의무량이 확정되고 그 의무량의 증감이 비용 또는 수익으로 된다. 반대계정인 배출틀은 초기할당을 받은 시점 이후 언제라도 매각 가능하며 회계상의 자산이라고 생각하여, 초기 무상할당 시점에 있어서는 다음의 회계처리가 이루어지며 취득가액은 공정가치에 의해 측정된다.

(차) 배출틀 xxx (대) 배출틀상각의무 xxx

특징으로서는 기중에도 매각 가능한 배출틀을 회계상 인식하는 점에 있다. 이것에 의해 초기할당 배출틀을 매각한 경우에 원가 제로의 매각거래의 발생을 방지할 수 있다. 한편 초기할당 배출틀을 일부 경매 방식 등으로 한 경우는 회계처리의 정합성을 취하기 어려운 결점이 있다. 또한 배출틀의 평가에는 원가법과 시가법 양쪽을 생각할 수 있다.

③ CO_2 배출비용인식법(원가법과 시가법)
배출틀의 초기 무상할당 시점에 있어서의 회계적 인식은 IFRIC 제3호와 동일하다. CO_2 배출비용 인식 방식은 온실가스를 배출하는 행위는 항상 배출틀을 소비하게 되며 이것이 비용을 발생시키게 된다는 것이다. CO_2를 배출한다는 것은 전기와 가스를 소비하는 것과 동일하게 파악하고 있는 점이 특징이다.

이 비용발생과 동시에 반대계정으로서 배출틀상각의무(부채)를 인식하기 때문에 비용발생 시점과 부채인식 시점이 동일하게 된다. 그리고 초기의 배출틀 할당과 CO_2의 배출비용의 인식은 별개의 거래로 생각하는 것도 특징이다. 또한 배출틀의 할당 시에는 유상 또는 무상을 불문하고 공정가치로 측정을 하며 초기 할당 시의 측정은 유상 또는 무상의 여부에 관계없이 동일가격으로 된다. 무상시의 배출틀은 보조금 수입으로 생각하여 이것을 이연 처리한다. 따라서 초기 무상할당 시점에 있어서는 다음의 회계처리가 이루어진다.

(차변) 배출틀 xxx (대변) 이연보조금 수익 xxx

한편 우리의 K-IFRS에서는 탄소배출권을 무상 또는 저가로 할당받은 경우 공정가치 또는 공정가치와 지급액의 차액은 자산관련 정부보조금으로서 재무상태표의 대변에 이연수익으로 표시하거나 자산의 장부금액을 결정할 때 차감하여 표시하는 방법이 모두 허용된다(기업회계기준서 제1020호).

많은 기업에 있어 Cap & Trade에의 참가는 CO_2 배출을 억제시키지 않으면 안 되는 것을 의미하고 있으나 배출틀의 초기할당 시에 보조금 수익을 계상하는 것은 기업의 인식과 다르다는 결점이 있다. 장점은 배출틀이 부외처리되지 않는 점과 무상할당만이 아니라 유상할당 배출권 거래제도에도 적용할 수 있다는 것이다(<표 18> 참조).

	부외처리	배출삭감의무초기인식법 (원가법)	CO_2 배출비용인식법 (시가법)
배출틀 무상할당	주석 없음	배출틀/배출틀상각의무	배출틀/이연보조금 수익
기말 시점, 배출틀 시가의 대체	주석 없음	원가법이므로 주석이 없다.	배출틀/배출틀평가익 (기말잔고 배출틀에 대해서 시가로 대체)
연간 배출량의 견적	주석 없음	· 배출비용/배출틀상각의무 (배출틀이 부족한 경우) · 배출틀상각의무/배출틀상 각의무면제익(배출틀이 남은 경우)	배출비용/배출틀상각의무 이연보조금/보조금수익
배출틀의 상각	주석 없음	배출틀 상각의무/배출틀 (의무를 배출틀로 청산)	배출틀상각의무/배출틀(의 무를 배출틀에서 청산한다)
주의사항	이월되는 배 출틀은 부외 처리된다.	배출틀의 상각 시에 배출틀 의 장부가와 배출틀상각의 무의 장부가 차액이 손익으 로서 발생한다.	배출비용을 기말 시가 이 외로 초기 인식한 경우에 는 기말의 시가로 재평가 할 필요가 있다.

일본기업회계기준위원회(ASBJ)의 회계처리

ASBJ(일본기업회계기준위원회)에서는 2009년 4월에 실무대응보고 공개초안 제31호 「배출량거래의 회계처리에 관한 당면의 취급 (안)」을 공표하고 공공여론을 수렴하였다. 이 회계처리의 특징은 Cap & Trade 형태의 배출권거래를 전제로 한 회계기준으로서, 배출틀을 취득하는 경우 배출틀은 사전교부이거나 사후청산 모두 회계상 인식하지 않는(off balance) 점이다.

또한 기업이 여러 해에 걸쳐 이 제도(scheme)에 참가하는 경우, 배출틀을 매각해도 그 후의 배출 상황에 따라서는 여러 해를 통산해서 보면 배출틀이 부족할 가능성이 있다. 따라서 해당 매각은 잠정적인 것으로 간주하고 매각의 대가는 가수금 기타의 미결산계정으로서 계상한다. 그리고 이 제도에 참가하는 복수 연도를 통산해서 목표달성이 확실하다고 예상된 시점에서 이익에 이체하는 회계처리를 제안하고 있다(<표 19> 참조).

<표 19> 무상으로 취득하는 경우(시행배출량거래계획)

	사후청산에 의해 배출틀을 취득하는 경우	사전교부에 의해 배출틀을 취득하는 경우
① 배출틀의 사전교부 시		주석 없음
② 제3자에의 매각 시(최종 연도의 목표달성 확인 전)		가수금 기타 미결산계정으로서 계상한다.
③ 각 연도의 목표달성 확인 시	주석 없음	
④ 무상으로 취득한 배출틀 및 차입한 배출틀의 상각 시	주석 없음. 또한 구입한 배출틀의 상각 시에 대해서는 「판매비 및 일반관리비」의 구분에 적당한 과목으로 계상한다.	
⑤ 제3자에의 매각 시(통년의 목표달성 확인 전)	가수금 기타 미결산계정으로서 계상한다.	
⑥ 계획에 참가하는 복수연도를 통산해서 목표달성이 확실하다고 예상될 때	상기 ② 또는 ⑤에서 계상한 가수금 기타 미결산계정이라면 이익에 이체한다.	

(2) Baseline & Credit의 회계처리

프로젝트(사업) 거래시장에서는 Baseline & Credit 형태의 거래가 형성되는데, CDM(Clean Development Mechanism: 청정개발제도) 사업과 같은 배출삭감의 사업(프로젝트)을 실시할 것을 전제로 만일 해당 프로젝트가 존재하지 않은 경우에 예상되는 배출 상황(Baseline)과 프로젝트 실시에 의한 실제의 배출량과의 차이가 배출틀(Credits)로서 발행되는 구조이다.

회계처리의 기본 사고

교토 메커니즘에 관한 회계상의 기준으로서 일본기업회계기준위원회(ASBJ)에 의해 공표된 실무대응보고 제15호「배출권 거래의 회계처리에 관한 당면 취급」이 있다. 현재 일본에서 주로 매매되고 있는 배출틀은 CDM(Clean Development Mechanism)에 있어서 유엔으로부터 인정을 받은 배출틀(CER: Certified Emissions Reduction)이다. 따라서 현시점에서는 일본은 카본 옵셋과 Cap & Trade 형태의 국내 배출권거래를 전제로 하고 있지 않기 때문에 정부로부터 할당의 배출량에 관한 회계처리 기준이 누락되어 있다. 그리고 배출량을 파생으로서 인식하여 트레이딩 목적에 사용하는 특수한 거래는 대상으로 하고 있지 않기 때문에 그것을 실시하는 경우에는 별도 회계처리를 검토하는 것으로 하고 있다.

ASBJ에서는 증권거래소와 같이 배출틀도 EU ETS 등에서 거래가 이루어지므로 금융자산에 가깝다고 생각할 수도 있으나 기본적으로 배출틀은 사업성 자산이라는 사고에 서 있다. 따라서 회계기준도 무형자산 기타의 회계기준이 적용되게 된다.

그리고 ASBJ의 구체적인 회계처리는 배출량의 취득 목적과 취득 방법을 조합해서 나타내고 있다. 먼저 취득 목적은 기업이 배출틀을 장래의 자사 사용을 예상해서 취득하는 경우(환경 자주행동계획의 목표달성 수단으로 이용하는 목적에서 취득)와 타인(제3자)에 판매할 목적으로 배출틀을 취득하는 경우의 2가지로 구분한다. 그리고 다시 취득 방법은 타인으로부터 구입하는 경우와 출자를 통해서 취득하는 경우의 2가지 방법으로 나누고 있다.

Compliance Buyer(자사 사용의 목적)의 회계처리

경제단체연합의 자주행동계획의 목표 달성을 위해 교토Credit을 구입하는 매입처는 법령 준수 목적의 매입처로서 Compliance Buyer라고 부른다. 일본에서는 전력회사 등이 주된 Compliance Buyer이며 세계에서도 유수한 바이어로 되고 있다. Compliance Buyer는 장래에 자사의 CO_2 배출량을 상쇄시킬 목적으로 교토 Credit을 구입한다. 따라서 타인에 판매하는 것이 아니라 장래에 자사에서 사용하기 위해 취득한다.

자사 사용의 목적 중에서 타인으로부터 구입하는 경우에는 전매를 목적으로 하지 않기 때문에 회계상 시가는 그렇게 중요하지 않다. 따라서 구입한 배출권(credits)은 대차대조표상의 자산으로 해서 취득원가로 평가되고 계상되게 된다. 즉 배출권을「무형고정자산」또는「투자 기타의 자산」의 구입으로 생각하여 감가상각은 하지 않으며 감손회계의 적용을 받는 것이다. 이와 같이 자산 계상된 배출량은 국별 등록부에 있어서의 상각 구좌에 이체된 경우에 그 자산성이 소멸한다. 그때에는「판매비 및 일반관리비」등의 계정과목으로 처리된다. 또한 출자를 통해서 취득하는 경우의 회계처리도 기본적으로는 타인으로부터 구입하는 경우와 동일한 처리가 이루어진다.

Trader(제3자에 판매할 목적)의 회계처리

상사와 금융기관 등 타인에 매각하는 것을 목적으로 해서 배출틀을 취득하는 자를 여기에서는 Trader라고 부른다. 일본에서는 금융

상품거래법의 완화에 의해 은행과 증권회사가 배출틀을 취급할 수 있게 되고 상사만이 아니라 은행 증권이 배출틀을 적극적으로 취급하기 시작했다.

제3자에 판매하는 목적에서 타인으로부터 구입하는 경우에서는 배출권(credits)을 통상의 상품구입과 동일한 처리를 하기 때문에 다른 재고자산과 동일하게 취득원가로 평가한다. 기말에 있어서는 평가는 공정평가의 하락을 반영한 원가법 또는 저가법의 적용을 받는 것이다. 그리고 출자를 통해서 취득하는 경우란 CDM으로 투자하는 카본 펀드와 같이 출자를 통해서 배출량을 그 성과분으로서 취득하는 현물 배당을 가리키고 있다. 이 경우 기본적으로는 타인으로부터 구입하는 경우와 동일한 처리가 이루어진다. 참고로 배출틀은 금융상품이 아니므로 시가평가는 하지 않는다.

(3) 회계처리 방식의 요약

먼저 Cap & Trade 방식의 회계처리 방법에 있어서는 초기 무상할당 배출틀을 어떻게 파악하는가에 따라 회계처리가 크게 달라진다(<표 20> 참조). 첫째, 일반적으로는 회계상의 거래는 아니라고 생각하는 부외처리 방식(영국 기준, 일본환경성 2안)과 자산으로 계상하는 방식으로 구분된다. 각 방식의 차이는 Cap & Trade의 본질을 어떻게 파악하는가에 기인하는 차이이며, 어떤 것을 채택하더라도 장단점이 있으므로 우리나라는 배출권 거래를 둘러싼 상황 변화에 맞게 적용할 필요가 있다.

<표 20> 초기 무상할당 시의 회계처리의 비교

기준	회계처리	자산의 성격	측정 방식
프랑스 기준	(차)배출틀 xxx (대)국가에의 부채 xxx	배출틀은 국가에 대한 부채의 지불수단으로서의 선급금(유동자산)	측정은 할당 시의 기준가격. 기간 종료 후의 잉여분은 공정가치로 평가
영국 기준	(차)배출틀 xxx (대)재평가적립금 xxx	배출틀은 금융자산. 원칙적으로는 부외처리	측정은 할당 시의 시가
IFRIC 제3호	(차)배출권 xxx (대)국고보조금(이연수익) xxx	배출권은 무형자산	측정은 공정가치, 기중/기말에 공정가치로 평가
GISPRI 기준	(차)배출틀 xxx (대)면제확인정익(수증익) xxx	배출틀은 무형자산 (재고자산적 무형자산)	측정은 공정가치
환경성 제1안	회계적 인식 하지 않음	배출틀은 부외처리	매각 또는 구입 시의 공정가치
환경성 제2안	(차)배출틀 xxx (대)배출틀상각의무 xxx	배출틀은 자산	측정은 할당 시의 공정가치
환경성 제3안	(차)배출틀 xxx (대)이연보조금수입 xxx	배출틀은 무형자산	측정은 할당 시의 공정가치, 평가에는 원가법과 시가법이 있음

둘째, 배출권거래 회계에서 배출틀에 관련되는 문제를 수익·비용 접근법으로 처리할 것인가, 자산·부채 접근법으로 적용하는가가 중요하다. 전자는 보유하는 배출틀의 소비를, 사업활동의 진행에 맞추어 실제로 온실효과가스가 배출해 감에 따라 인식하고 배출틀의 상각으로서 비용에 계상해 가는 것이다(GISPRI 등). 후자는 배출틀을 유상·무상 취득이나 취득 방법 등에 관계없이 동일한 자산이며 의무를 소멸시키기 위해 사용되는 지불수단으로서의 권리이다. 즉 실제의 배출과 동시에 배출량과 동일한 배출틀을 인도하는 의무를 인식한다(프랑스, IFRIC 3호 등). 우리나라에서는 Cap & Trade의 본질을 어떻게 파악하는가와 연계시켜 처리기준을 제정하

는 것이 중요하다. 그렇지 않으면 IFRIC 3호와 같이 손익의 부조화가 발생할 가능성이 높아지기 때문이다.

셋째, 배출틀(예를 들어 EUA)의 평가는 시가평가(영국), 취득원가(독일), 저가법(네덜란드)으로 실시되고 있으나 이것도 각각 장단점이 있으므로 향후 시장의 국제적 연계를 고려하여 글로벌 지향의 기준을 설정하는 것이 필요하다.

다음으로 Baseline & Credit 형태 배출권거래의 회계처리 방법을 분석한 결과는 다음과 같다. 프로젝트 기준의 Baseline & Credit 방식의 회계기준은 첫째, 배출틀의 회계상 성격에 대해서도 금융투자자산이나 유럽과 일본 등지에서 일반적으로 채택하는 사업성 자산(무형고정자산) 중에서 선택할 필요가 있다. 전자는 실무에서 후자는 각국의 회계기준에서 많이 채택하고 있다.

둘째, 배출틀 취득 시의 회계처리는 자사 사용이 목적인 경우에는 무형고정자산이나 투자기타자산으로 처리하고 제3자에 판매할 목적인 경우에는 재고자산으로 처리하는 것이 일반적이다. 그리고 제3자에 매각하거나 판매한 경우에도 이와 동일하게 회계처리하면 될 것이다. 셋째, 배출틀 취득 후의 기말평가는 자사사용이거나 판매목적이거나 모두 취득원가에 의하는 것이 다수를 차지하고 있다.

넷째, 구입한 배출틀에 대한 단가계산을 보면 실무에서는 개별법을 채택하는 사례가 많으나 가능한 평균법과 선입선출법으로 하는 것이 바람직하다고 생각된다. 그곳은 배출틀이 일반적인 고정자산과 달리 모두 동질적인 것으로 간주되기 때문이다.

(4) 시사점 및 향후 과제

탄소배출권의 거래는 다양한 거래형태가 회계 문제를 복잡하게 만드는 요인의 하나이다. 이 책의 분석결과가 시사하는 바는 다음과 같다. 먼저 Cap & Trade 형태 배출권거래의 회계처리 방법에 있어서는 초기 무상할당 배출틀을 어떻게 파악하는가에 따라 회계처리가 크게 달라진다. 어떤 방식도 틀린 처리라고는 할 수 없으므로 다양한 회계처리 중 어떤 것이 배출권 거래의 실태를 가장 정확히 나타내고 있는 접근법인가 하는 관점에서 선택할 필요가 있다. 물론 가장 충실한 회계처리로서 시가 평가하는 것이 바람직하나 부채도 시가 평가할 필요가 나오기 때문에 기존의 회계제도와의 정합성도 충분히 고려해야 한다.

다음으로 Baseline and Credit 방식에서는 배출권의 취득목적(자사사용, 판매목적)과 취득 방법(타인에게서 구입, 출자를 통한 취득)을 조합하여 회계처리를 검토해야 한다. 이 방식은 Cap & Trade 형태와 달리 무상으로 할당을 받는 것이 아니라 배출삭감을 위한 프로젝트(사업)를 실시하는 것을 전제로 배출권을 취득하므로 배출권의 평가기준은 시가평가가 아니라 취득원가에 의한 평가가 된다. 그러나 오늘날의 배출권 거래의 국제시장은 옵션거래 등의 파생거래가 중심인 것을 본다면 배출권의 자산 성격이나 평가문제를 일률적으로 규정하기보다 해외 실무 등을 포함한 다양한 논점을 고려하는 것이 바람직하다.

2015년 IASB는 모든 임시 결정을 취소하고 프로젝트와 관련된 새로운 시작을 했다. 이 조치 후에 추가 논의에 도움이 되는 두 개의 문서를 제시하였다. 첫째, Agenda Paper 6A는 이전 접근법에서 직면한 몇 가지 어려움을 강조한다. 이전 접근법은 기존 표준에 따라 메커니즘에 의해 생성된 배출 허용량 및 관련 의무를 인식하려고 했다. 둘째, Agenda Paper 6B는 일반적인 Cap-and-Trade 유형의 배출권 거래 방식에 대한 간단한 수치 예를 제공하여 다양한 회계 접근 방식이 성명서에서 다른 결과를 생성하는 방법을 보여준다. Agenda Paper 6B의 목적은 IFRS의 특정 지침이 없는 상태에서 개발된 회계 항목과 결과적인 재무제표 항목을 설명하는 것이다. 그러나 아직 통일된 규제 지침이 없기 때문에 기존 국제회계기준에 따라 탄소 허용량 및 탄소배출권을 측정하고 보고하는 방법에 대한 심도 있는 논의가 필요하다.

이상에서 배출틀의 회계처리에 대해 다양한 국가의 관련기관에서 실시한 기준을 비교 분석하였으나 아직 고려하지 않으면 안 되는 상황은 많으며 보다 상세한 회계상의 고찰이 필요하다. 예를 들면 여기에서는 다루지 않았으나 자발적 탄소배출권 거래인 카본 오프셋의 회계처리에 대해서도 상세한 분석이 필요하다. 구체적으로는 카본 오프셋의 목적, 배출틀을 취득할 것인가의 여부, 어떠한 종류의 배출틀을 상각할 것인가에 대한 회계처리 등을 들 수 있다. 향후에는 이것들을 포함해 배출삭감원가의 정확한 파악을 위해 탄소원가의 적확한 원가계산과 회계기준도 연구되어야 할 것이다.

4. 사례: IASB의 배출권 거래에 대한 회계처리

IASB의 프로젝트, 즉 "오염물질 가격책정 메커니즘"에 의거한 배출권 거래에 대한 회계처리 사례를 살펴보기로 한다(Öker and Adıgüzel, 2018).

예시: A사는 개발도상국에서 운영 중이며 새로운 풍력 발전소 프로젝트를 개발하기로 결정하고 EU에서 운영하는 B사와 배출량 감축을 위한 배출감축 구매계약을 체결할 계획이다. B사는 EU ETS에 가입되어 있으며 배출될 수 있는 최대 온실가스양은 당국에 의해 결정된다. 배출량이 허용치를 초과하는 경우, B사는 EU ETS의 다른 곳이나 청정개발체제(CDM)에 따라 개발도상국으로부터 허용치를 구매해야 한다. 반대로 B사가 배출량을 줄이는 데 좋은 성과를 내면 남은 크레딧(승인권)을 EU ETS에서 판매할 수 있다.

A와 B 양 기업의 거래 절차를 보면 첫 번째 단계에서 A사는 프로젝트 유형, 재무적 세부 사항, 예상되는 환경 편익, 프로젝트 관련 위험 및 예상 일정과 같은 프로젝트의 세부사항을 식별하는 프로젝트 설계 문서를 준비한다. 프로젝트 수행 단계에서 A사는 온실가스 배출량 감축량(CO_2 톤)을 추정하고 배출감축 구매계약을 체결한다. 기준 시나리오(프로젝트 이전 배출량)와 배출 감소로 계산된 프로젝트 시나리오 간의 차이는 프로젝트를 통해 달성된다. 20x1년 말에 프로젝트 설계 문서는 DOE라는 독립 검증기관과 DNA 및 CDM집행위원회라는 정부기관에서 확인하여 승인한다. 등록 단계를 거친 후 A사는 20x2년 초에 프로젝트를 실행하기 시작했으며 7년 동안 CO_2 톤당 10달러로 거래되는 배출량에 대해 B사와 배출감소 구매계약을 체결했다. 단 이 계약은 2회에 걸쳐 갱신 가능하다. 프로젝트 시행 첫해인 20x2년 말까지 DOE와 A사가 확인한 실제 배출감축량은 12,000톤의 CO_2 감축에 대해 CER(Certified Emission Reduction: 인증된 배출삭감량)을 받았다.

A사는 20x1년에 승인 및 등록 과정에서 다음과 같은 선행 비용이 발생했다.

프로젝트 준비비용=프로젝트 평가비용($5,000)+문서 준비비용($40,000)+비준비용($30,000)+법률비용($3,000)+등록비(배출크레딧의 2%)

A사는 프로젝트 실행 과정에서 다음과 같은 비용도 발생했다.

모니터링 비용=검증비용($5,000/년)+모니터링 비용($5,000/년)+발행비용(발행된 CERs의 2%)

B사는 20x2년 동안에 배출량 30,000톤(할당량 단위)에 대한 할당 보조금을 받았다. 그러나 B사는 연간 40,000톤의 배출량을 예상하고 있으며, A사와 7년 동안 CO_2 톤당 10달러로 거래되는 배출량에 대해 매년 1만 톤의 CO_2 배출량 감축 구매계약을 체결했다. 허용량 할당 및 배출량 평가를 위한 연간 주기는 20x2년, 1년이며 회사는 반기별로 보고한다. 보고일에 EU ETS에서 허용한 공정가치는 다음과 같다.

20x2년 1월 1일: $12/톤, 20x2년 6월 30일: $14/톤, 20x2년 12월 31일: $10/톤

B사가 20x2년 1월부터 20x2년 6월까지 실현한 배출량은 16,000톤이며 6월 30일에도 기업은 연말까지 40,000톤의 배출을 예상한다. 연말에 배출량은 예상량을 8,000톤 초과했다. "원가법"과 "재평가법"에 따른 B사 보고는 다음 <표 21>과 <표 22>에 나와 있다.

IAS 20에 따르면 정부 보조금은 관련 원가에 대한 비용을 인식하는 기간에 체계적으로 당기 손익으로 인식한다. B사는 배출 할당

량(허용량)을 공정가치의 무형자산으로 인식한다. B사는 이 배출할당량(허용량)을 아무런 지출 없이 수령했기 때문에 할당(허용)량과 동일한 금액으로 실제로 이연된 수익인 보조금을 재무제표에 인식했다. IAS 38에 따르면 최초 인식 후 무형자산은 원가법이나 재평가법을 사용하여 기록된다. 원가법에서 B사는 탄소를 배출할 때 배출권이 상각된다. 두 번째 기간이 끝나면 가격이 톤당 10달러로 하락하여 배출권이 손상된다. 탄소 프로젝트와 관련된 거래는 A사의 장부에 있는 <표 23>에 기록되어 있다.

<표 21> 원가법에 의한 B사의 보고

일자	차변		대변	
20x2년 1/1	배출권(AAU)	360,000[1]	정부보조금(이연수익)	360,000
6/30	제조간접비(배출권 상각)	192,000	배출권(AAU)	192,000
6/30	정부보조금(이연수익)	192,000[2]	정부보조금에서 수익	192,000
12/31	배출권(CER)	100,000[3]	현금	100,000
12/31	자산손상으로 손실	28,000[4]	배출권(AAU)	28,000
12/31	제조간접비(배출권 상각)	220,000[5]	배출권	220,000
12/31	정부보조금(이연수익)	168,000[6]	정부보조금에서 수익	168,000

[1] 30,000tons×$12=$360,000

[2] $360,000×1/30,000톤×16,000톤=$192,000

[3] 10,000tons×$10=$100,000

[4] 14,000tons×($12-10)=$28,000

[5] [$140,000×1/14,000톤×14,000톤]+[$100,000×1/10,000톤×8,000톤]=$220,000

[6] 14,000tons×$12=$168,000

<표 22> 재평가법에 의한 B사의 보고

일자	차변		대변	
20x2년 1/1	배출권(AAU)	360,000[1]	정부보조금(이연수익)	360,000
6/30	배출권(AAU)	60,000[2]	무형자산재평가기금	60,000
6/30	제조간접비(배출권 상각)	224,000[3]	배출권(AAU)	224,000
6/30	무형자산재평가기금	32,000	전기이익	32,000
6/30	정부보조금(이연수익)	192,000	정부보조금에서 수익	192,000
12/31	배출권(CER)	100,000	현금	100,000
12/31	무형자산재평가기금 자산손상에서 손실	28,000 28,000	배출권(AAU)	56,000[4]
12/31	제조간접비(배출권 상각)	220,000	배출권	220,000
12/31	정부보조금(이연수익)	168,000	정부보조금에서 수익	168,000

[1] 30,000tons×$12=$360,000
[2] 30,000tons×($14-$12)=$60,000
[3] $420,000×(1/30,000tons)×16,000tons=$224,000
[4] 14,000tons×$12=$168,000

<표 23> 원가법에 의한 A사의 보고

일자	차변		대변	
20x1년	연구개발비	78,000	현금	78,000
20x2년	연구개발비(등록비)	2,000	현금	2,000
20x2년	배출권(CER)	120,000[1]	선수수익	120,000
20x2년	연구개발비(발행비)	2.400	현금	2,400
20x2년	선수수익	100,000[2]	프로젝트에서의 수익	100,000
20x2년	모니터링 비용	10,000	현금	10,000

[1] 12,000tons×$10=$120,000
[2] 10,000tons×$10=$100,000

7장

탄소발자국(CFP)과
물질흐름원가회계(MFCA)의 결합

1. 탄소발자국(CFP)과 물질흐름원가회계(MFCA)의 개요

탄소발자국(CFP)의 기본개념과 특징

인간과 사회가 지속가능한 발전을 하기 위해서는 생태계가 지닌 다양성, 자립성, 순환성, 안정성이 필요한데 이런 추상적 개념을 구체화시킨 지표가 생태발자국(ecological footprint)이다. 생태발자국이란 인간이 삶을 영위하는 데 필요한 자원의 생산 및 폐기에 드는 비용, 즉 인간이 소비하는 에너지, 식량, 주택, 도로 등을 만들기 위해 자원을 생산하고 폐기물을 처리하는 데 드는 비용을 토지로 환산한 지수를 말한다. 그 면적이 넓을수록 자연환경에 심각한 영향을 미친다는 것을 의미한다(김익, 2010).

이러한 생태발자국의 의미가 보다 세분화된 것이 탄소발자국 (CFP: Carbon Footprint)과 물발자국(Water Footprint)이다. 탄소발자국이란 지구온난화의 주범인 온실가스, 특히 이산화탄소(CO_2)가 인간활동 과정에서 얼마나 많이 배출되는지의 정도를 나타낸다. 여기에는 개인 또는 단체가 일상생활에서 사용하는 연료, 전기, 용품 등이 모두 포함된다(<그림 26>).

<그림 26> 탄소발자국의 개념

탄소발자국에 대한 정의는 아직까지 국제적으로 합의된 것은 없으나 일반적으로 「탄소발자국」은 제품의 수명주기 전체를 통해 배출된 온실가스를 CO_2로 환산하고 소비자가 제품을 선택할 때의 하나의 지표가 되도록 라벨 등을 이용해서 알기 쉽게 표시하는 구조를 말한다.[28] 그리고 탄소발자국은 「원재료조달→생산→유통·판매→사용·유지·관리→폐기·리사이클」과 같은 제품의 수명주기 전체를 고려하는 점에서 LCA(Life Cycle Assessment: 전과정평가)의

---

28) 탄소발자국을 제품에 표시하도록 제도화한 것이 탄소라벨링 혹은 탄소성적표지 등이다. 탄소 라벨링의 경우, 영국에서 제조업체와 유통업체가 참여하여 결성한 '탄소 트러스트(Carbon Trust)'가 처음으로 도입한 민간제도이며, 발자국 모양의 마크를 제품에 부착함으로써 이산화 탄소 배출량을 표기하였다.

사고방식을 이용하고 있다고 할 수 있다(<그림 27>).

탄소발자국은 광의로는 특정 대상의 CO_2의 배출량(정확하게는 다른 온실가스를 포함한 CO_2 환산량)을 나타내며 협의로는 제품의 수명주기를 통한 CO_2의 배출량을 나타낸다. 국제적으로는 탄소발자국은 상품·서비스만이 아니라 개인이나 조직의 CO_2 배출량과 환경부하를 나타내는 용어로서도 이용되고 있다(<그림 27> 참조).

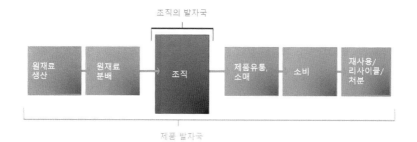

<그림 27> 조직수준과 제품수준의 탄소발자국 범위

CFP(제품의 탄소발자국)의 국제표준화에 대한 논의는 영국이 2008년에 영국규격 PAS 2050:2008을 개발한 것을 계기로 시작되었다. 그 후 2008년 6~11월에 국제표준, 「ISO 14067-제품의 탄소발자국 산정 및 커뮤니케이션에 대한 요구사항 및 지침」이 제안되었는데[29] 이것은 LCA(ISO 14040시리즈)에 기초한 CFP 산정과 환경라벨(ISO 14020시리즈)에 기초한 커뮤니케이션의 요구사항을 정한 것

---

29) International Standard ISO 14067, Carbon footprint of products – Requirements and guidelines for quantification and communication. ISO 14067은 2008년 6월에 처음으로 제안되어 그 후 작성단계와 위원회심의단계를 거쳐 2012년 8월 기준으로 DIS(국제규격안: Draft International Standard)의 조회단계를 거쳐 최종 국제규격의 발행은 2018년에 ISO 14067:2018이 출판되어 글로벌 대표 표준으로 사용되고 있다.

이다. 이 국제표준은 세계 각국의 이해관계가 상충되어 있어 최종규격은 발행되지 않고 있으나 그 기본적인 사고방식은 단순하다.

즉, CFP 산정에 있어서는 기존 LCA 산정 방법을 기초로 하면서 온실가스에 특유한 사항을 고려해서 추가적인 요구·추천사항이 부과되고 있다. 한편 커뮤니케이션에 관해서는 환경라벨·선언에 관한 기존의 국제표준인 ISO 14020시리즈를 기초로 하면서 이것도 역시 추가적인 개념과 규칙을 적용하고자 하고 있다.

탄소발자국의 계산범위는 크게 관리주체와 목적에 따라 달라진다. 먼저 세계지속가능발전기업협의회(WBCSD)와 세계자원연구소(WRI)에서 발표한 'GHG Protocol'에 따르면 탄소발자국은 관리주체가 누구냐에 따라 3가지 영역으로 구분하고 있다. 영역1에서의 배출되는 온실가스를 직접배출원이라고 하며 이는 사업장에서 관리가 가능한 발생원에서 배출한 온실가스를 의미한다. 영역2는 사업장에서 연료사용량의 조절에 따른 배출량 관리가 가능하지만 직접적으로 배출원에 대한 관리가 불가능한 영역으로 간접배출이라고 부른다. 영역3은 사업장에서 직접적으로 관리와 통제가 되지 않는 것으로 기타 간접배출이라고 불린다(WBCSD & WRI, 2009).

다음으로 목적에 따른 분류를 보면 국제사회에서는 궁극적으로 탄소발자국을 줄이기 위하여 다음과 같은 세 가지의 형태로 탄소발자국을 계산하고 있다. 첫째, 온실가스 배출량이 가장 많은 생산 부문(사업장)에서의 온실가스 배출량에 대한 계산과 관리를 위한 목적, 둘째, 가정 및 상업 부문에서의 온실가스 감축을 위한 목적, 셋째, 제품 전 과정에서 시장 주도로 생산자와 소비자를 연결시켜 온실가스를 줄이기 위한 목적으로 탄소발자국을 계산하고 있다.

물질흐름원가회계(MFCA)의 기본개념과 특징

MFCA(Material Flow Cost Accounting: 물질흐름원가회계)는 제조 공정에 있어서의 물질(원재료, 에너지 등)의 흐름을 물량과 금액의 양면으로부터 파악하여 손실(loss) 분석을 철저하게 실시함으로써 기업에 있어서의 원가절감과 환경부하 저감을 동시에 달성하는 실천적 환경경영 기법이다. 즉 MFCA의 목적은 완제품이라고 하는 양품(goods)과 폐기물로 대표되는 물질손실(loss)의 가치를 산출하는 것이다. MFCA에서는 전자를 정(+)의 제품, 후자를 부(-)의 제품이라고 한다. 특히 MFCA는 제조프로세스에 있어서의 자원과 에너지의 손실(loss)에 착안해서 그 손실에 투입한 재료비, 가공비, 설비상각비 등을 부(-)의 제품 원가로 간주해서 종합적으로 원가 평가를 하는 원가계산 및 원가분석의 기법이다.

MFCA에서는 기본적으로 물질(materials)의 물량 흐름에 따라 원가를 계산한다. <그림 28>의 예에서는 투입 물질은 100g이며 그중의 80g(80%)이 「정(+)의 제품」 나머지 20g(20%)이 「부(-)의 제품」으로 되고 있다. 따라서 원가계산은 투입 재료비 100원과 공정에서의 가공비 70원을 합산한 170원을 물량과 동일한 비율로 정(+)의 제품과 부(-)의 제품에 배분한다. 그리고 부(-)의 제품에는 다시 폐기물처리비용도 가산된다.

즉 부(-)의 제품인 손실(loss) 금액을 보면 재료비 100원 중에서 20%인 20원과 가공비 70원 중에서 20%인 14원과 여기에 폐기물을 처리하는 데 들어가는 비용 20원을 합하면 총 54원이 된다.

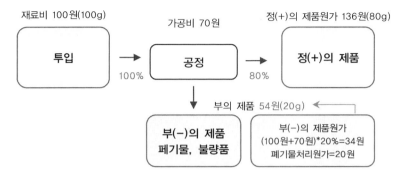

재료비 100원(100g)　　　　가공비 70원　　　　정(+)의 제품원가 136원(80g)

투입　→　공정　→　정(+)의 제품

100%　　　　80%

부의 제품 54원(20g)

부(-)의 제품
페기물, 불량품

부(-)의 제품원가
(100원+70원)*20%=34원
페기물처리원가=20원

<그림 28> 물질흐름원가회계(MFCA)의 기초 개념(사례)

이것을 전통적 원가계산 방식으로 계산하면 페기물·불량품의 손실(loss)량이 20g이라는 것은 변하지 않으나 모든 원가가 산출(완성품) 제품에 계상되어 버려 손실비용(loss cost)은 따로 밝혀지지 않는다. 부(-)의 제품원가는 MFCA에서 계산한 경우의 절반 이하인 20원으로 되어 버린다.

이와 같이 MFCA에서는 수율과 불량률과 같은 중요한 관리지표를 물량이 아니라 그것을 부(-)의 제품원가라고 하는 화폐액으로서 손실(Loss)에 대한 원가를 명확히 표시할 수 있다. 그 결과 제조품질 향상과 수율 향상 등의 대처를 보다 효과적으로 실시할 수 있게 된다. 또한 제조 시의 스크랩, 불량, 교체 시의 조정 등에서 발생하는 자원손실을 원가 금액으로 표시함으로써 손실(Loss)의 중요성, 우선도, 개선효과로서의 견적, 실적을 평가하기 쉽게 되어 개선을 효과적으로 추진할 수가 있게 된다. 따라서 MFCA는 자원효율 향상 활동의 관리도구라고 할 수 있다.

요약하면 MFCA에서는 생산 공정에 있어서의 페기물의 발생과 관계되는 인건비나 설비비, 감가상각비, 폐기물 처리비 등도 고려하여 물질손실(loss)을 가능한 한 정확하게 가치 평가한다. 따라서 MFCA는 일반적으로 물질흐름의 가치와 원가요소를 ① 물질원가(재료비), ② 에너지 원가, ③ 시스템 원가(인건비, 감가상각비, 관리비 등), ④ 배송·폐기물 처리(delivery and disposal) 원가의 4가지로 나누고 있다.

MFCA와 CFP 통합의 필요성

기후변화, 수자원을 포함한 자원고갈, 생물다양성 문제의 3가지가 대표적인 글로벌 환경 이슈로서 주목을 받고 있으며 긴급처방이 필요하게 되었다. 그중에서 CO_2배출의 실태와 그 원인 행위의 파악, 미래의 온난화 예측과 그 영향의 검토 그리고 이들의 대응책과 그 비용 및 효과 등의 분석 등이 핵심 과제로 다루어져 왔다. CO_2배출의 실태파악과 환경에 미치는 영향을 파악하는 수단으로서 몇 가지 시도가 이루어지고 있는데 대표적인 것이 전과정평가(LCA: Life-cycle Assessment)와 그것을 활용한 탄소발자국 지표이다.

그런데 LCA와 탄소발자국과 같은 접근 방법으로는 환경부하를 중량으로밖에 표현할 수 없는 한계가 있다. 글로벌 환경문제를 해결하기 위해서는 그 원인이 되는 인간사회의 경제활동을 지원하는 경제(회계)시스템을 혁신해야 하는 문제가 있다. 환경문제는 경제(회계)시스템을 통해서 비용과 효용의 계산으로 나타나며 그 결과 기업이 행동으로 옮기게 된다. 이와 같이 환경문제를 수익정보 또는 원가정보로 변환시키는 대표적인 기법이 MFCA(물질흐름원가회계)이다.

환언하면 MFCA는 제조 프로세스에 있어서 생기는 자원·에너지의 손실을 원가로 환산하여 부(-)의 제품으로서 나타내므로 시스템의 경제효율을 평가할 수 있으나 CO_2 배출에 의한 건강영향과 자연환경영향 등 환경부하를 평가할 수 없다. 따라서 MFCA와 CFP를 조합시킴으로써 경제효율 향상과 환경부하 저감의 동시실현을 노린 환경관리회계 기법으로서 이용할 수 있게 된다.

따라서 지구온난화와 같은 환경문제를 해결하기 위해서는 MFCA와 CO_2 배출량 분석기법을 연계시켜 환경과 경제의 두 마리 토끼를 동시에 잡는 접근법이 필요하다. 즉 환경부하에 대한 양적(물적) 측정과 경제적(재무적) 측정의 결과를 비교하는 것이 필요하다. MFCA 정보와 CO_2 관련의 지표를 어떠한 형태로든 링크시킬 수 있으면, 기업 CSR 활동을 경제적으로 평가할 뿐만 아니라 MFCA 자체의 존재감도 높일 수 있게 된다. 물질원가를 CO_2에 관련지어 파악하는 것이 가능하게 되면, MFCA는 명실공히 환경관리회계의 중심적인 접근법으로 자리 잡을 수 있기 때문이다.

CO_2 관련 지표(배출량 등)를 파악하는 방법으로는 크게 LCA와 CFP 두 가지 기법이 있다. LCA는 원료 및 에너지의 소비, 오염물질과 폐기물의 발생 등 생산·유통·폐기의 전 과정에 걸쳐 환경에 미치는 영향을 분석하고 이를 통해 에너지 사용량과 오염물질 방출량을 산정하는 방법이다. 이에 비해 CFP란 상품 및 서비스의 원재료조달에서 폐기·재활용에 이르는 수명주기 전체를 통해 환경부하를 정량적으로 산정해 수명주기 전체에서의 온실가스 배출량을 CO_2로 환산해 나타내는 것이다. CFP를 계산하기 위해서는 먼저 LCA 계산이 선행되어야 하는 것이 일반적이며 LCA에 비해 환경

에 미치는 영향이 CO_2에 초점을 맞추기 때문에 범위는 좁은 반면 영향의 크기를 화폐로 환산할 수 있다는 장점이 있다.

MFCA와 CFP의 비교 가능성은 이론적 측면에서의 논의는 있었으나(육근효, 2013), 기술적으로 어떠한 비교가 가능한지, 비교에 의해 어떠한 효과를 얻을 수 있을지에 대한 구체적 검토는 지금까지 충분히 실시되지 않고 있다. 특히 리우+20회의에서는 녹색경제 조성을 위한 수단으로서 환경리스크 저감, 자원효율화를 통한 지속가능 생산 및 소비 활성화가 강조되었으며, 이에 따라 기업은 기후, 생태계, 수자원 등에 미치는 환경영향을 금액으로 평가하여 기업경영에 활용한다는 관점에서도 이 2가지 기법을 시험적으로 적용·비교를 시도하는 것은 상당한 의의가 있다고 판단된다. 참고로 MFCA와 CFP의 차이점을 <표 24>에서 정리하였으며 두 기법의 상호 보완성의 검토에 있어서 유용할 것이다.

<표 24> MFCA와 CFP의 비교

	MFCA	CFP
산정대상	물량과 금액으로 정(+)의 제품과 부(-)의 제품 계산	제품 단위당 CO_2 배출량
산정범위	원재료 조달, 제품의 생산	제품/서비스의 수명주기
실시목적	제품원가를 산정: 내부의사결정을 위한 이용	CO_2 배출량 산정: 외부로 정보공시
측정 정교성	의사결정 목적에 의존	비교 가능성이 중시되어 정교함

CFP는 MFCA를 환경지표에 관련시켜, 외부 공개의 정보 베이스로서 기능할 수 있다. 한편, MFCA는 생산 과정에서 CO_2배출량의 측정을 물질수지 분석에 연결시켜, 불필요한 배출 포인트를 명확히 함으로써 CO_2 삭감에 기여한다. 두 기법은 MFCA를 보완한다는

점에 있어서 기본사상과 방법이 같다고 할 수 있다.

2. CFP와 MFCA의 계산과 결과

(1) MFCA의 계산 결과

샘플기업의 물질수지 분석

샘플기업은 위성방송수신기의 사출 및 후가공을 하는 업체로 연구의 대상품목은 위성방송수신기의 front panel이다. 대상 제품 제조공정을 파악한 결과 대상 제품생산은 1일 15,000개(pcs)이며, 크게 사출공정, spray공정, 조립공정으로 구분할 수 있으며, 각 공정별로 물질수지를 분석하였다(<그림 29> 참조).

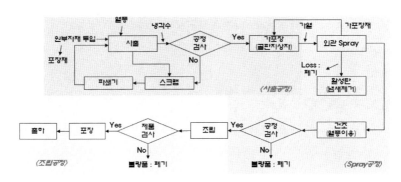

<그림 29> 대상 제품 제조공정도

공정별 물질수지를 구체적으로 설명하면 다음과 같다. 첫째, 사출공정에 대한 물질수지분석 결과를 보면(1일 생산량 기준), 원자재로 투입되는 ABS수지(Acrylonitrile-butadiene-styrene Resin)는

한 포대에 25kg이고, 물질수지 분석 시 사용한 데이터는 조사 기간 내 측정된 데이터를 사용하였다. 가포장되는 골판지상자는 100% 재활용되고 사출공정 후 발생하는 스크랩은 파쇄기로 파쇄하여 전량 재사용되며, 전력사용량은 소비전력×가동시간으로 산출하였다.

둘째, Spray 작업 시 투입되는 페인트와 시너의 투입 비율은 약 1:1.5이고 각각 하루 투입량은 50kg/day, 75kg/day이다. Spray 작업 시 제품에 고착되는 페인트는 약10kg/day이며 나머지 40kg은 바닥 또는 대기 배출된다. 시너의 경우 spray 시 바닥으로 배출되는 양을 제외하고 대기 중으로 모두 배출되는 것으로 설정하였다. Spray 공정 시 사용되는 컨베이어 벨트는 조립공정까지 이어져 사용되므로 컨베이어 벨트의 전력사용량은 조립공정에 포함시켰다.

셋째, 조립 시 추가적으로 투입되는 것은 포장 시 사용되는 포장재만 존재하며 공정검사를 통해 배출되는 불량품은 전량 폐기처분된다. 포장재는 납품업체에서 수거하여 평균적으로 약 3회 정도 재사용된다.

MFCA의 계산 결과

MFCA에 의한 원가대상은 1일 15,000개 기준으로 24일 가동(월 평균 350,000개 생산 가정)하며 원가중심점(Cost Center)별로 Material Cost(원재료 및 부재료 등), System Cost(인건비 및 감가상각비 등), Utility Cost(에너지 및 용수 등), 폐기물 처리비용 및 매각 수익 등의 원가가 집계된다. 다만 이 책에서는 MFCA와 LCA를 활용한 CFP(탄소발자국) 결과를 비교하기 위해 시스템원가는 제외시켰다.

<表 25> MFCA에 의한 정의 제품과 부의 제품 간의 원가 비교 (단위: 천 원)

		사출	스프레이	조립	제조합계	유통합계
부의 제품	물질(원료)원가	0	160	77	237	
	에너지원가	33	23	0.4	56	
	폐기물처리비		63		63	
	소계	33	246	77	356	0
정의 제품	물질(원료)원가	9373	12537	12990	12990	
	에너지원가	3568	4830	4895	4895	
	소계	12941	17367	17885	17885	50

MFCA는 제조 프로세스에 있어서의 물질(원재료와 에너지)의 흐름(flow)을 물량과 금액 단위로 측정해서 양품(goods)으로 완성되는 제품과 폐기물 또는 불량품 등으로 손실(loss)이 되는 제품의 원가를 정확하게 분류·계산하는 기법이다. MFCA에서는 양품(goods)을 정(+)의 제품, 불량이나 폐기물 등의 손실(loss)을 부(-)의 제품으로 부르기도 한다.

이 중에서 부(-)의 제품에 대해서 구체적으로 보면 다음과 같다. 물량센터(또는 공정)별로 폐기물 또는 불량품 등으로 손실(loss) 비율 계산 결과를 보면 물량센터1(사출)에서는 손실률 0%(사출에서 스크랩이 발생하나 전량 재투입되므로 손실로 볼 수 없음)이나, 단, 에너지원가(Utility Cost)의 경우 이를 손실(loss)로 산정하였다. 물량센터2(Spray)에서는 배출되는 폐페인트와 시너의 양(금액)을 손실로 파악하였다. 물량센터3(조립)에서는 공정검사에서 불량으로 확인된 양만큼을 손실비율로 파악하였다. 분석결과 물량센터별 물질(원부자재 등)의 손실비율은 물량센터1(0%), 물량센터2(1.26%), 물량센터3(0.59%)으로 나타났다. 에너지원가(Utility Cost)는 대상 제품에서는 주로 전력비만 해당되며 에너지원가에 대한 손실금액은 물량센터 전체를 통해서 56,400원인 것으로 분석되었다. 폐기물 관련 처리비용은 물량센터2에서 63,400원 발생하였다.

이상 3가지 제조공정에 투입된 원가 이외에 완성품의 유통과정에 50,000원 정도 비용이 소요되었다. 이것은 완성품 패널을 트럭으로 구매기업까지 배송하는 데 들어가는 유통비용이다.

(2) CFP의 계산 결과

제품별 탄소발자국(CFP)의 계산은 다음의 관계식과 같다. 먼저 전과정(수명주기) 각 단계에서 활동량 데이터를 수집해야 한다. 다음으로 수집한 활동량 데이터에 해당하는 탄소배출계수(CO_2배출원단위)를 수집해야 한다. 이렇게 수집한 각각의 활동량 데이터와 거기에 해당하는 탄소배출계수를 곱하여 탄소발자국을 계산한다. 이렇게 계산된 각각의 탄소발자국을 합산하면 제품 전과정(수명주기)에서 발생하는 탄소발자국을 파악할 수 있다.

탄소발자국(CO_2배출량)=Σ(활동량$_i$ × CO_2배출원단위$_i$) i : 프로세스

CO_2 배출량의 산정 방법은 일반적으로 위의 식에 따라 제품의 수명주기 전체에 걸친 측정범위 내의 각 프로세스에서 산정되고 합산된다.[30] 활동량과 원단위의 예시는 다음 <표 26>과 같다.

---

30) EU위원회는 2013년 4월에 환경발자국의 산정 가이드를 공개하였다. 이 산정 가이드는 조직과 제품을 대상으로 하고 있다.

<표 26> 수명주기 단계별 활동량과 배출계수(원단위)의 예

단계	활동량	배출계수(원단위)의 예
원재료조달	소재사용량	소재 1kg당 생산 시의 CO_2배출원단위
생산	조립중량 생산 시 전력소비량	중량 1kg당 조립 시의 CO_2배출원단위 전력 1kwh당 CO_2배출원단위
유통	수송량(kg · km)=수송거 리×적재율×트럭적재량	상품수송량 1kg · km당 CO_2배출원단위
사용, 유지관리	사용 시 전력소비량	전력 1kwh당 CO_2배출원단위
폐기, 리사이클	매립중량 리사이클중량	1kg 매립 시의 CO_2배출원단위 1kg 리사이클 준비과정의 CO_2배출원단위

<표 26>을 참고로 대상제품의 전과정에 대한 CFP를 계산하면 다음과 같다. 즉 Front Panel 제조의 수명주기 흐름을 CFP에서 대상으로 하는 5단계로 나누어 계산한다. ABS와 페인트, 시너, 포장재 등의 원재료를 조달하고 전력에 의한 에너지를 더해 패널을 제조한 다음에 그것을 골판지상자에 넣어 구매업체에 배송한다. 다만 사용단계는 CO_2를 거의 배출하지 않기 때문에 CFP의 대상에서 제외한다.

먼저 원재료조달 단계에 있어서의 CO_2배출량을 원재료 중에서 대표적으로 ABS수지(powder)를 대상으로 계산하면, ABS투입량이 805kg이고 소재 1kg당 생산 시의 탄소배출계수(CO_2배출원단위)가 2.97E+00이므로 이것을 서로 곱하면 CFP는 2.39E+03(kg-CO_2e)이 된다(참고로 탄소배출계수(CO_2배출원단위)는 한국환경산업기술원의 "탄소성적표지 배출계수"를 활용하였다). 그리고 이 ABS를 소재업체에서 구입해서 수송해 오는 거리가 50km 정도이므로 805kg*50km*2.49E-01=1.00E+01kg CO_2가 배출된다. <표 27>은 각각의 단계(process)에서 발생하는 CO_2 배출량을 계산하기 위해서, 제품 1단위당의 활동량과 그 원단위를 표시하고, 양자를 곱함으로써 CO_2배출량이 계산된다.

이 계산에 의해서, 패널제품 1일 15,000단위의 CO_2배출량은 1.34E+04(kg-CO_2e)로 나타났다.

<표 27> 패널(15,000pcs 생산)의 CFP 계산 결과

단계	항목	단위	투입량	단위당 CO_2배출량	CFP (kg-CO2e)
원재료	ABS	kg	805	2.97E+00	2.39E+03
원재료	ABS수송	tkm	50	2.49E-01	1.00E+01
원재료	포장재	kg	25	1.97E-01	4.92E+00
원재료	포장재수송	tkm	20	2.49E-01	1.25E-01
원재료	페인트	kg	50	2.87E+00	1.44E+02
원재료	페인트수송	tkm	20	2.49E-01	2.49E-01
원재료	시너	kg	75	1.82E+00	1.36E+02
원재료	시너수송	tkm	20	2.49E-01	3.74E-01
생산	전력	kwh	21330	4.95E-01	1.06E+04
생산	골판지상자	kg	110	3.29E-01	3.62E+01
생산	제품Loss수송	tkm	20	2.49E-01	2.49E-02
유통	제품수송	tkm	40	2.49E-01	7.97E+00
유통	폐골판지재활용	kg	110	1.21E-01	1.33E+01
유통	폐포장재재활용	kg	25	1.21E-01	3.03E+00
폐기	사용후제품수송	tkm	50	2.49E-01	9.96E+00
폐기	사용후제품매립	kg	800	7.98E-02	6.38E+01
합계 (CFP)					1.34E+04

<표 28> 패널(15,000pcs 생산) 정(+)의 제품의 CFP 계산 결과

단계	항목	단위	투입량	단위당 CO_2배출량	CFP (kg-CO2e)
원재료	ABS	kg	800	2.97E+00	2.39E+03
원재료	ABS수송	tkm	50	2.49E-01	1.00E+01
원재료	포장재	kg	24.8	1.97E-01	4.92E+00
원재료	포장재수송	tkm	20	2.49E-01	1.25E-01
원재료	페인트	kg	10	2.87E+00	2.87E+01
원재료	페인트수송	tkm	20	2.49E-01	4.98E-02
원재료	시너	kg	-	1.82E+00	-
원재료	시너수송	tkm	-	2.49E-01	-
생산	전력	kwh	21198	4.95E-01	1.05E+04
생산	골판지상자	kg	-	3.29E-01	-
생산	제품Loss수송	tkm	-	2.49E-01	-
유통	제품수송	tkm	40	2.49E-01	7.97E+00
유통	폐골판지재활용	kg	-	1.21E-01	-
유통	폐포장재재활용	kg	-	1.21E-01	-
폐기	사용후제품수송	tkm	50	2.49E-01	9.96E+00
폐기	사용후제품매립	kg	800	7.98E-02	6.38E+01
합계 (CFP)					1.30E+04

다음으로 정(+)의 제품에 대한 수명주기 전과정의 CFP를 계산하면 다음과 같다. 투입된 ABS 중에서 800kg은 완성품이 되고 5kg은 최종 조립공정 검사에서 불량으로 폐기된다. 따라서 정(+)의 제품에 대한 ABS 투입 원재료의 CO_2배출량은 800kg*2.97E+00=2.39E+03으로 되며, 페인트의 경우는 투입 50kg 중에서 40kg은 공정과정에서 바닥 또는 대기 배출되며, 10kg만이 양품에 고착된다. 따라서 10kg*2.87E+00=2.87E+01(kg-CO₂e)이 된다. 한편 정(+)의 제품생산에 들어간 전력의 CFP를 계산하면 패널제품 생산에 투입된 총 전력 21,330kwh 중에서 정의 제품 생산에 들어간 것은 21,330kwh*

(800/805pcs)=21,198kwh이며[31] 이것에 탄소배출계수 4.95E-01을 곱하면 1.06E+04(kg-CO₂e)가 산출된다.[32] 이것은 향후 해당 기업에서 온실가스를 CO_2배출량으로 환산하여 이 배출량을 감소시키기 위해서는 제품의 수명주기 중에서 생산 단계의 전력사용에 초점을 맞추어 에너지 효율을 개선시켜야 한다는 것을 시사하고 있다.

<표 29> 패널(15,000pcs 생산) 부(-)의 제품의 CFP 계산 결과

단계	항목	단위	투입량	단위당 CO_2배출량	CFP (kg-CO₂e)
원재료	ABS	kg	5	2.97E+00	1.48E+01
원재료	ABS수송	tkm	50	2.49E-01	6.22E-02
원재료	포장재	kg	0.2	1.97E-01	3.94E-02
원재료	포장재수송	tkm	20	2.49E-01	9.96E-04
원재료	페인트	kg	40	2.87E+00	1.15E+02
원재료	페인트수송	tkm	20	2.49E-01	1.99E-01
원재료	시너	kg	75	1.82E+00	1.36E+02
원재료	시너수송	tkm	20	2.49E-01	3.74E-01
생산	전력	kwh	102	4.95E-01	5.05E+01
생산	골판지상자	kg	110	3.29E-01	3.62E+01
생산	제품Loss수송	tkm	20	2.49E-01	2.49E-02
유통	제품수송	tkm	-	2.49E-01	-
유통	폐골판지재활용	kg	110	1.21E-01	1.33E+01
유통	폐포장재재활용	kg	25	1.21E-01	3.03E+00
폐기	사용후제품수송	tkm	-	2.49E-01	-
폐기	사용후제품매립	kg	-	7.98E-02	-
합계 (CFP)					3.69E+02

---

31) 에너지비용은 주재료의 물량 등에 기초하여 안분해서 정(+)의 제품과 부(-)의 제품에 배부된다.

32) 사업장에서 수집한 에너지 사용량에 대한 활동량 데이터의 경우에 1번 배출계수인 원료생산 배출계수뿐만 아니라 해당 에너지원이 사업장에서 직접 연소되는 연료원으로 사용될 경우 2번 탄소배출계수인 직접연소배출계수도 함께 고려해야 한다는 점을 주의해야 한다(김익, 1010).

이어서 부(-)의 제품에 대한 수명주기 전과정의 CFP도 동일한 방식으로 계산한다. 여기서 부(+)의 제품의 수송에 대한 CFP는 ABS패널 5kg*20km*2.49E-01=2.49E-02(kg-CO_2e)가 산출된다. 사용후 제품의 수송과 매립은 당연히 완성된 양품에 대한 것이므로 부(+)의 제품은 해당 사항이 없게 된다.[33] 이 계산에 의해서, 패널의 부(+)의 제품의 전체 CO_2배출량은 3.69E+02(kg-CO_2e)로 나타났다.

3. CFP와 MFCA의 계산 결과의 비교

<표 28>과 <표 29>로부터 일반적인 CFP 계산에서는 밝혀지지 않았던 패널제품 단위당의 정(+)의 제품과 부(-)의 제품에 대한 각각의 CFP가 계산되었다. 부(-)의 제품에 대한 CFP는 전통적 CFP 계산에서는 합산되어 보이지 않게 되지만, 이것을 분리함으로써 CFP를 삭감하기 위해서 부(-)의 제품을 어느 정도 개선함으로써 어느 정도 CO_2가 삭감할 수 있는지를 가시화할 수 있게 된다. 이 사례에서는 CO_2 배출량의 2.75%가 부(-)의 제품으로부터 발생하는 것이 밝혀졌다.

또한 CFP의 단계별로 CO_2 배출량의 경제가치(화폐가치)를 추정한 결과를 병행해서 나타내고 있다. 이것은 본 연구가 보다 의미 있는 연구가 되기 위해서는 단지 정(+)의 제품과 부(-)의 제품에서 얼마나 많은 양의 이산화탄소가 배출되는지의 측정뿐만 아니라 여

---

33) 폐기단계에서는 폐기할 포장용기의 법정 재활용의무율을 고려하여 의무율만큼은 재활용된다고 가정하고, 재활용되지 않는 나머지는 폐기물 통계자료의 종량제쓰레기의 재활용, 소각, 매립비율을 적용하여 계산한다(예: 95%, 3%, 2%). 다만 이 책에서는 골판지상자와 포장재는 계산의 효율을 위해 전량 재활용되는 것으로 하였다.

기에 원가에 관한 정보를 함께 고려할 수 있는 방안이 제시될 수 있어야 하기 때문이다. 여기에서는 톤당 \$87(€66)t/CO$_2$e 정도로 산정하였다.[34)]

그리고 MFCA에 의해서 정(+)의 제품과 부(-)의 제품의 원가 계산을 실시한 것이 <표 6>이다. 여기에서는 MFCA 계산의 대상으로서 물질 원가, 에너지 원가, 폐기물 처리 원가를 대상으로 하며 시스템 원가는 포함하지 않았다.

제품의 수명주기 단계별로 CFP와 MFCA를 비교한 <표 30>에서는 정(+)의 제품과 부(-)의 제품으로 구분하여 부(-)의 제품을 개선하면 어느 정도의 CO$_2$ 배출량이 삭감되는지를 어느 정도 추계할 수 있으며(실제로는 CO$_2$ 배출량은 부(-)의 제품의 개선에 대해서 비례적으로 감소하는 것은 아니다), 그것이 원가에 어느 정도 영향을 주는지도 나타낼 수 있다. 즉 종래의 CFP 정보에 비해 새로운 2가지 정보가 추가되었다. 하나는 정(+)의 제품과 부(-)의 제품의 CFP의 비교이며 또 하나는 정(+)의 제품과 부(-)의 제품의 원가 평가이다.

<표 30> CFP와 MFCA의 수명주기 계산 결과의 비교

단계	CFP		MFCA	
	정의 제품	부의 제품	정의 제품	부의 제품
원재료	2.43E+03(18.10)	2.66E+02(1.99)	12990(71.01)	237(1.30)
생산	1.06E+04(78.54)	8.67E+01(0.63)	4895(26.76)	120(0.66)
유통	7.97E+00(0.06)	1.63E+01(0.13)	50(0.27)	
폐기	7.38E+01(0.55)	0(0.00)		
합계	1.30E+04(97.25)	3.69E+02(2.75)	17935(98.04)	357(1.96)

---

34) 이러한 탄소가치계수는 Richard Tol(2009)의 논문 "기후변화의 경제적 효과"에서 보고된 탄소의 사회적 비용(SCC) 예측치의 일부에서 나온 것이다. 이 추정치는 기존의 232개 선행연구 결과를 토대로 한 광범위한 모형과 가정에 근거한 것인데 실제로 PUMA의 환경손익계정(EPL: Environmental Profit & Loss)에서도 이 추정치에 따라 탄소의 사회적 비용을 추정하고 있다.

이것을 전체적으로 살펴보면 먼저 CFP, 즉 CO_2 배출의 측면과 MFCA, 즉 원가발생의 측면 모두 정(+)의 제품과 부(-)의 제품이 차지하는 비율이 유사하게 나타났으나, 수명주기의 각 단계별로 보면 CFP는 생산단계(78%)에서 MFCA는 원재료조달 단계(71%)에서 압도적으로 많이 발생하였다.

이 결과를 구체적으로 살펴보면 CFP, 즉 CO_2 배출의 측면에서는 정(+)의 제품으로부터 많이 발생하고 있으며 그중에서도 생산과정에서 전체 CO_2 배출의 78.5%를 차지하며 이것은 대부분 가공과정에서 전력을 사용한 것에 기인한다는 것을 알 수 있다. 부(-)의 제품에서 CO_2 배출은 원재료조달 단계에서 가장 많이 발생하고 있으므로 이 부분을 줄이기 위한 노력이 중요하다고 할 수 있다.

다음으로 MFCA 계산에 의해서 정(+)의 제품과 부(-)의 제품의 원가 데이터를 제시하고 있다. 원가의 측면에서는 원재료 조달 단계에서 가장 많은 원가가 발생하고 있는 것을 알 수 있다. 다만 부(-)의 제품을 개선함으로써 생기는 CO_2 삭감의 효과와 원가 측면에서의 효과가 크게 나타나지 않았다. 이것은 대상 제품의 속성으로 인해 불량이나 폐기가 타 제품에 비해 매우 낮기 때문이며 부(-)의 제품의 비율이 높은 가공 산업 등에서는 충분히 큰 의미를 가지게 될 것이다.

4. MFCA와 CFP 결합의 시사점과 과제

물질흐름원가회계(MFCA)와 탄소발자국(CFP)은 물질 및 에너지의 흐름을 평가하는 기법으로서 주목을 받고 있으며 국제 표준화도 진행되고 있다. 이런 흐름에 맞추어 MFCA와 CFP는 최종적인 계산 대상은 다르지만 물질 및 에너지의 흐름을 포착해 평가하는 기법으로서는 공통점이 있으며, 양자를 비교하는 것의 유용성은 이전부터 이론적으로 제시되어 왔다. 이에 이 장에서는 이 양 기법이 기술적으로 어떠한 비교가 가능한지, 비교에 의해 어떠한 효과를 얻을 수 있는지에 대해 2가지 관리기법의 결과를 비교하고 그 활용 가능성에 대해 분석하였다.

분석 결과를 보면 전체적으로 CFP, 즉 CO_2 배출의 측면과 MFCA, 즉 원가발생의 측면 모두 정(+)의 제품과 부(-)의 제품이 차지하는 비율이 유사하게 나타났으나, 수명주기의 각 단계별로 보면 CFP는 생산단계(78%)에서 MFCA는 원재료조달 단계(71%)에서 많이 발생하였다. 특히 CO_2 배출의 측면에서는 생산과정에서 가공을 위해 전력을 사용한 것에 주로 기인한다는 것을 알 수 있다. MFCA에 의한 원가의 측면에서는 원재료 조달 단계에서 가장 많은 원가가 발생하고 있는 것으로 나타났다.

이상과 같은 정보 분석에 의해 얻을 수 있는 유용성을 살펴보면 다음과 같다. 첫째, 물질의 손실(loss)을 삭감하는 것에 중점을 두어 온 기존의 MFCA 이용 방법과 비교해 온실가스 배출량과 원가의 관계를 정리함으로써 어떤 물질과 공정을 개선의 대상으로 할 것인지 우선순위를 부여할 수가 있다. 둘째, 제품과 공정의 개선 전후의 성과를 평가하는 것에도 이용이 가능하다. 즉 온실가스 관리를 위한 지표로서 설정함으로써 지속적인 경영관리지표 속에 환경정보를 포함하는 것이 가능하게 된다. 예를 들면 이 책에서와 같이 원재료조달에 관한 원가의 비중이 높다는 것은 녹색구매를 위한 녹색공급업체의 선택이 중요하다는 것을 의미한다. 나아가 새로운 제품을 개발하는 경우에 온실가스와 원가를 관련지어 분석하는 것은 친환경 제품설계(DfE: Design for Environment)에 있어서 유용하다고 생각되며 특히 온실가스의 저감에 대해서는 새로운 추가정보로서의 가치가 있다고 판단된다.

다만 양 기법은 산정 대상과 계산척도 및 경계(boundary)가 상이하다. 특히 CFP는 제품·서비스의 수명주기 전체가 경계(boundary)가 되지만 MFCA에서는 원칙적으로 원재료의 조달, 제품의 생산까지가 대상이므로 일반적으로 제품의 유통, 사용, 폐기의 프로세스는 포함되지 않는다. 이 외에 CFP와 MFCA 모두 물질이나 에너지를 대상으로 하는 것은 동일하지만 감가상각비와 인건비 등은 CFP에서는 고려되지 않지만 MFCA에서는 중요한 원가 구성요소가 된다. 이런 이유 때문에 이 장에서는 물질과 에너지원가, 폐기물 처리원가만을 대상으로 하였으며 제조 프로세스도 물량 센터로 구분하고 있지 않는 매우 단순한 모형을 비교하였다. 따라서 향후에는 가능한 MFCA의 범위를 확장하여 보다 유효한 MFCA와 CFP의 통합 모형으로 진화시키는 것이 요망된다.

그리고 MFCA와 LCA의 통합은 정보로서 함께 병기할 뿐 아니라 의사결정에 활용하지 않으면 의미가 없다. 그러기 위해서는 환경과 경제를 대비적으로 제시하고 기업이 어디에 주력해야 하는지를 제시할 필요가 있다. 이 점에 대하여 우리는 CFP와 MFCA의 통합정보로부터 MFCA별 비용과 CO_2 정보를 두 축으로 구성하고 이러한 정보가 기업에 유효한지를 검증할 필요가 있다(國部

[Kokubu] 외, 2015). 이렇게 하면 환경정보와 비용정보를 병용해 활용한다는 점에서는 추가 정보가 있지만, 실제로 CFP와 MFCA의 통합정보를 활용하기 위해서는 제품설계 현장에서 환경부하를 계속적으로 삭감해 나가기 위한 구체적인 목표가 필요하다. 즉, 환경부하 삭감이 기업목표로 확립되어 개별 활동에 세부적으로 배분되어야 비로소 MFCA와 LCA의 통합모델은 활용할 수 있다는 것이다.

8장

가치공학(VE)과 환경원가관리

1. 가치공학(VE)과 환경가치공학

원가기획이 전통적인 원가관리 기법과 크게 다른 점은 목표원가의 실현 프로세스에서 가치공학(VE: Value Engineering) 등의 기법이 활용된다는 점이다. VE는 최저의 수명주기 원가로 필요한 기능을 확실하게 달성하기 위해 제품이나 서비스의 기능적 연구에 기울이는 조직적 노력이라고 정의된다. 원가기획에서는 일반적으로 목표매출액에서 목표이익을 공제하여 목표원가를 산출한 다음에 이 목표원가를 다시 기능별, 부품별로 할당을 한다. 이렇게 할당된 목표원가는 현행의 파라미터를 토대로 산정된 견적원가와 비교하여 차이가 발생하면 가치공학(VE) 분석을 통해서 그 차액원가를 절감하기 위한 각종 시책이 검토된다.

여기에서 다시 한번 VE에 대해서 살펴본다. 그것은 제품과 서비스가 갖는 가치를 기능(function)과 원가(cost)로 나누고 이 양자의 관계에서 가치를 높이기 위해서는 어떻게 하면 좋은가를 검토하는 접근 방법이다. 즉 기능을 올리려고 생각하면 원가가 많이 들어가고 또 원가를 내리려고 하면 기능이 저하되므로 기능과 원가는 일반적으로는 상충관계에 있다. 그러나 VE에서는 기능($\uparrow$)과 원가($\downarrow$)의 쌍방을 고려해서 가치를 높이고자 하는 개선 방식을 찾아나간다. 예를 들면 기능에는 꼭 필요한 기본기능 이외에 2차적 기능으로서 고객이 요구하는 기능과 기본기능을 달성하기 위해 부가된 설계착상에 따른 기능, 그리고 불필요한 기능 및 과도한 사양이나 과대한 요구사항 등이 있다. 이러한 2차 기능은 기술적인 검토가 불충분하기 때문에 불필요한 기능이나 여유기능이 생기게 된다. 그래서 먼저 이 중에 고객에게 필요 없는 불필요 기능을 제거하고 다음으로 설계 아이디어를 바꿈에 따라 2차 기능을 달성하기 위한 원가를 절감하는 것이다. 이렇게 해서 비로소 성능을 희생함이 없이 원가를 절감하고 가치 있는 상품을 만들어낼 수 있다.

많은 기업에서 이 VE를 적용할 때 대상으로 삼고 있는 것은 구입부품비, 재료비, 외주가공비와 같은 변동비이며 설계와 사양, 공법의 변경은 물론 제품의 기본 개념의 변경까지도 검토의 대상이 된다. 즉 설계단계(기본설계, 상세설계단계, 공정설계의 각 단계)에 있어서 적용되는 VE(1st Look VE)와 상품기획단계에서 적용되는 VE(2nd Look VE)가 각각 수행된다.

실제로 프로젝트 개발에 있어서 원가절감의 효과가 가장 크게 나타나는 곳은 시공(제조)단계가 아니라 설계와 상품기획 단계라고 할 수 있다. 왜냐하면 설계가 끝나면 대부분의 사양과 공법, 일정 등이 도면에 확정되어 버리기 때문에 시공 또는 제조단계에서는 모든 작업이 설계도면에 따라 이루어지며, 따라서 이 단계에서는 원가를 절감할 여지는 크지 않게 된다. 즉 실제 지출은 시공 또는 제조단계에서 재료비와 인건비 등 지출이 가장 많으나 원가절감의 효과는 연구개발과 설계단계에서 가장 크게 나타난다(<그림 30> 참조).

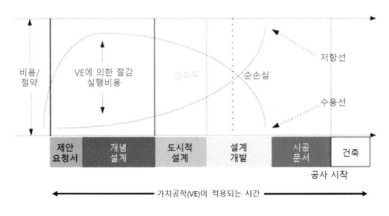

<그림 30> 수명주기 단계와 VE에 의한 원가절감

출처: Rachwan 등(2016)에서 인용

어느 쪽이든 VE는 단순히 원가의 절감만을 지향하는 것은 아니고 제품의 기능과 소비자에 있어서의 가치(품질)를 동시에 높이는 것을 지향한다. 본래 개발설계단계에 있어서의 원가와 품질의 조성 활동이라는 것도 이 VE적인 사고와 기법이 뒷받침하고 있기 때문이다. 그런데 현재는 ESG(환경·사회·지배구조)가 조직운영의 선택사항이 아니고 필수조건이 되고 있으므로 제품개발의 원류(초기)단계에서부터 환경문제를 고려한 설계·개발과 동시에 원가절감의 가능성을 VE기법을 활용하여 찾아가야 한다. 그 때문에 소위 환경배려VE라는 기법의 가능성도 함께 탐구해 갈 필요가 있다.

실제 일부 선진기업에서는 환경문제에 대한 VE 접근법이 큰 성과를 올리고 있다. 이 접근법의 기본적인 사고는 다음과 같이 표현된다(伊藤[Ito], 2007).

$$종합가치 = 고객만족가치 + 환경만족가치 = \frac{고객만족기능}{사용원가} + \frac{환경만족기능}{환경대책원가}$$

여기서 어떤 프로젝트 또는 제품의 종합가치는 고객이 만족하는 가치와 환경 측면의 가치를 합한 것이 된다. 고객만족가치는 고객이 사용하는 원가는 낮추고 기능은 높이는 것이 필요하며, 환경만족가치는 환경적인 측면의 기능은 살리면서 환경보전이나 관리에 들어가는 원가는 절감하는 것이 요구된다. 특히 이 분석을 의미가 있는 것으로 만들기 위해서는 환경대책원가에 관련되는 지출을 장기적인 관점에서 측정해 두는 것이 중요하다. 본래 환경만족기능을 올리려고 하면 환경대책원가가 더 많이 들어간다. 즉 이 둘 사이에는 상충관계가 성립한다. 이 경우 환경배려VE에서는 환경보호에 들어가는 원가를 어느 정도 통제하면서 아이디어 발상을 통해 상충관계를 해결하는 방안을 모색해 나간다. 환경VE의 실천 현장에서는 환경만족가치와 고객만족가치의 균형을 고려하면서 종합가치(total value)를 향상시켜야 하며 환경만족가치와 고객만족가치를 동일한 씨름판 위에서 동시공학(concurrent engineering) 방식으로 추구해 가는 것이 필요하다.

지속가능한 가치공학

VE와 지속가능성은 수명주기 전체에 걸쳐 소비자의 요구를 충족하는 친환경제품 원칙과 수명주기비용 두 가지를 결합하는 조합으로 설명할 수 있다. 지속가능한 제품에 대한 개념, 설계 및 생산 단계에서 지속가능한 계획을 개선하는 VE 방법론 및 기술과 연결된다(Wao 등, 2016). 이상적으로 VE의 목표는 특정 항목의 기능을 전혀 손상시키지 않으면서 수명주기비용을 최적화하는 방법을 식별하여 가능한 모든 비용 항목을 조사하여 절감하는 것이다(Uddin, 2013).

Kirk 등(2004)은 건물을 예로 들어 설계 및 시공의 지속가능성 의제가 구조화된 VE 실시 계획(job plan)에 의해 유도될 수 있다고 하였다. 이 경우 지속가능성은 건물 시스템의 기본 기능이 될 수 있다. VE 프로세스에서 프로젝트의 장기적인 가치 및 장점을 실현하려면 수명주기 평가가 이 프로세스의 중심이 되어야 한다.

지속가능한 원칙을 시작하는 것은 프로젝트 경영자의 의지에 달려 있다. 사실 VE 프로세스에서 지속가능성 문제를 고려하는 것은 전적으로 경영자의 관심과 헌신과 VE 팀의 지식에 달려 있다. 경영자는 친환경제품에 동기를 부여해야 한다. 친환경 기능은 프로젝트 관리자가 우수한 제품 지속가능성 결과를 추구하도록 동기를 부여해야 한다. 그러나 동기를 부여하는 친환경 기능은 프로젝트 경영자마다 다를 수 있다. 예를 들어 병원에서는 녹색(환경) 기능이 외부 전망을 통해 치유를 촉진하기 때문에 녹색 기능 또는 녹색 건물을 선택할 수 있으며, 상업용 사무실 자산 관리자는 임대 속도를 높이고 운반비용을 낮추기 위해 녹색 이니셔티브를 홍보할 수 있다.

전반적으로 이 VE프로세스는 프로젝트 초기에 지속가능성 원칙을 알리고 프로젝트의 의사결정 및 실행 단계 전반에 걸쳐 초점을 유지해야 한다. 지속가능한 프로젝트의 전반적인 성공을 실현하려면 지속가능성을 지원하는 도구를 개발해야 하는데, VE 실행 계획 (job plan)에 따른 지속가능성 실무를 개발하는 VE와 지속가능한 프로젝트의 가능한 조합을 검토해야 한다. 이 프로세스는 수명주기 비용을 줄일 수 있지만 건물의 에너지 문제와 같은 성능 및 품질 매개변수를 간과할 수도 있다. 따라서 VE 프로세스는 지속가능성을 체계적으로 다루기 위해 재평가가 필요하다.

2. 환경가치공학 방법론

환경가치공학과 Emergy회계

지속가능한 사회에 대한 환경영향을 최소화하는 환경 대안을 선택해야 한다. 환경가치공학은 천연자원 형성, 천연자원 탐사 및 추출, 재료생산, 부품생산, 설계, 제조, 사용, 철거, 천연자원 재활용 및 폐기와 같은 환경 대안의 모든 수명주기 단계를 통해 EMERGY(에머지) 측면에서 여러 환경 대안의 환경영향을 평가하고 비교하는 데 사용할 수 있다.

여기서 EMERGY 개념에 대해 설명한다. 생태계와 경제계, 사회계는 에너지, 물질, 정보의 교환에 의해 상호작용하면서 또한 상호의존하는 하나의 체계로 이루어져 있다. 그런데 지금까지 인간사회와 자연 생태계는 독립적으로 이론을 전개하여 이들의 상호 연관성이 무시되었다. 이러한 문제를 해결하기 위해 에너지, 물질, 정보 간의 연결고리를 평가하는 방법이 바로 EMERGY 개념이다. 즉 자연생태계에서 일어나는 에너지와 물질의 흐름과 변환 과정은 물론 인간사회와의 연결성을 체계적이고 정량적으로 파악하는 가치 평가 개념이다. EMERGY는 원자재, 상품 및 서비스를 만드는 과정에서 직접 간접으로 해당 항목을 생성하는 데 소모된(필요한) 한 가지 유형의 이용 가능한 에너지라고 말할 수 있다(<그림 31>).

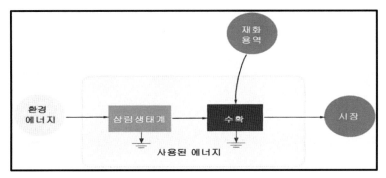

<그림 31> 에너지와 물질 흐름과 변환 과정 및 경제사회와의 연결성

에머지(Emergy)는 생태계는 물론이고 인간 사회가 작동하기 위해서는 햇빛, 바람부터 동식물과 광물까지 자연의 에너지와 물질이 꼭 필요하므로, 인간 사회의 경제 활동에 자연의 에너지가 기여한 몫까지 함께 계산하고자 하는 개념이다(Odum, 1996). 이것은 시스템 생태학자 Odum(1983)이 모든 물질과 활동에 투입된 여러 종류의 에너지를 태양에너지라는 공통의 단위로 변환하고 이를 통해 인간 사회와 생태계를 하나의 통합된 시스템으로 이해하고자 하는 시도라고 할 수 있다. 특히 그는 일반적인 시장가격에는 자연환경이 경제에 기여하는 가치를 포함하지 않으며 따라서 시장가격은 자연자원이 인간사회의 진정한 부(wealth)에 기여하는 가치를 과소평가

하거나 평가하지 않는다는 문제점을 지적하였다. 이런 문제에 대한 인식을 바탕으로 경제에 필요한 재화와 용역을 생산하는 데 투입된 인간의 노동과 더불어 투입된 자연환경의 일(nature's work)까지 포함할 수 있는 방법으로 에머지 개념을 제안하였다. 즉 인간 노동에 대한 가치만을 고려한 화폐와 달리 자연환경과 사회경제 활동 간의 관계를 전체적인 통합 관점에서 특성이 서로 다른 자원들을 에너지라는 동일한 기준에서 평가하는 잣대라는 것이다(Odum and Odum, 2000).

에머지 개념의 발전은 모든 종류의 환경, 경제, 사회 작업을 태양 광 emjoules로 공통적으로 표현할 수 있는 회계 시스템을 확립했다(Campbell, 2016). 에머지 회계는 단일 손익계산서와 재무상태표에 에머지와 화폐 계정을 결합하는 데 사용할 수 있다. 이 방법은 사람들에게 지불하는 화폐액, 즉 한 국가의 GDP에서 흐르는 달러와 환경자원에 의해 공급되는 에머지 사이에 직접적인 동등성을 확립할 수 있게 한다. 이 접근법에서는 더 이상 달러 흐름의 에머지 등가를 추정하기 위해 결합된 에너지 통화 단위인 em\$를 사용할 필요가 없다. 대신에 경제시스템의 내부성은 외부화되어 모든 종류의 흐름이 에머지로 직접 표현된다. 시스템에서 사용하는 환경 에머지 흐름은 이제 해당 연도의 경제 흐름에 해당하는 일정한 화폐(달러)로 표시될 수 있다. 내부 자금흐름을 효과적으로 외부화하면 1em\$가 주어진 기준 연도에 일정한 달러와 같아지고, 환경에머지라는 명칭을 붙이는 대차대조표(재무상태표)로 확장된다. 이러한 통찰력을 통해 재무회계에서 잘 알려진 방법을 에너지 화폐 회계 방법의 추가 개발을 위한 템플릿으로 사용할 수 있다. 통합되고 포괄적인 에너지 화폐 회계 방법을 기반으로 하는 환경회계 도구의 개발, 테스트 및 채택을 통해 정부와 관리자는 최종적으로 시스템의 진정한 지급 능력(예: 경제, 사회 및 환경 부채를 지불하거나 서비스할 수 있는 능력)을 결정할 수 있다.

에머지는 "한 가지 서비스나 생산물을 만드는 과정에 직접 그리고 간접으로 이미 소모된 한 종류의 이용 가능한 에너지"로 정의할 수 있다(Odum, 1996). 즉 에머지는 평가하고자 하는 생산물이나 서비스의 가치를 에너지의 관점에서 평가하면서 현재 남아 있는 에너지양을 이용하는 것이 아니라 이들이 만들어지기까지 투입되었던 모든 에너지를 고려하여 가치를 평가하는 개념이다(강대석, 2015). 에머지 개념은 자원과 서비스 등 생산 구성요소의 가치를 에너지 관점에서 논하고 다양한 에너지들 사이에 일을 할 수 있는 능력이 다르다는 점을 강조한다(장현숙, 2007). 현재 에머지 평가법에서 기준으로 사용하고 있는 에너지는 태양에너지이며, 이 경우 에머지를 태양에머지(solar emergy)로 부른다(Odum, 1996). 태양에머지의 단위는 solar emjoule(sej)을 사용한다.[35]

한편 환경가치공학에서는 화폐나 내재된 에너지 대신 정량화의 기초로 "M"으로 표기된 EMERGY를 사용한다. EMERGY는 다음 입력과 관련된 환경영향을 포함하여 제품을 만드는 작업에 사용된

---

35) 에너지마다 일을 할 수 있는 능력의 차이를 나타내는 환산인자를 통칭하여 unit emergy value(UEV)라고 하며, 사용하는 단위가 에너지양일 경우 에너지변환도(단위: sej/J), 질량일 경우 specific emergy(단위: sej/g), 화폐일 경우 에머지화폐비율(EMR: Emergy-money ratio; 단위는 sej/$, sej/₩'5C 등)을 사용하는 등 평가 자료에 적합한 UEV를 사용한다. 에머지 평가대상인 모든 항목을 반드시 에너지양으로 환산하지는 않으며, UEV 단위에서 알 수 있듯이 필요에 따라 에너지, 질량, 화폐 등 다양한 형태의 자료를 이용한다(강대석, 2015).

모든 가용 에너지로 정의된다.

MFCA와 Emergy회계의 비교 가능성

Emergy회계와 전통 원가회계를 비교하기 위해 한 가지 원재료와 하나의 공정을 거쳐 한 종류의 제품이 생산되는 가상의 사례를 설정해 본다. 이 제조과정에는 에너지원으로서 자가 태양열 발전 전기가 사용되며, 제품 단위당 생산에 원재료 100kg(30원/kg)과 가공비 2,000원이 든다고 가정한다.

전통적 원가회계에서는 원재료비 3,000원과 가공비 2,000원을 합하여 5,000원의 원가가 투입된 것으로 계산하며 이때 전기는 태양열 발전으로 인해 구입원가가 발생하지 않는다고 간주하여 제조원가에 포함시키지 않는다.

이에 비해 Emergy회계에서는 제품 단위 생산에 경제적 자원과 더불어 자연자원의 가치도 함께 투입되는 것으로 계산한다. 따라서 투입된 원재료가 300sej, 완성품이 500sej(원재료 300sej+전력비 100sej+노무비 100sej), 공손(감손)품이 500sej로 각각 계산된다.[36] 다만 공손(감손)품 또는 불량품의 경우, 이것을 폐기물로 처리하느냐 아니면 재작업을 거쳐 다시 원재료로 사용되는지에 따라 emergy 가치가 다르게 계산된다(장현숙, 2007). 여기서는 재사용이 가능한 것으로 간주하여 공손(감손)품의 가치 500sej와 공손(감손)품을 폐기물로서 처리하는 비용 50sej을 합하여 폐기물의 가치가 550sej로 계산하였다(<그림 32>).

---

36) 여기서 완성품과 공손(감손)품이 동일하게 500sej로 계산되는 것은 투입자원이 가공되는 과정에서 제품과 공손(감손)품이 동시에 발생되기 때문에 투입된 emergy도 같은 값으로 계산된다.

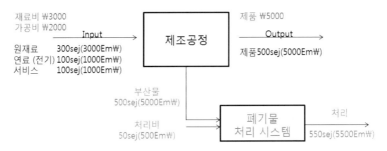

재료비 ₩3000
가공비 ₩2000 →Input→ 제조공정 제품 ₩5000 →Output→

원재료 300sej(3000Em₩)
연료 (전기) 100sej(1000Em₩)   제품500sej(5000Em₩)
서비스 100sej(1000Em₩)

부산물
500sej(5000Em₩)

처리비   폐기물   처리
50sej(500Em₩)   처리 시스템   550sej(5500Em₩)

<그림 32> 전통 회계시스템과 Emergy회계의 비교

이와 같이 전통적 원가계산에서는 불량품 또는 폐기물의 가치를 계산하여 정상적인 것은 완성품과 기말재공품에 안분하고 비정상적인 것은 영업외비용으로 처리한다. 즉 비정상적인 경우를 제외하고는 어떠한 경우라도 제품원가에 포함되어 버린다는 것이다. 반면에 Emergy회계에서는 완성품과 공손 또는 폐기물의 가치가 별도로 산정되어 폐기물에 대한 정보가 더 많이 제공되고 폐기물 삭감을 위한 동기부여를 할 수가 있다. 일차적으로는 어느 공정에서 공손이 많이 발생하는지를 물량적으로만이 아니라 화폐적으로도 파악하여 공정 개선이나 생산성 개선의 우선순위를 정할 수 있다. 나아가 공손 또는 불량품을 단순 폐기물로서 처리해 버릴 것인지, 재사용할 것인지, 또는 일정한 추가 투자를 통해 재활용할 것인지에 대한 의사결정의 기초자료로 활용할 수 있다. 물론 이 경우에 대체안 간의 비교는 Emergy 단위인 sej에 의해 이루어지게 된다.

한편 MFCA에 의한 계산 결과를 보면 위의 <그림 32>의 수치 예에서 공손(감손)품의 비율이 20%라고 가정하면 물질손실인 공손(감손)품의 가치는 1,000원(원재료 600원과 가공비 400원)이 된다.

이와 같이 MFCA에서는 폐기물 발생 전후의 시스템 원가와 폐기물 처리비, 물질손실원가 및 제품에 관한 원가 정보를 제공하는 데 비해 Emergy회계에서는 경영활동에 투입된 모든 자원 및 에너지를 생태비용으로 정의하고 제조과정에서의 모든 물질원가 전체를 측정한다. 다만 MFCA에서는 물질에 기초한 물량을 기준으로 투입원가를 완제품과 불량품(폐기물)에 배분하는데, 이때 원재료만이 아니라 연료 및 용수와 같은 에너지 자원도 동일한 물량기준으로 제품과 불량품(폐기물)에 배분하여 정확한 에너지 원가에 대한 통합적인 정보는 제공하기 어렵다. 이에 비해 Emergy회계에서는 어떤 제품이나 서비스를 생산하는 데 직접 간접으로 필요한 에너지를 공통단위로 변환시켜 서로 다른 특성을 가진 자원들을 동일한 기준에서 비교할 수 있다.

따라서 Emergy회계에서 산출된 환경관련 정보는 제품 생산에 따른 자원의 소비 정도와 자원 재활용 규모를 파악할 수 있게 되어 결과적으로 친환경적 내지 지속가능한 제품 믹스 결정을 가능하게 한다(장현숙, 2007). 또한 Odum(1996)은 환경투자를 통한 개선 전후의 Emergy 분석결과를 비교해 시스템 개발의 타당성을 평가하였다. 환경투자와 같은 사업실시의 결정에 있어서 사업실시 전후의 비교가 가능하므로 사업의 타당성을 판단할 수 있는 의사결정에 유용한 정보를 제공한다고 하였다. 나아가 Emergy회계는 기업 내부 외부의 이해관계자에게 지속가능성에 대한 정보를 제공하고 기업의 사회적 책임을 다하는 실천적 도구가 될 수 있다.

결론적으로 Emergy회계는 기존 회계시스템과는 달리 자원의 질을 고려한 정보를 제공하므로 단순히 그 크기만을 가지고도 자원의 사용량 정도를 파악하고 환경에 미치는 영향을 보다 쉽게 평가할 수 있다. 그러나 이러한 장점에도 불구하고 Emergy회계도 다른 환경영향을 평가하는 기법과 마찬가지로 다음과 같은 한계를 지니고 있다.

- Emergy회계에 필요한 객관적인 자료수집이 어려워 관련비용을 계량적으로 분석하는 데 한계가 있다.
- Emergy를 평가할 때 사용되는 전환율[37]이 동일한 자원에 대해서도 생성되는 여건에 따라 상이하므로 동일한 시스템에 대해 다른 결과가 도출될 가능성이 있다.
- 기존에 기업들이 운영하고 있는 ERP나 LCA소프트웨어와 연계할 수 있는 방법을 새롭게 구축해야 한다.
- 근본적으로 Em원의 가치와 화폐가치는 상이하므로 단순한 비교는 불가능하다. 다만 자연자원 및 에너지 이용 면에서는 기존의 회계 방식보다 폭넓은 환경회계정보를 제공한다.

<표 31>에서 물량적 환경공학과 환경관리회계 영역에 해당하는 LCA, MFCA 그리고 물리학적 시스템적 접근을 시도하는 Emergy 회계에 대한 목표와 목적, 특성 등을 비교 분석하였다.

환경(관리)회계는 환경문제를 직접 측정, 평가할 수는 없으나 환경문제와 기업 활동에 영향을 주는 측면을 경제정보로 변환할 수 있다. 세분하면 환경배려가 단기적으로 원가증대가 되지만 장기적으로는 수익증대로 되고, 한 기업에서는 원가증대가 되지만 공급사

---

37) 전환율(transformity) 또는 변환도는 바람, 해수, 석탄과 같은 에너지원천을 태양 에너지로 전환 (변환)할 때의 비율을 말한다. 예를 들어 산업 용수의 전환율은 $1.22*10^5$(sej/g), 해수의 전환율 은 $6.64*10^5$(sej/g), 철광석은 $8.55*10^8$(sej/g)이다.

슬상의 기업 간에는 수익증대로 되는 경우를 평가할 수 있다.

<표 31> 회계적·공학적 환경영향 평가기법의 상호 비교

기법	목표	범위	분석 목적	공간적 특성	시간적 특성
LCA	제품시스템의 환경관리	기능단위와 관련된 모든 상류와 하류의 포괄적 평가	제품(재화와 용역)과 다른 형태의 기능	세계적·지역적·일반적으로 특정 지역 없음	정적, 정상 상태
MFCA	자원효율성을 목표로 한 재료와 물질의 관리	재료와 물질의 흐름과 체류(stock)에 대한 관리 변경의 결과의 평가	물질 또는 재료	세계적·지역적·특정 지역 없음	정적, 정상 또는 동적 모형
탄소 발자국	지구온난화에 기여하는 배출량을 계산	수명주기 전과정에 걸쳐 직접, 간접 배출원을 통해 배출된 온실가스를 평가	조직, 제품, 프로젝트, 서비스	세계적·지역적, 특정 지역 없음	정적, 정상 상태
Emergy 회계	인간사회 경제활동에 자연에너지의 기여까지 함께 계산	한 가지 제품이나 서비스를 창출과정에 직접 간접으로 소모된 에너지를 평가	프로젝트, 제품, 서비스	세계적·지역적	정적, 정상 또는 동적 모형

주) Moller(2012), 육근효(2016)에 근거하여 작성

　　즉 환경에 특화된 환경(관리)회계의 주요 기법인 MFCA는 통상의 원가관리에서는 간과되는 경우가 많았던 폐기물원가를 측정해서 공급사슬에까지 적용함으로써 공급사슬상의 한 기업의 환경배려 활동과 다른 복수 기업의 원가 및 수익변동 간의 관련성을 분석할 수 있다. 나아가 LCA 등에 의한 환경영향의 경제평가기법의 발전은 공급사슬에 국한되지 않고 기업의 환경배려 활동에 따르는 원가증대와 지구 전체의 수익증대를 비교할 수도 있는 가능성을 확대해 왔다. 한편 에머지회계는 인간사회 경제활동에 자연에너지의 기여

까지 함께 계산하는 것이 특징인데 한 가지 제품이나 서비스를 창출과정에 직접 간접으로 소모된 에너지를 평가함으로써 자연자원 및 에너지 이용 면에서 기존 회계보다 폭넓은 환경회계정보를 제공할 수 있다.

<표 32>에서는 LCA와 시스템적 접근을 시도하는 MFCA 및 Emergy회계 기법들의 장단점과 한계에 대해 정리하였다. 먼저 MFCA는 현재 주로 폐기물에 포함되는 손실을 가시화할 수 있다는 점이 특색이지만 에너지 자원에 대한 구체적 적용 방법이 개발되지 못하고 있다. LCA는 너무 복잡하고 시간적이나 금전적으로 쉽지 않은 방법론이기 때문에 사회적 확산에는 명백한 한계성을 드러내고 있다. 이에 비해 탄소발자국은 상대적으로 적용하기 용이하다는 장점은 있으나 LCA의 일부라는 점에서는 다양한 불확실성이 존재하는 단점이 있다. 에머지회계도 기존 회계시스템과는 달리 자연자원의 질을 고려한 정보를 제공하는 장점은 있으나 객관적인 자료수집의 문제점과 동일한 자원에 대해서도 생성되는 여건에 따라 상이하므로 동일한 시스템에 대해 다른 결과의 가능성을 배제할 수가 없다. 따라서 공학적 환경영향 평가기법의 사용자는 어떤 하나의 모형을 선택하기에 앞서 그 역사 및 배경과 각 방법에 관한 잘 알려진 정보에 대해 충분한 사전 검토를 해야 한다. 종합하면 환경영향에 대한 통합 평가기법 사용자는 자신들의 목적에 가장 적절하게 적용할 수 있는 기법을 결정할 때 다양한 요인들을 충분히 고려해야 한다는 것이다.

<표 32> 회계적·공학적 환경영향 평가기법의 장점과 단점

기법	강점	약점
LCA	· 기능에 연계된 환경영향에 관련한 포괄적 분석 · 수명주기의 한 단계에서 다른 단계로, 한 지역으로 다른 지역으로 이전되는 문제의 회피 · 과학에 기초한 정보와 가치 선택 간의 명확한 구분 · ISO에 의한 국제적 표준화, SETAC-UNEP에서 예상되는 성공 사례	· 프로세스의 통합 사슬을 고려하므로 복잡하며 그래서 데이터 집약적이다. · 기술과 수요에 대한 미래 변화를 직접 고려하지 않는다. · 반동과 다른 사회적 영향을 고려하지 않는다. · 알려진 계량 가능한 환경영향을 고려하지 않는다. · 비교적 전문지식을 요구한다.
MFCA	· 제조 현장과 경영층이 물질흐름원가라고 하는 동일 언어로 정보를 공유화하여 의사결정의 신속화와 정책에 유용 · 폐기물의 원가를 정확하게 분류, 계산함으로써 폐기물 삭감에 의한 자원생산성의 향상을 도모 · 모델링 타입은 다양하고 상이한 프로세스를 통해 다양한 물질 흐름을 연결 · 물질이용과 소유에 대한 근본 사고를 바꾸는 틀을 제공	· 환경영향과 불확실하게 연계된 개입수준에 대한 투입관련 모델링, 규범적 평가를 복잡하게 한다. · 에너지도 물질에 포함되는 것으로 정의하지만, 구체적인 적용 방법이 개발되지 못함 · 재생가능, 재생불능자원과 같은 광의의 환경자원을 고려하지 못함 · 수송에 소요되는 환경부하와 비용을 파악하지 않음
탄소 발자국	· LCA가 너무 복잡하고 시간적이나 금전적으로 쉽지 않은 방법론임에 비해 사회적 확산에 비교적 용이하다.[38] · 탄소성적표지를 통해 소비자 주도의 저탄소 소비문화를 확산시켜, 이를 토대로 기업의 저탄소상품 기술개발을 촉진시킨다. · 궁극적으로 탄소라벨은 시장 원리에 입각한 것으로, 저탄소 제품의 시장 구매력을 활성화시켜 보다 실질적인 온실가스 감축 효과를 얻을 수 있다.[39]	· 개념이 이론적으로는 간단명료하지만 실무에서 적용할 때는 잠재적 불확실성의 원천 문제로 상당히 복잡함 · 어디에서 발자국 평가의 경계를 그려야만 하나, 제품의 계절적 요인도 불확실성을 더하고, 원산지와 생산수단 때문에 유사제품의 발자국에서 많은 변동 발생 · 매년의 기후변화, 제조공정과 포장시스템 변화 등에 따라서도 발자국이 변동 · 기존 포괄적 데이터가 진부한 것이라면 발자국 평가가 가능한지?
에머지 회계	· 기존 회계시스템과는 달리 자원의 질을 고려한 정보를 제공하므로 단순히 그 크기만으로도 자원의 사용량 정도를 파악하고 환경영향을 보다 쉽게 평가	· Emergy회계에 필요한 객관적인 자료수집이 어려워 관련비용을 계량적으로 분석하는 데 한계가 있다. · emergy를 평가할 때 사용되는 전환율이 동일한 자원에 대해서도 생성되는 여건

기법	강점	약점
	· 자연자원 및 에너지 이용 면에서 기존 회계보다 폭넓은 환경회계정보 제공 · 폐기물의 재사용가치와 에너지 회수가치를 평가하여 폐기물의 처리 및 활용 방안에 있어서 다양한 대체안을 판단하는 근거자료가 된다.	에 따라 상이하므로 동일한 시스템에 대해 다른 결과의 가능성 · 기존에 기업들이 운영하고 있는 ERP나 LCA소프트웨어와 연계할 수 있는 방법을 새롭게 구축해야 한다.

이상에서 환경회계와 환경공학기법의 융합이 전략적 원가관리기법으로서의 환경관리회계를 실행하는 데 있어서의 어떤 측면에서 유용한지 그리고 융합의 결과가 가져다주는 시사점을 살펴보았다. 특히 MFCA, LCA, 탄소발자국 등의 환경공학기법과 에머지회계와 결합함으로써 에너지 회수와 부산물 재활용에 소요된 원가를 파악하고 환경효익을 계산할 수 있다. 또한 이러한 정보를 통해 각 부서 및 공장별 환경지출의 비효율적 요소를 파악할 수 있고 환경원가절감을 위한 개선 방안을 마련하는 동기를 부여할 수 있다. 또한 자연자원 및 에너지 이용 면에서 기존 회계보다 폭넓은 환경회계정보를 제공하여 환경영향의 최소화와 경제적 가치를 향상시키는 전략적 환경관리회계의 활용 기회를 높여준다(육근효, 2016).

요약하면 환경경영을 추진하는 과정에서는 환경회계와 환경공학기법 양면의 가시화가 이루어지게 되며, 이것은 결과적으로 보다 장기적 관점에서 전통적인 현금흐름이 아닌 물질흐름에 의거한 경

---

38) 탄소발자국은 보통 '마일리지'운동을 통해 적용되고 있어 실제 생활에서 보다 현실적인 기법이다. 탄소발자국이 일상생활 속의 이산화탄소 배출량을 계산하는 프로그램이라면 '탄소라벨(Carbon Label)'은 이를 실제로 제품에 표시하는 것이다.

39) 탄소라벨은 청정개발체제(CDM: Clean Development Mechanism), 공동이행제도(JI: Joint Implementation), 배출권거래제도(ET: Emission Trading) 등 소위 '교토메커니즘'의 단점을 해결할 수 있는 수단으로 주목받고 있다. 그 이유는 교토메커니즘은 온실가스를 근본적으로 감축시키기보다는 기술력이 우수한 선진국에서 개발도상국 또는 후진국으로 온실가스가 이전돼 궁극적으로 감소 효과가 크지 않다는 점이 문제점으로 지적되고 있기 때문이다.

영사고의 다원화와 자연환경 및 사회에의 영향을 고려한 새로운 이익개념을 제공하는 전략관리회계의 틀을 확장시켜 준다.

3. 가치공학(VE)과 원가기획(목표원가관리)의 관계

원가기획(목표원가관리)은 각 조직의 기획단계에서 사용하는 가격 책정 방법이다. 이는 기본적으로 생산, 엔지니어링, 연구 및 설계 분야의 다른 인력의 도움을 받아 전체 생산 수명주기 동안 제품의 전체 비용을 줄이기 위한 원가관리 도구 또는 기술이다. 목표원가는 회사가 특정 판매가격으로 해당 제품에서 필요한 이윤을 얻을 수 있는 제품에 투입할 수 있는 최대 비용이다(목표가격-목표이익=목표원가). 이 목표원가를 달성하기 위해 가치공학(VE: Value Engineering)은 제품 또는 서비스 비용에 영향을 미치는 요소를 식별하기 위해 인정된 기술의 체계적인 수단 또는 기법을 적용하여 요구되는 품질 및 신뢰성을 지키면서 목표원가 이내로 지정된 목적을 달성하는 아이디어를 고안한다. 가치공학(VE)의 목표는 시장에서의 기능 또는 요구사항에 기초한 제품의 가치를 고객들에게 제공하기 위해 가장 적합한 설계 표준을 제공함으로써 할당된 목표원가를 달성하는 것이다. 단 이 경우에도 기능을 희생하지(줄이지) 않으면서 원가를 절감할 수 있는 방안을 모색하고 제품원가를 증가시키거나 고객이 추가 비용을 지불할 준비가 되어 있지 않은 불필요한 기능을 제거할 수 있는 제품 설계안을 제시한다. 가치공학(VE)은 설계 엔지니어와 긴밀히 협력하여 이러한 모든 것을 달성할 새로운 설계를 채택한다.

원가기획(Target Costing)이란 말 그대로 원가를 기획하는 것이다. 이는 견적을 내는 단계에서 고객의 품질, 비용의 요구를 충족시키기 위해 기업의 노력을 다하여 (목표)원가를 만들어내는 업무가 된다. 이때의 원가는 재료를 구입, 가공하고 부가가치를 붙여 고객으로부터 요구받은 제품을 구조의 사양, 재료의 질, 가공 방법을 고려해 얼마 이하로 만들어야 하는지, 즉 목표로 하는 원가를 의미한다.

그런데 목표원가가 정해진다고 해서 즉시 그것이 실현될 수 있는 것도 아니다. 목표원가는 기능별, 기구별, 부품별로 세분화되어 각각의 설계를 담당하는 엔지니어나 공급업자에게 할당된다. 그 후, 각각의 설계 단계에서는 VE를 활용한 분석·검토가 반복되어 목표의 실현에 이른다. VE는 실질적으로 원가기획, 즉 목표원가를 달성하는 성공의 열쇠를 쥐는 분석 도구이므로 VE가 바로 원가기획의 핵심이라고 볼 수도 있다. 한편 목표원가를 실현할 수 없는 한 제품개발은 성공했다고는 말할 수 없기 때문에 원가기획은 제품개발 프로세스 그 자체라고 하는 견해도 있다. 어떠한 관점이 원가기획의 본질을 파악하고 있는지는 속단할 수 없지만 적어도 관리회계 측면에서는 목표원가를 통제 기준으로 하는 제품개발의 통합적인 관리라고 할 수 있다.

어쨌든 원가기획은 차기의 개발 제품의 기본 콘셉트가 굳어지는 상품기획 단계를 출발점으로 해서, 이 단계에서 목표 예상 매가(딜러에게 판매할 때의 칸막이 가격)로부터 목표이익을 차감해서 허용원가를 구하고 이것을 기초로 목표원가를 결정한다. 말하자면 이익의 선점(사전 확보)이라고도 할 수 있는 이 사고방식도 원가기획의 참신성을 이야기하는 요인이라고 해도 좋을 것이다.

4. IoT(사물인터넷)와 원가기획의 관계

원가기획의 장점은 분명히 존재하지만 그 협력업체의 피폐, 설계 엔지니어의 과로와 지나친 고객 지향의 폐해와 같은 역기능도 무시하지 못한다. 이러한 종류의 문제도 아직 미해결이지만 최근의 급격한 디지털 정보기술로 인한 경영환경의 변화도 원가기획에 위기를 가져오고 있다. 특히 원가기획의 성공요인이라고도 말할 수 있는 인프라(하부구조)의 붕괴를 부를 우려가 있다. 그 인프라에는 여러 가지가 있지만 대표적으로 다기능 또는 조직횡단(cross functional)의 제품개발과 공급자 관계를 축으로 하는 피라미드형의 분업체제를 들 수 있다. 이와 같이 원가기획에 관해서는 아직 검토해야 할 과제는 끝나지 않았지만 최근에는 전혀 취지를 달리하는 새로운 문제가 부상하고 있다.

첫째, AI(인공지능)/IoT(사물인터넷)가 촉진하는 다양한 환경의 변화가 일어나고 있으며 이러한 변화는 원가기획에도 큰 변혁을 강요하고 있다. 예를 들면 자율주행 기술의 개발이 진행되는 배경에 인공지능(AI: Artificial Intelligence)의 발달과 함께 사물인터넷 (IoT: Internet of Things)의 급속한 진전이 있다. IoT는 PC나 스마트폰, 태블릿만이 아니라 신변의 모든 물품에 설치된 센서에 의해서 사람의 손을 개입시키는 일 없이 인터넷을 통해서 서로 데이터의 교환을 가능하게 하는 구조이다. 자동차가 IoT로 연결되면 교통

체증이나 사고 등의 문제가 한꺼번에 해결될 것으로 기대된다.

이러한 IoT의 진화는 무엇보다도 원가기획의 성공요인이라고도 말할 수 있는 다기능(cross functional)의 제품개발과 공급자 관계를 축으로 하는 피라미드형의 분업체제 등의 인프라의 붕괴를 부를 우려가 있다. 즉, IoT를 상징하는 차세대 자동차의 개발 단계에서는 GPS(Global Positioning System), 3차원 지도, 빅데이터를 처리하는 AI가 필수적이지만 완성품 업체가 단독으로 이것들을 개발하는 것은 불가능하다. 그 때문에 협력업체와 협동으로 원가를 절감하는 구조를 갖고 있는 원가기획은 새로운 환경하에서 충분히 원가절감을 달성할 수 있을지는 불투명하다고 예상된다(伊藤[Ito], 2018).

둘째, 하드웨어가 아니고 서비스의 질이 추궁당하는 앞으로의 비즈니스 환경에서는 일단 중대한 품질 트러블이 일어나면 곧바로 다른 플레이어로 대체되는 사태가 일어날 수도 있다. 그 때문에 리스크는 비약적으로 높아질 것으로 예상된다. 또한 서비스 전체에 관련되는 가격의 결정권이 IT기업이 쥐고 있을 가능성이 높은 가운데, 해당 리스크에 관련하는 비용을 어떻게 염출해 나갈지는 매우 해결하기 어려운 일이 될 것이다.

이 외에 현재 세계의 많은 제조 기업이 제품이 아닌 스스로가 관계되는 IoT의 구조를 개발해 이것을 매매하는 비즈니스 모델로의 전환이 요구되고 있다. 이런 환경에서 종래의 원가기획을 지지해 온 인프라라고도 할 수 있는 조건이 어떻게 변화하는가를 정리해 보면 <표 33>과 같다.

<표 33> 경영환경과 원가기획 인프라의 변화

	기존의 제품개발	차세대 제품개발
가격결정권	제품 메이커	IT기업
공급업체에의 영향력	매우 크다	약하다. 지위의 역전
메이커의 이익률	높다	감소한다
이익의 유인	개발/제조프로세스 효율화	혁신적 아이디어 창출, 브랜드파워
품질클레임 발생의 리스크	클레임의 유형에 의함	유형에 관계없이 매우 크다

이와 같이 경영환경과 원가기획 인프라의 변화에 따라 원가기획에 IoT를 활용하는 빈도가 높아지고 있는데 그 효과를 다시 요약하면 다음과 같다.

- 원가기획에서 견적에 사용하는 가공시간(사이클 타임)/불량률/가동률의 실적 원단위를 설비로부터 수집해 정기적·정량적으로 파악할 수 있게 된다. 따라서 정밀도 높은 견적을 낼 수 있어 적정한 이익 확보가 가능하게 된다.

- 신속한 원가기획 데이터베이스의 활용에 의한 고정밀 견적 제시를 통해 고객만족도 향상과 수주 확률 향상에 의한 매출 증가로 연결된다.

- 디지털 엔지니어링 추진을 통한 3D 데이터와 공정 부품표(P-BOM), 제조 부품표(M-BOM)의 연계가 강화된다.

- 검사 공정의 자동화에 의해 불량품 장소의 요인 특정과 상류 공정(설계, 생산 기술)의 제휴가 원활해져 개선을 신속하게 할 수 있다. 그리고 개선 활동이 추진됨으로써 제품력 강화로 이어진다.

- 원가기획 데이터베이스나 클라우드 서비스의 활용에 따라 각

국에서의 견적이나 실적원가 활용이 원활하게 되어 글로벌
차원의 원가기획 관리체제를 강화할 수 있다.

제3부

첨단과학기술과
CSR · 지속가능회계의 융합

9장

인공지능(AI)과 CSR · 지속가능회계

1. CSR · 지속가능회계에 있어서 AI의 적용

Accountability(설명책임)라는 말을 잘 살펴보면 account라는 말과 ability라는 말로 구성되어 있는데 본래 회계에서 나오는 용어이다. 설명책임 또는 설명의무라고 번역되는데 이해관계자에게 자기 자신이 권한을 가지고 담당하고 있는 내용이나 상황에 대해서 보다 자세하게 설명하는 것을 말한다. 원래 이 용어는 주주총회에서 회사의 경영 상태에 대해 주주에게 설명하는 장면을 가리키는 말이었다. 즉 경제사회에서는 투자가가 기업에 자금을 맡기고 이것을 경영자가 사용해 기업을 경영하는데 그 맡은 자금이 어떠한 상황이 되어 있는지 기업의 경영자가 자금을 맡긴 투자가에 대해 설명하는 책임을 의미한다. 이 외에도 여러 가지 의미가 있다. 이해관계가 있는 회사와의 소통에서는 책임을 추궁하는 의미나 개선하기 위한 대처나 사태에 대한 대응이라는 의미로도 사용된다. 또한 사전에 관계자가 내용이나 상황을 상대로 설명을 해서 납득하고 이해받는다고 하는 의미로 사용한다. 설명책임의 개념을 확장하면 사회에 영향을 미치는 주체가 과거, 현재 및 미래의 활동에 대해서 폭넓게 이해관계자에 설명하는 책임으로 나아가게 된다(結城[Yuki], 2020).

그리고 이런 설명책임을 보강하기 위해서 지금 회계업무에서는 IT와 AI를 활용해서 회계업무를 해 나가는 흐름이 있다. 나아가 이 회계업무 안에서 판단을 할 때에도 AI를 활용해 나가려는 움직임이 있다.

설명책임이라는 개념을 확대하면 CSR(사회적 책임)로 연결된다. 기업이 CSR 활동을 하는 것은 오늘날 보편적인 추세가 되고 있다(Visser, 2011). 현대의 기업은 사회적 신뢰를 기반으로 사회로부터 정당성을 부여받고 있기 때문에 사회의 신뢰를 저버리고서 기업은 더 이상 존속할 수 없기 때문이다. 그런데 기업의 본원적인 행위는 영리를 추구하는 것인데 사회적 이익을 추구하라는 트렌드를 따르라고 하니 기업은 딜레마에 빠지게 된다. 따라서 현실적으로는 "기업의 논리와 사회적 논리를 어떻게 발전적으로 통합할 것인가" 하는 문제를 해결하는 데 초점을 맞추고 있다.

CSR은 비즈니스 세계에서 점점 더 중요해지고 있다. CSR 전략이 좋은 회사는 뚜렷한 경쟁 우위를 가지고 있다. 소비자는 더 높은 가격에도 사회적으로 책임 있는 조직의 제품과 서비스를 선호한다. 기업들은 이러한 추세를 활용하기 위해 CSR 예산을 마련하기 시작했다(Thacker, 2019). 그러나 CSR 프로그램으로 인한 영향은 다양한 결함으로 인해 잠재력에 도달하지 못하는 경우가 많다. CSR에서 인공지능(AI)을 사용하면 효율성을 높이고 이러한 결함을 줄일 수 있다.

이에 따라 2018년에 들어서면서 CSR의 새로운 시대가 전개되기 시작했다. CSR 프로세스를 근본적으로 변화시키고 개선하기 위해 기계가 배치되는 지능화 시대에 돌입한 것이다(Naqvi, 2018). 윤리, 지속가능성, 다중 이해관계자 모델 및 CSR이 인기를 얻고 있는 반면에 관리, 효과성, 필요성 및 유효성 문제가 새로운 시대의 진행을 방해한다.

비즈니스에서 AI(인공지능) 기술의 부상은 우리 세상을 변화시키고 있으며, CSR에서도 AI 기술은 CSR 프로세스를 근본적으로 개선하기 위해 전략적이고 통합된 방식으로 전파되고 있다. AI 기술은 CSR 전략을 전체 비즈니스 전략과 통합하는 방법을 학습하여 기업 전략 및 CSR 이니셔티브의 통합 지점을 식별하는 데 도움이 될 수 있다.

AI가 CSR 프로세스를 변화시키는 방법을 구체적으로 살펴보면 다음과 같다.

- AI는 기업의 비즈니스 가치 동인(value drivers)과 여러 이해관계자를 위한 긍정적인 결과를 생성하는 능력을 이해할 수 있다. CSR 목표를 고려한 CSR 프로그램을 구성하고 최적화하는 데 도움이 되는 프로그램 전략과 지도를 추천할 수 있다.
- AI 기술은 가치 측정 및 중요성 평가에서 인간의 편견을 제거하거나 줄일 수 있다.
- AI 시스템은 새로운 트렌드와 글로벌 변화를 동적으로 모니터링 및 추적할 수 있으며 글로벌 표준에 대한 CSR 프로그램의 정확하고 다차원적인 성능을 측정할 수 있다.
- AI 시스템은 또 하나의 중요한 문제인 탄소배출이나 환경오염문제도 해결할 수 있다. 탄소배출과 환경오염방지를 위한

AI 센서와 관련 설비를 공장마다 의무적으로 설치하게 하면 그 설비를 설치한 기업은 환경오염에 대한 비판을 피해갈 수 있을 뿐만 아니라 실제 탄소배출과 환경오염을 줄일 수도 있게 된다.

- 사회책임회계(CSR회계) 영역에서도 AI는 다양한 역할을 수행할 것이다. DJSI(다우존스 지속가능지수)에서 최고점을 받을 수 있는 알고리즘, GRI(Global Reporting Initiative) Standard를 기반으로 가장 세련된 보고서를 만들어낼 수 있는 AI 프로그램이 개발된다면 이런 AI를 활용한 CSR회계 컨설팅 역할을 대신할 수 있다고 생각한다(Thacker, 2019). 이미 GRI는 여러 AI 컨설팅 기업들과 함께 기업의 지속가능 보고서를 1년에 한 번 발행하는 연간보고서가 아닌 실시간으로 CSR 지표를 확인할 수 있는 방식의 AI 보고시스템을 개발 중이다. AI 센서와 알고리즘을 기업의 ERP나 생산관리시스템과 연결시켜 CSR과 관련된 다양한 지표를 실시간으로 모니터링하고 외부의 이해관계자들에게 보고할 수 있도록 만들겠다는 것이다.

2. 블록체인과 회계문제

블록체인(Block Chain) 개념과 특징

블록체인(Block Chain)은 누구나 열람할 수 있는 장부에 거래 내역을 투명하게 기록하고, 블록에 데이터를 담아 체인 형태로 연결하여 수많은 컴퓨터에 동시에 이를 복제해 저장하는 분산형 데이터 저장 기술이다. 블록(Block)에는 일정 시간 동안 확정된 거래 내역이 담긴다. 온라인에서 거래 내용이 담긴 블록이 형성되는 것이다. 공공 거래 장부라고도 부른다. 블록체인이라는 단어의 의미는 '비트코인 또는 다른 암호화폐로 이루어진 거래가 시간 순으로 공개적으로 기록되는 디지털 원장'이다. 중앙집중형 서버에 거래 기록을 보관하지 않고 거래에 참여하는 모든 사용자에게 거래 내역을 보내주며, 거래 때마다 모든 거래 참여자들이 정보를 공유하고 이를 대조해 데이터 위조나 변조를 할 수 없도록 되어 있다(<그림 33>).

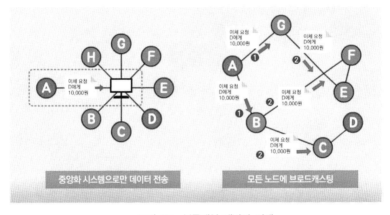

<그림 33> 블록체인 개념의 이해

출처: https://blog.naver.com/juvefc/222337762138 인용

블록체인 기술을 기반으로 구축된 최초의 상용 애플리케이션은 비트코인이라는 디지털 암호화폐로 2009년에 등장했다. 이것은 사용자가 신뢰할 수 있는 제3자 없이 거래할 수 있는 P2P(인터넷에서 개인과 개인이 직접 연결되어 파일을 공유하는) 결제 시스템이다.

디지털 원장은 블록체인에서 기록을 조작하는 것이 거의 불가능하다. 그러나 블록체인은 비트코인과 다르다. 비트코인은 블록체인의 광범위한 의미를 이해하기 위한 진입점으로 간주되며 사실, 비트코인은 이메일이 인터넷에 연결되는 것처럼 블록체인에 사용된다.

블록체인의 두드러진 특징은 다음과 같이 열거할 수 있다(Bansal 등, 2018).

- 하나의 공통 디지털 원장 공유 - 블록체인은 컴퓨터 네트워크를 통해 디지털 원장을 공유할 수 있는 암호화 도구를 사용하는 분산형 원장 기술이다.[40]

- 투명성 - 블록체인은 완전히 공개된 디지털 원장으로 수많은 사용자가 지속적으로 업데이트한다. 블록 단위의 연속 레코드 목록이다.

- 신뢰성 - 블록은 완전히 신뢰할 수 있으며 트랜잭션(컴퓨터 처리 작업 단위)을 소급하여 변경할 수 없기 때문에 손상될 수 없다.

- 자동 시스템 - 트랜잭션을 자동으로 기록하도록 블록체인을 프로그래밍 할 수도 있다.

- 암호 화폐의 측정 가능성 - 거래의 금전적 가치는 일반적으로 암호 화폐, 즉 디지털 통화로 측정된다.

- 원장의 탈중개화 - 신뢰할 수 있는 중앙기관/제3자 중개자 없

---

40) 거래의 기록을 두 계정(차변과 대변)에 기록하고 추가로 전체 장부 자체를 분산 장부에 기록한다는 의미에서 이를 다식부기(Multiple-entry accounting) 또는 Triple-entry accounting이라고 부른다. 즉 복식부기+cryptography=삼중 부기(다식 부기)이다. cryptography는 간단히 설명하면 통신문의 내용을 제3자가 판독할 수 없는 글자·숫자·부호 등으로 변경시킨 것이다.

이도 거래할 수 있다.

- 보안 및 개인정보 보호 - 블록체인은 전혀 해킹할 수 없으므로 안전하다. 거래를 보호하고 개인정보를 보호한다.
- 내부기록 보관 혁신 - 블록체인은 기록 보관 및 거래 방식을 바꿀 수 있는 잠재력을 가지고 있다.

회계에 대한 블록체인의 영향

블록체인 회계에서 모든 거래는 가상 블록에 기록되고 일정 시간이 지나면 새 블록이 생성되어 체인의 모든 이전 블록에 연결된다. 블록은 거래에 관련된 양 당사자가 볼 수 있다. 이 모든 것이 계정 저장 및 공유에 적합한 시스템이다. 블록체인 기술의 출현은 회계사의 업무 방식을 변경함으로써 회계 분야를 변화시킬 가능성이 있다. 회계는 내부 및 외부 사용자에게 필요한 재무정보를 제공하는 역할이 주된 업무이지만 블록체인은 이러한 전형적 회계 산업의 파괴자로 간주된다.

블록체인은 현재의 회계시스템을 다양한 방식으로 변화시킬 것으로 예상되지만, 궁극적인 장점은 기술의 상당한 개선과 다양한 수준의 대규모 채택 이후에만 가능할 수 있다. 블록체인 기술이 회계에 미치는 영향을 크게 세 단계로 나누어서 살펴본다. 먼저 초기 단계에서 블록체인 기술은 두 당사자 간의 거래 기록을 유지하고 검증 가능한 영수증 또는 기록 사본을 발행하는 증권거래소, 국가 결제시스템, 재산등록부 등과 같은 중앙 제3자 기관을 없애는 데 도움이 될 수 있다. 이러한 확인 가능한 영수증 또는 기록 사본은 회계 장부에 거래를 기록하는 데 사용된다. 블록체인은 P2P 네트워크이므로 더 이상 중앙 기관의 서비스가 필요하지 않다. 거래는 블록에 안전하게 기록되며 기업은 동일한 물리적 또는 디지털 기록을 유지할 필요가 없다. 블록체인을 단련함으로써 사기(부정)를 저지르기 위해 기록을 위조하는 사례를 거의 0으로 줄일 수 있다는 것이다.

회계에서 블록체인 기술의 두 번째 수준에서는 일반적으로 WWL(World Wide Ledger)로 알려진 공유 원장의 형태를 취할 수 있다. WWL 매트는 기업이 모든 거래를 게시하고 주주를 포함한 다양한 규제기관 및 이해관계자가 사용할 수 있도록 하는 검색 및 검증 가능한 블록체인 회계시스템의 궁극적인 구현으로 정의된다. 이 경쟁 P2P 시스템에서는 기업이 입력한 모든 화폐 거래가 확인되고 승인되면 블록이 생성되고 해시(hash: 고정된 길이의 암호화된 문자열)와 함께 체인에 추가된다. 그러면 거래가 네트워크에 등록되고 확인된 모든 사람에게 공개된다. 결과적으로 기업은 동일한 거래가 블록체인에 저장되고 언제든지 액세스 할 수 있으므로 기록 보관을 위해 별도의 장부를 유지할 필요가 없다(Sarkar, 2018).

마지막으로, 극단적인 수준에서 블록체인은 실시간 블록체인 회계를 용이하게 할 수 있다. 이 형식에서 소프트웨어 솔루션은 둘 이상의 이해당사자 간의 통화, 파생상품 및 기타 디지털 상품의 거래를 가능하게 하고 거래를 암호화로 보호되는 블록에 저장하며 무결성이 검증된다. 또한 상품의 만기일에 대한 지불 및 정산을 수행하고 해당 거래를 기록하는 것이 더 자동화될 수 있다. 사실상 이 수준에서 회계사의 역할은 재고평가, 감가상각 또는 재무정책 선택 등과 같은 판단 영역으로만 제한될 수 있다. 그러나 이를 위해서는 기술이 현재 수준을 넘어서 상당 수준 진화해야 한다.

회계에 대한 블록체인의 영향은 다음과 같이 정리할 수 있다 (Bansal 등, 2018).

- 안전하고 투명한 데이터베이스 - 회계 분야의 블록체인은 공급망과 조직을 통해 이동(물리적 또는 디지털 방식으로)할 때 데이터와 상품을 추적하는 매우 환상적인 데이터베이스를 제공한다. 이를 통해 보다 엄격한 분석, 대화 및 보고 프로세스가 구체화될 수 있다.

- 당사자/거래의 완전한 진위 - 회사 간 거래 또는 고객 대 고객 거래로 지불 및 수취 계정을 고려한다. 결제 및 날짜를 확인하여 거래의 완전한 신뢰성을 보장하고 거래 상대방 위험 및 결제 시간을 최소화한다.

- 재정 정확성, 속도 및 사기(부정) 감소 - 블록체인 원장에서 거래가 발생하면 실시간으로 업데이트될 뿐만 아니라 거래가 완료되는 즉시 종료되기 때문에 재정 정확성을 보장한다. 신속한 조정을 통해 데이터 조작을 방지하고 사기를 방지한다.

- 재무 데이터의 무결성 및 보안 보장 - 모든 거래가 기록되고 확인되므로 재무 기록의 무결성이 보장된다. 모든 거래는 배포되고 암호화되어 봉인되기 때문에 조작, 위조 또는 파기하는 것은 사실상 불가능하다.

- 조정의 필요성 제거 - 극단적인 형태로 블록체인 회계는 실시간 보고를 가능하게 하고 이해관계자는 기업에 대한 필수 정보에 액세스 할 수 있다. 거래는 실시간으로 기록되고 원장은 즉시 업데이트되므로 조정이 필요하지 않다.

- 기록 유지비용 감소 - 블록체인 회계를 적용하면 거래의 물리적 또는 디지털 기록을 유지하는 비용을 크게 줄일 수 있다. 기록은 이제 블록체인에서 블록 형태로 유지되며 적절한 권한을 가진 사람은 언제든지 동일한 데이터에 액세스 할 수 있다.
- 부가가치 활동에 집중 - 블록체인 회계는 전통적인 기록 보관을 없애기 때문에 이에 관련된 자원을 확보할 수 있다. 이러한 자원은 조직의 다양한 부가가치 활동에 대안적으로 채널화 될 수 있다.
- 전통적인 회계 방법의 종말 - 블록체인은 공유 원장에서 거래의 양측을 동시에 실시간으로 기록할 수 있기 때문에 모든 산업에 걸쳐 인보이스 발행, 문서화, 계약 및 지불 처리의 전통적인 방법을 혁신할 준비가 되어 있다.
- 본격적인 데이터 전문가로서의 회계사 - 전문적인 지식과 마인드가 필요하며 회계처리를 보다 빠르고 정확하게 할 수 있다. 결과적으로 회계사는 회계직업 개발을 위해 고객 상호작용과 창의적 사고에 더 많은 시간을 할애하게 될 것이다.
- 향상된 조직 효율성 및 효율성 - 블록체인 기술은 정보 요청과 제공 사이의 지연 시간을 줄여 성능을 향상시킨다. 이는 거의 즉각적으로 이해당사자에게 필요한 정보를 준비하고 제공할 수 있는 잠재력을 가지고 있다. 장부를 보관하는 사람의 필요성을 없애고 규모의 경제를 실현한다.
- 기타 이점 - 국경 간 거래의 이전가격(Transfer Pricing) 메커니즘에 매우 유용하다. 또한 세금 징수에 상당한 효율성을 가

져오고 중요한 정부 간 신뢰관계를 구축할 수 있다. 블록체인은 비용을 크게 줄임으로써 비즈니스 수익에 긍정적 영향을 미칠 수 있다. 암호화 키로 더 많은 투명성과 제어를 제공하여 개인정보를 보호할 수 있다. 이 기술은 또한 중개자를 제거함으로써 값비싼 중개자가 관여하는 문제를 해결한다. 원장이 분산되어 있기 때문에 온라인 공격에 덜 취약하다.

블록체인 회계가 감사에 미치는 영향

블록체인은 회계뿐만 아니라 감사 직업을 크게 변화시킬 것으로 예상된다. 이는 감사는 계정을 증명하는 프로세스이므로 계정 유지관리 프로세스의 변경은 감사 절차에 중요한 의미를 갖기 때문이다. 감사 프로세스는 과거에 IT 기술로 인해 도입된 변경사항을 제외하고는 수십 년 동안 상대적으로 변경되지 않았다. 블록체인은 감사의 기본 전제에 도전한다. 구체적으로 블록체인 회계가 감사에 미치는 영향을 살펴보면 다음과 같다(Bansal 등, 2018).

- 차세대 감사 서비스 - 블록체인 기술은 완전히 새로운 세대의 감사 서비스를 제공할 것이다. 실시간 데이터에 대한 액세스를 통해 감사자는 감사 활동을 간소화하기 위한 다양한 메커니즘을 개발할 수 있다. 사이버 보안 및 지속가능성 분야의 감사관도 사용할 수 있다.

- 불변의 타임 스탬프(time stamp)가 있는 검증된 거래 - 블록체인은 해시 문자열을 사용하고, 재무정보는 감사 소프트웨어로 자동으로 검증될 수 있는 불변의 타임 스탬프가 있는 거래를 허용하는 디지털 지문을 제공한다.

- 감사 서비스의 시간 및 비용 감소 - 감사 기능의 자동화는 감사 서비스의 시간과 비용을 크게 줄인다. 예를 들어 기업은 내부 블록체인의 모든 거래를 로그오프하고 이를 중앙에서 기록할 수 있다. 마찬가지로 외부 감사원도 기업의 장부를 실시간으로 검사할 수 있다.

- 더 많은 투명성 - 승인된 사용자에게 모든 거래에 대한 가시성을 제공하며, 이는 트랜잭션 샘플링 및 검증에 대한 감사자의 작업을 감소시킬 수 있다. 따라서 감사자는 통제에 집중하고 이상을 조사하는 데 더 많은 시간을 할애할 수 있다.

- 추적 가능한 감사 추적 - 블록체인 기술은 추적 가능한 감사 추적, 자동화된 감사 프로세스, 빠른 거래 인증, 자산 소유권의 빠른 추적을 제공한다.

- 감사인의 역할 재정의 - 감사인이 일하는 방식, 함께 일하는 사람, 업무를 수행하는 장소, 고객 및 동료와 연결하는 방법을 바꿀 것이다. 감사자가 생존하고 번성하려면 이러한 새로운 개발을 배워야 한다.

- 감사 결과에 대한 검토와 분석 - 자동화된 프로세스에 대한 인간의 감독과 검토에 대한 수요와 시장 기대는 항상 존재한다. 이것은 회계가 본질적으로 더욱 자동화되고 지속적으로 변하더라도 자동화된 결과에 대한 주기적인 검토 및 분석이 필요하다는 것이다(Smith, 2020).

이러한 인간의 감독과 간헐적인 개입으로도 감사 프로세스의 많은 부분이 상당히 자동화되거나 증가되거나 완전히 대체될 것이다. 이러한 변화에 대한 시장 증거는 Big 4와 같은 회계법인에서 이미 나타나고 있다.

블록체인 회계 구현의 과제

블록체인 회계는 다양한 장점을 제공할 수 있고 회계 및 감사를 새로운 수준의 비용 효율성, 자동화 및 매우 신뢰할 수 있는 시스템으로 변환할 수 있지만 이 기술을 구현하는 데 몇 가지 문제가 있다(Sarkar, 2018).

- 블록체인 기술은 인터넷에 크게 의존한다. 따라서 부적절한 인프라는 전리품이 될 수 있다. 또한 더 높은 수준의 사이버 보안이 필수적이다.
- 회계 및 감사는 주로 규정에 의존한다. 따라서 블록체인 회계의 모든 장점을 보장하려면 이 프로세스에서 적절한 규정도 제정되어야 한다. 규정의 변경 사항이 신속하게 적용될 수 있도록 프로세스를 활성화해야 한다.
- 블록체인 회계에서는 일반적으로 WWL(World Wide Ledger)로 알려진 공유 원장의 형태를 취할 수 있는데 이것이 구현되려면 기업이 블록체인 회계를 대규모로 채택해야 한다. 이 기술이 많은 기업에서 채택되지 않는 한 그 효과는 제한될 것이다.

3. 클라우드(Cloud) 회계

클라우드란 cloud=구름이라는 뜻이다. 왜 클라우드라는 단어가 사용되기 시작했는지 여러 가지 설이 있지만 일반적으로는 네트워크를 도식화할 때 구름도를 사용하는 경우가 많았기 때문이라고 알려져 있다. 가지고 있는 컴퓨터가 아니라 구름처럼 네트워크 건너편에 회계 시스템과 데이터가 저장되어 있는 것이다.

기존의 소프트웨어나 데이터의 사용법은 사용자가 자신의 휴대전화나 PC 안에 소프트웨어, 데이터 등을 보유하고, 사용·관리하고 있었다. 그러나 클라우드의 경우에는 네트워크상에 있는 서버 안에 소프트웨어나 데이터가 존재하며 이용자는 필요에 따라 네트워크를 통해 접속하여 서비스를 이용한다.

클라우드 회계는 넓은 의미로는 인터넷상의 서버에 데이터를 저장하는 클라우드 서비스를 사용한 회계도구이다. 클라우드 회계는 최근 몇 년간 회계사무소나 기업을 중심으로 급속한 확대를 보이고 있다. 소프트웨어 도입이나 유지보수에 시간이 걸리지 않고 회계처리에 소요되는 시간도 단축할 수 있다는 점이 특징이다.

클라우드 회계와 기존의 회계 소프트를 비교하면 다음 <표 34>와 같다.

<표 34> 클라우드 회계와 기존의 회계 소프트 비교

	기존의 회계 소프트	클라우드 회계
사용환경	인스톨된 PC 1대	인터넷 환경이 있다면 가능
분개	거래를 확인해서 매번 1개씩 입력	AI에 의한 자동분개/학습기능
영수증/증빙	종이보존, 내용을 직접 확인, 수동입력	스캔/사진/OCR에 의한 자동기입
통장/카드	종이보존, 명세를 직접 확인, 수동입력	데이터 자동기입
청구서	수작업 Excel로 입력→분개입력	견적→청구→분개와 자동전기
보안	이용자가 책임지고 관리	모든 정보/통신을 암호화 엄중한 데이터 보관
요금	인스톨 수에 따라 과금	계정 수에 따라 과금

출처: https://ur-cloud.jp에서 인용

클라우드 회계도 AI와 마찬가지로 모든 것을 할 수 있는 것은 아니다. 통장이나 신용카드와 연동 데이터를 통해 금액과 과목을 추측하는 등, 어느 정도의 일은 해준다. 그러나 모든 것이 전자동으로 이루어지는 것은 아니다. 최초의 설정은 물론 인간이 체크해 주지 않으면 정확한 데이터가 되지 않는다. 클라우드 회계 자체가 사고를 해주는 것은 아니기 때문에 인간이 잘 쓰는 방법을 생각해야 비로소 진가를 발휘하는 것이다.

그럼 클라우드 회계는 어떤 것을 할 수 있는 것인가. 예를 들어 클라우드 회계를 사용하여 경리시간을 줄이고 다른 업무에 할애하는 시간을 늘릴 수 있다. 또, 자금융통이나 시산표를 리얼타임으로 파악할 수 있어 경영에 필요한 의사결정을 스피디하게 실시하는 것이 가능하다. 회계의 지식이 불필요하다고까지는 할 수 없지만 회계 소프트 사용의 용이성에 의해 경리업무의 장애가 줄어드는 것은 틀림없다. 즉 클라우드 회계는 경리 업무를 효율화, 사업의 최신 데이터 파악, 회계 소프트웨어를 처음으로 도입하는 업체의 지원군이 되어 주는 것이다.

요약하면 클라우드 회계는 기존의 PC에의 인스톨형 회계 소프트가 아닌 인스톨이 불필요하고 어떠한 디바이스에서도 조작할 수 있는 회계시스템이다. PC(스마트폰으로도 가능)와 인터넷 환경만 갖추어져 있으면, 언제 어디서나 최신의 재무 상황을 확인할 수 있다 (http://www.hikari-tax.com/feature/cloud).

클라우드 회계를 활용하면 다음과 같은 장점이 있다.
- 불필요한 입력 제거: 기존 회계 소프트에서는 복수의 전기 작

업·입력에 의해 여러 가지 장면에서 실수가 발생할 리스크가 있었다. 클라우드 회계에서는 거래의 발생원으로부터 분개 입력까지를 온라인상에서 단번에 통관함으로써 쓸데없는 전기 작업이나 실수의 리스크를 줄일 수 있다. 또한 예금 거래나 신용카드 거래 데이터를 자동으로 가져올 수 있어 입력 수고를 대폭 절감할 수 있다.

- 청구서의 발행 업무도 편리: 클라우드 회계에는 청구서 발행 기능도 포함되어 있어 청구서 작성과 동시에 분개가 생성된다. 나아가 인터넷 뱅킹과 연계시킴으로써 입금 시에 외상매출금의 자동처리도 가능해져 청구업무→경리업무의 흐름이 원활해진다.

- 외상대금 관리나 경비의 정산도 전기 작업이 불필요: 지불처가 매월 다방면에 걸쳐 있어 금융기관의 종합 이체를 이용하고 있는 경우도 대응 가능하다. 청구서나 영수증을 스캐너나 스마트폰의 카메라로 간단하게 회계에 넣을 수도 있다. 종업원 개개의 대체 경비에 대해서도 신청·승인의 기능이 있어 승인 후에 자동으로 분개가 생성되기 때문에 종업원 사이의 번잡한 소통을 생략해 생산성의 향상으로 연결된다.

- 매일의 실적관리로 스피드 경영: 출장지에서도 매일의 실적이 반영된 데이터를 확인할 수 있어 경영 판단의 스피드감이 올라간다. 여러 사람이 동시에 단말기를 선택하지 않고 접속할 수 있으며 고문 세무사나 관계자와 클라우드로 데이터를 공유할 수 있어 곧바로 판단을 요청할 수 있다.

- 업데이트와 기능의 확충이 신속: 소프트웨어의 설치, 업데이

트가 불필요하고 세제개정이나 소비세 대응 등 항상 최신 법규제에 대응한 기능 이용이 가능하다. 다른 클라우드계 앱이나 업무 개선 앱과의 연동성이 우수하다.

- 데이터 소실 위험 감소: 클라우드 서버에 백업이 있기 때문에 PC 고장 시나 분실 시의 데이터 소실 위험을 낮출 수 있다.

반면에 클라우드 회계의 단점은 다음과 같다(Hoffman, 2020).

- 저가격 회계 소프트웨어를 사용하여 연도 갱신을 하지 않는 경우와 비교하면 비교적 비싸질 수 있다. 또한 운용 코스트가 들어간다.
- 기존 회계 소프트에 익숙해져 있는 경우는 처음에 조작하기 어렵다.
- 클라우드 회계는 직감적으로 조작할 수 있는 한편, 등록이나 자동 도입 규칙 등의 초기설정을 제대로 해 두지 않으면 잘못된 경리 처리가 되거나 수정 작업에 시간이 걸려 오히려 비효율적으로 되는 일도 드물지 않다.
- 인터넷 접속환경이 없는 경우에 이용할 수 없다.
- 특수한 업종이나 복잡한 회계처리는 지원하지 않는 경우가 있다.
- 잘못된 데이터가 저장될 가능성이 있다.
- 화면 표시나 조작감이 변경되는 일이 있으며 고객 맞춤식으로 할 수 없다.

출처:

https://content.hubdoc.com/hubdoc-blog/cloud-accounting-faqs

클라우드는 미래이다. 사내 회계 솔루션이 "정상적으로" 작동하는 것처럼 보이거나 기존 프로세스를 부지런히 관리하는 경우에도 회계의 세계는 불가피하게 변화하고 있으며 비즈니스가 이를 따라가는 것이 중요하다. 오래된 프로세스를 유지하는 것과 관련된 위험은 기능의 문제가 아니라 비즈니스를 성장시키고 경쟁 우위를 유지하기를 원하는지 여부에 대한 문제이다. 클라우드 회계시스템의 새로운 도입이나 변경이 어려울 수 있지만 잠재적인 비즈니스 이점이 비용보다 크다면 고려할 가치가 있을 것이다.

10장

디지털 사이버 보안과
CSR·지속가능 회계시스템

1. 사이버 보안(Cyber Security) 개념, 유형, 실태

제4차 산업혁명의 특징은 모든 것이 네트워크로 이어져 대량의 데이터를 모으기 쉬워진다는 것이다. 수집한 데이터를 분석하고 분석한 결과를 실생활에 살려 사회를 보다 풍부하게 하기 위한 데이터 분석이 쉬워지는 것도 특징이라고 할 수 있다. 이것은 데이터를 안전하게 지키면서 활용할 수 있는 사이버 보안(Cyber Security)이 유지되는 사회임을 전제로 한 변화이다.

ICT(정보통신기술)의 활용이 고도화되고 기술이 발전하면 할수록 사이버 공격의 기술도 발전하기 때문에 완전무결한 사이버 보안을 유지할 수 있는 기술이나 정책은 존재하지 않는다고 상정해야 하는 시대가 되었다. 우리나라는 ICT의 발전에 의해 세계 유수의 스마트 사회가 되고 있는 한편 랜섬웨어와 같은 사이버 범죄 피해나 해외로부터의 사이버 공격도 해마다 증가하고 있다.

2020년 해킹 사고를 유형별로 나눠보면 국내와 국외 모두 개인

정보 유출로 인한 사고가 각각 34%, 33%로 가장 많았다(<그림 34> 참조). 뒤이어 랜섬웨어를 통한 데이터/시스템 암호화가 국내 24%, 국외 20%를 차지했고, 국내 기준 스팸메일, 스미싱 악용 목적의 SMTP(전자메일전송 표준통신규약), SMS 서버 탈취, 내부 시스템 장악 목적, 웹 사이트 변조 목적의 디페이스 공격이 각각 10%를 차지했다. 내부 정보 유출 목적과 악성코드 배포 목적의 공격은 각각 7%, 3%로 뒤를 이었다. 국외 기준으로는 내부 정보 유출 목적과 내부 시스템 장악 목적이 13%, 디페이스 공격이 7%로 뒤를 이었다(SK인포섹 2021 보안 위협 전망 보고서).

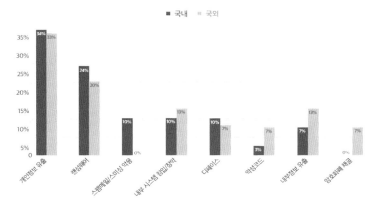

<그림 34> 2020년 연간 해킹사고 유형별 피해

사이버 공격의 목적은 매우 다양하며 금융 자산, 지적 재산 또는 기업, 고객 또는 비즈니스 파트너의 기타 민감한 정보의 도난 또는 파괴 등이 포함될 수 있다. 사이버 공격은 또한 상장 기업이나 비즈니스 파트너의 운영을 방해하는 데 사용될 수 있으며 여기에는

중요한 인프라를 담당하는 산업에 속하는 기업을 대상으로 하는 경우도 많이 포함된다.[41]

사이버 공격에 의한 희생양이 되거나 다른 사이버 보안 사고를 경험하는 기업은 상당한 비용을 부담하며 다음과 같은 기타 부정적인 결과를 겪을 수 있다(SEC Release Nos. 33. 34).

- 훔친 자산 또는 정보에 대한 책임, 시스템 손상 수리, 공격 후 관계를 유지하기 위해 고객 또는 비즈니스 파트너에 대한 인센티브와 같은 개선비용;

- 사이버 보안 보호 비용 증가. 여기에는 조직 변경, 추가 인력 및 보호 기술 배치, 직원 교육, 제3자 전문가 및 컨설턴트 참여 비용이 포함;

- 독점 정보의 무단 사용 또는 공격 후 고객 유지 또는 유치 실패로 인한 수익 손실;

- 지방 및 중앙 정부기관과 기타 공공기관의 규제 조치를 포함한 소송 및 법적 위험;

- 보험료 인상;

- 고객 또는 투자자의 신뢰에 부정적인 영향을 미치는 평판 손상;

- 기업의 경쟁력, 주가 및 장기 주주 가치에 대한 손상

---

41) 우리나라의 경우, 2019년 가장 많이 시도된 사이버 공격 유형은 '웹 기반 공격'으로 전체 공격 시도의 39%를 차지했다. 다음으로 '애플리케이션 취약점 공격'이 31%, '스캐닝 공격'이 9%로 뒤를 이었다. 산업군별 공격탐지 비율은 '미디어' 분야에 대한 공격이 전체의 17%로 가장 비중이 높았다. 이어서 '게임(9%)', '공공(9%)', '유통(8%)', '법률/세무(8%)' 분야 순으로 집계되었으며, 특히 '제조', '중공업' 등 대규모 산업시설을 보유한 산업군에 대한 공격 시도가 전년 (2018년) 대비 125%(21만여 건) 증가했다(안랩, 2019년 사이버 공격 동향 통계).

이에 세계 각국에서는 현대사회의 생활에 필수불가결한 인터넷을 안전하게 이용할 수 있는 환경을 유지하기 위해 사이버 보안의 강화를 정보화 정책의 최우선 과제로 하고 있다. 이는 2013년 에드워드 스노든(Edward Snowden)의 폭로 이후 개인정보 보호뿐만 아니라 국가의 정보 보호가 더욱 중요한 의제로 떠올랐기 때문이다. 나아가 건강관리나 스마트시티를 사례로 생각하는 사이버 보안의 문제는 인터넷상의 문제에 그치지 않고 사람의 생명으로도 이어지고 있음을 알 수 있다.

그러면 이러한 사이버 보안이란 도대체 무엇인가? 그것은 사이버 환경에서 네트워크 운영상의 위험으로부터 조직과 사용자 자산을 보호하기 위해 사용하는 기술적 수단, 보안 정책, 개념, 보안안전장치, 가이드라인, 위기관리 방법, 보안 행동, 교육과 훈련, 모범 사례, 보안 보증, 그리고 보안 기술 등의 집합을 말한다. 사이버 보안은 사이버 환경에서 다양한 보안 위협으로부터 조직과 사용자 자산의 운영 영속성을 보장하며 일반적인 보안 목표는 가용성, 메시지 인증, 부인 방지를 포함한 무결성, 그리고 기밀성이라고 할 수 있다(IT용어사전, 한국정보통신기술협회).

사이버 보안은 종종 정보 보안과 유사한 용어로 사용된다. 그러나 사이버 보안은 반드시 사이버 공간 자체의 보호일 뿐만 아니라 사이버 공간에서 활동하는 사람들과 사이버 공간을 통해 도달할 수 있는 자산의 보호이기도 하다(von Solms and van Niekerk, 2013). 사이버 보안은 사이버 공격으로부터 시스템, 네트워크 및 데이터를 보호하도록 설계된 기술, 프로세스 및 제어로 구성된다. 효과적인 사이버 보안은 사이버 공격의 위험을 줄이고 시스템, 네트워크 및 기술의 무단 악용으로부터 사회, 조직 및 개인을 보호한다. 사이버 보안은 정보 보안 및 정보 보증을 포괄하는 포괄적인 개념이다 (Gyun No and Vasarhelyi, 2017). 따라서 사이버 보안에는 컴퓨터 네트워크를 통해 평가되고 전송되는 정보의 보호가 포함된다.

사이버 보안의 기본 목표는 다음 3가지로 이루어진다(Corey Evans, 2019).

- 기밀성 - 조직이 가지고 있는 모든 중요한 데이터는 허가한 사람이나 시스템에 의해서만 접근할 수 있어야 한다.
- 무결성 - 자산 자체와 자산에 포함된 정보는 계속해서 완전하고 손상되지 않아야 한다.
- 가용성 - 모든 시스템, 서비스 및 정보는 비즈니스 또는 고객이 요구할 때 액세스 할 수 있어야 한다.

이러한 목표를 달성하고 유지하려면 우수한 사이버 보안을 위해 다음이 필요하다.

- 비즈니스에 매우 중요하여 항상 보안을 유지해야 하는 자산을 결정한다.
- 위협 및 위험을 식별한다.
- 이러한 위협과 위험을 처리하기 위해 마련해야 할 안전장치를 식별한다.
- 보안 침해를 관리하기 위해 보호 장치 및 자산을 모니터링한다.
- 사이버 보안 문제 발생 시 대응한다.
- 자산, 위협 및 위험의 변화에 대응하여 보호 장치를 업데이트하고 조정한다.

다음은 사이버 보안의 법적 장치와 가이드라인에 대해 살펴보기로 한다. 우리나라는 먼저 2020년에 사이버 보안 가이드라인을 발표하고 안전기준으로 이행하는 단계적 조치를 적용할 예정이다. 우리나라는 사이버 보안 법규가 시행되기 전까지 먼저 신규 UN 기준을 기반으로 한 사이버 보안 가이드라인을 제시하여 자동차 제작사 및 부품사 등 관련 업계가 참조자료로 활용할 수 있도록 하고, 이후 사이버 보안 기준 시행 등 제도화를 통해 사이버 보안 안전성을 확보할 수 있도록 할 예정이다.

2. 사이버 보안에 관련된 회계 및 감사 연구

사이버 보안은 경영통제시스템의 일부로 통합됨으로써 조직이 원활하게 작동된다고 인식되는 경우가 많으며 이러한 발전은 부분적으로는 규제 당국(SEC, 2018)의 시행 및 감독 때문이다. 또한 한편으로는 Big 4 회계법인 및 감사 산업 조직의 지침이 증가했기 때문이다(AICPA, 2018). 시장 규제도 한 부분을 차지한다(Amir 등, 2018; Berkman 등, 2018). 경영통제시스템의 일부로서 사이버 보안은 비용-편익 분석, 내부통제 평가 및 공시 정책 고려 사항에 따라 관리회계 및 감사 문제가 되었다. 사이버 보안의 목표는 크게 기밀성, 무결성, 가용성의 3가지로 구성되는데 본 장에서는 이러한 목표의 회계적 의미를 조사하여 회계 영역에서 사이버 보안에 대한 이해를 깊게 하는 것이다.

사이버 보안 활동과 위험관리의 보고(reporting)

먼저 사이버 보안 활동과 위험관리의 보고에 관한 선행연구의 결과를 살펴보자. Gordon 등(2010)은 사이버 보안에 대한 연례 보고서의 자발적 공개를 통해 기업이 시장에 "회사가 보안 침해를 예방, 감지 및 수정하는 데 적극적으로 참여하고 있다"는 신호를 제공할 수 있다고 주장했다. 또한 사이버 보안과 관련된 자발적 공개가 주가와 긍정적으로 관련이 있다는 주장을 뒷받침하였다. Wang 등(2013)은 정보 보안 위험의 공개와 실현 사이의 연관성을 조사하여 실행 가능한 (위험 완화) 정보를 공개하는 기업이 보안 사고와 연관될 가능성이 적다는 것을 보여주었다. Li 등(2018)은 사이버 보안 위험 공개가 향후 사이버 보안 사고에 유용한지 여부를 조사했다. 그들은 사이버 보안 위험 공개의 여부와 사이버 보안 위험 공개 기간 두 가지가 모두 향후 보고된 사이버 보안 사고와 관련이 있음을 발견했다. 그런데 미국 증권거래위원회(SEC)의 사이버 보안 공개 지침이 통과된 후에는 사이버 보안 위험 공개의 존재와 사이버 보안사건 간의 연관성이 미미해졌다. 이것은 SEC의 공개 지침은 위험 수준에 관계없이 기업이 사이버 보안 위험을 공개하도록 의도하지 않게 장려할 수 있음을 보여준 것이다.

이상의 분석결과에서 알 수 있는 것은 사이버 보안은 지구촌의 거의 모든 기업(공공 및 민간)의 경영진과 이사회가 가장 중요하게 생각하는 문제이며 당연히 모든 조직이 최소한 사이버 보안 위험을 관리하는 프로그램을 고려하는 것이 매우 중요하다는 사실이다. 그리고 특정 조직과 이해관계자는 조직의 사이버 보안 위험 관리 노력에 대한 시기적절하고 유용한 정보가 필요하며 이것을 보고(reporting)하는 것이 뒤따라야 한다. 이에 AICPA(2018a, 2018b)는 사이버 보안 위험 관리 보고(일반적으로 인정되는 회계원칙/국제재무보고 표준의 경우)를 위한 공통의 기본 언어를 설정하는 목표를 갖는 것이 중요하다고 주장했다. 특히 법인(entity) 수준의 사이버 보안 보고 프레임워크의 중요성을 강조했다. 보고 프레임워크의 목표는 조직이 사이버 보안 위험 관리 프로그램에 관한 유용한 정보를 이해관계자에게 전달할 수 있는 수단을 제공하는 것임을 명시했다.

사이버 보안 보고서에는 다음 세 가지 주요 정보가 포함된다 (Haapamäki and Sihvonen, 2019).

(1) 경영진의 설명

(2) 경영진의 주장

(3) 실무자의 의견

결론적으로 AICPA(2018b)는 사이버 보안 위험 관리의 보고 프레임워크가 기업이 사이버 보안 위험을 관리하는 방법에 대해 주요 이해관계자와 성공적으로 커뮤니케이션 할 수 있도록 하는 중요한 첫 단계라고 강조했다.

또한 증권거래위원회는 다음과 같은 사항이 중요하다고 주장했다(SEC, 2018). 공기업은 중요한 사이버 보안 위험 및 사고에 대해 투자자에게 적시에 알리기 위해 필요한 모든 조치를 취해야 하며 이것은 중대한 사이버 보안 위험에 노출되어 있지만 아직 사이버 공격의 대상이 아닌 조직에도 해당된다고 하였다.

사이버 보안 사고의 중요성이 커지면서 SEC는 추가 지침을 제공해야 한다고 주장하고 있으며 사이버 사고(incidents)의 적절한 공시를 장려하는 다른 수단을 계속 고려하고 있으며 지침을 확장하고 있다. 특히 SEC는 이전에 개발되지 않은 두 가지 주제, 즉 사이버 보안 정책 및 절차의 중요성과 사이버 보안 맥락에서 내부자 거래 금지의 적용을 다루고 있다.

사이버 보안 투자

조직에 대한 사이버 보안의 중요성을 감안할 때 사이버 보안 관련 활동에 얼마나 투자해야 하는지에 대한 기본적인 질문이 제기된다. Gordon and Loeb(2002)는 현대 경제(예: 인터넷 및 월드 와이드 웹)의 정보 집약적 특성으로 인해 정보 보안이 전 세계 대부분의 기업에서 증가하는 지출 우선순위가 되고 있으며, 이것이 정보 보안에 투자할 최적의 금액을 결정하는 경제 모형을 만들어내도록 하였다. Gordon-Loeb 모델은 기업이 정보 세트를 보호하는 데 지출해야 하는 금액이 일반적으로 예상되는 손실의 극히 일부에 불과해야 함을 시사하는 것으로 해석될 수 있다. 따라서 결과적으로 정보 보안 예산을 할당하는 관리자는 일반적으로 보안 침해에 대한 취약성의 중간 범위에 속하는 정보에 초점을 맞추게 된다. 극도로 취약한 정보 세트는 보호하는 데 지나치게 많은 비용이 들 수 있기 때문에 기업은 중급 정도의 취약성이 있는 정보 세트에 집중하는 것이 더 나을 수 있다는 것이다.

Gordon-Loeb 모델은 조직의 사이버 보안 투자 수준을 도출하기 위해 쉽게 이해할 수 있는 네 단계로 구성되는 직관적인 프레임워크를 제공한다. 이 네 단계는 다음과 같다. (i) 조직에 설정된 각 정보에 대한 가치 및 잠재적 손실을 추정한다. (ii) 정보 세트의 취약성을 기반으로 정보 세트가 침해될 가능성을 추정하기 위해 (iii)

위의 1단계와 2단계의 가능한 모든 조합의 그리드를 생성한다. 마지막으로 (iv) 정보 세트를 보호하기 위해 자금을 할당하여 사이버 보안 투자 수준을 도출한다. 추가 투자로 인한 증분이익이 투자의 증분비용을 초과(또는 그 이상)한다는 제약조건이 적용된다(Gordon 등, 2016).

또한 Gordon 등(2015b)은 Gordon-Loeb 모형을 확장하여 사이버 보안 활동에 대한 최적의 투자 수준을 도출했다. 그들은 잘 알려진 외부효과의 존재가 사회 복지 관점에서 사이버 보안 활동에 투자해야 하는 기업의 최대치를 어떻게 변화시키는지 조사했다. 결과는 사이버 보안에 대한 기업의 사회적 최적 투자가 예상되는 외부 손실의 37% 이상 증가하지 않는다는 것을 보여주었다. 이들은 사이버 보안 과소 투자가 국가 안보와 관할권의 경제적 번영에 심각한 위협이 될 수 있다고 결론지었다. Gordon 등(2018)의 최신 연구에서는 사이버 보안을 기업 내부통제시스템의 중요한 구성 요소로 취급하는 것이 민간 기업이 사이버 보안 활동에 투자하도록 유도하는 역할을 한다고 제시하였다.

Hausken(2006)은 평균 공격 수준이 기업이 요구하는 수익률의 25%일 때 기업이 보안에 최대한 투자한다고 밝혔다. Bose and Luo(2014)는 사이버 보안이 조직성과에 미치는 잠재적 영향을 이해하는 것이 필수적이라고 주장했으며, 조직이 유형 및 무형 또는 물리적 및 지적 자산을 보호하기 위해 보안 투자를 해야 한다고 강조했다. 더욱이 그들은 조직의 사이버 보안을 이해하는 것이 이제 기술적 측면만이 아니라 재정적·법률적 및 정책적 측면에 대한 전체론적 관점에서 도출하는 것을 포함한다고 주장했다. 마지막으로

Gordon 등(2008)은 사이버 보안 침해가 조직이 직면한 기업 위험 요소의 중요한 구성 요소를 대표한다고 밝혔다. 이 연구를 확장하면 경영통제시스템과 관련된 회계 연구자가 사이버 보안과 관련된 문제를 해결하는 데 있어 지배적인 역할을 할 수 있고 또 그래야 한다는 것이다.

내부 감사, 통제 및 사이버 보안

Pathak(2005)은 기술 융합이 기업의 내부통제시스템에 미치는 영향을 분석했으며 감사인이 재무 또는 전체 정보시스템이 직면한 보안 위험을 인식하는 것이 중요하다고 제시했다. 또한 감사인이 기술 위험 관리와 기업의 내부통제 및 조직의 취약성에 미치는 영향을 인식해야 한다고 강조했다. Steinbart 등(2016)은 지속적으로 증가하는 보안 사고의 수는 효과적인 정보 보안 프로그램의 주요 결정요인을 이해해야 할 필요성을 강조한다고 말했다. 그들은 기업 정보 보안 프로그램의 효과를 객관적으로 측정할 수 있는 도구(SECURQUAL)를 사용하여 대부분의 조직이 공개하지 않으려는 민감한 세부사항을 공개하도록 요청하지 않고도 조직의 정보 보안 활동의 효과를 안정적으로 측정할 수 있다.

다음으로 중요한 주제는 내부감사와 정보 보안 기능 간의 협력이다. Steinbart 등(2012)은 다음과 같은 이유로 이러한 기능이 함께 시너지 효과를 발휘해야 한다고 주장했다. 왜냐하면 정보 보안 담당자는 조직의 정보 자원을 보호하기 위해 다양한 절차와 기술을 설계, 구현 및 운영하고 있으며 내부감사는 이러한 활동의 효율성에 대한 주기적인 피드백과 개선 제안을 제공하기 때문이다.

Steinbart 등(2013)은 정보 보안 전문가의 관점에서 정보 보안 기능과 내부감사 기능의 관계를 조사했다. 내부 감사인이 보유한 기술적 전문성 수준과 정보 보안에 대한 내부감사 검토 범위에 대한 정보 보안 전문가의 인식은 두 기능 간의 관계의 질에 대한 평가와 긍정적인 관련이 있는 것으로 나타났다. Islam 등(2018)은 사이버 보안 감사가 중요 정보 자산 보호를 지원하기 위한 비교적 새로운 차원의 보안 실무라고 말했다. 또한 내부감사 기능의 사이버 보안 감사 범위가 지배구조, 위험 및 통제와 관련된 내부감사 기능의 역량과 긍정적으로 연관되어 있음을 시사했다. Kahyaoglu and Caliyurt(2018)는 내부감사 및 정보 보안 기능이 함께 작동하여 조직이 비용 효율적인 수준의 정보 보안을 달성하도록 지원할 수 있는 방법을 소개하는 모델을 개발했다.

정보보안과 회계사 업무

공인회계사는 전자 정보 등의 중요성을 인식하고 분실 또는 유출에 대한 대응을 하고 있지만 분실 또는 유출에 대한 대응은 끝이 없으며 항상 자신의 관리 체제를 검토할 필요가 있다. 또한 부정과 사적 이용이라는 관점만이 아니라 악성 코드에 의한 정보 사취 등 IT의 발전에 따라 정보 보안 및 체제의 재검토를 실시하는 것도 필요하다.

악성 프로그램 등에 의한 정보 사안은 늘어나고 있으며 또한 수법도 교묘해지고 있으므로 이 경우에도 회계사는 리스크 인식과 리스크 대응을 하는 것에는 변함이 없지만 특히 다음 사항에 대해 충분히 검토해야 한다.

① 직원 등을 대상으로 한 교육연수의 실시 상황·내용의 확인·
재검토

교육연수가 불충분하면 정보보안에 대한 의식이 희박해져 정보
유출 위험 및 사고 발생 가능성이 매우 높아진다고 생각된다. 그것
을 위해 외부 환경·내부 환경의 변화에 맞춘 교육 연수의 정기적
실시가 필요하다.

② 내부 관리 태세의 확인·재검토

공인회계사 등이 업무와 직접 관련된 정보를 적절하게 관리하기
위해서는 경영자, 정보보안 담당자 및 이용자가 수행해야 할 역할을
올바르게 인식하고 실행하는 것이 중요하다. 자신의 역할에 대한 인
식이 불충분하거나 실행하지 못했을 경우에는 정보유출 위험이 매
우 높다고 생각된다. 특히 보안정책이나 규정 등이 바르고 의도된
대로 운용되고 있는지를 실태를 파고들어 확인할 필요가 있다.

③ 사안 발생 시의 대응 방법의 확인·재검토

멀웨어(Malware: 부정하고 유해한 동작을 할 의도로 작성된 악
의가 있는 소프트웨어나 악질적인 코드의 총칭) 등에 의한 정보 사
취 사안 등이 발생했을 경우의 대응 방법을 직원 등에게 주지시키
고 이해할 필요가 있다. 주지 부족, 이해 부족의 경우 피해를 확대
시켜 버리는 것으로 이어진다.

④ 정보의 정리·소재의 파악

관리해야 할 정보가 특정되어 보안정책 등에 따른 관리가 이루어

져야 한다. 이것들이 실시되고 있지 않은 경우 정보유출의 위험이 매우 높아지고 있다고 생각되며, 정보유출이 되었을 경우 피해 상황의 파악이나 정보유출의 확대 저지 등을 할 수 없어 영향은 막대해질 것으로 예상된다.

⑤ 통신기록(로그)의 취득·분석

악성 프로그램 등에 감염되었는지 어떤지는 바로 판명되지 않을 수도 있다. 그 때문에 부정한 외부 통신을 하지 않았거나 통신 기록(로그)을 취득·분석하는 것이 유효한 경우가 있다. 덧붙여 멀웨어 등에 감염되었을 경우는 정보 누설이 발생하고 있지 않은지, 통신 기록(로그)을 취득·분석하는 것을 검토할 필요가 있다.

다음으로 회계법인의 사이버 보안 실무에 대해서 살펴본다. 회계법인은 여러 사업체(소규모 또는 대기업)의 재무 데이터를 처리하고 세금 신고를 돕는 우리나라 경제의 중추이며 당연히 사이버 공격자가 비즈니스를 표적으로 삼을 가능성이 높아진다. 이에 회계법인이 사이버 보안의 필요성을 깨닫고 이제 그 어느 때보다 심각하게 받아들이고 있다는 것은 의심의 여지가 없다. 하지만 문제를 심각하게 받아들이기만 해서는 해결되지 않는다. 사이버 보안을 단순한 기술 문제가 아닌 비즈니스 문제로 다루는 전략적 접근 방식을 채택해야 한다.

이 문제에 접근하는 한 가지 방법은 사이버 보안 회사에 연락하여 데이터 보안 수준을 평가하고 취약성을 테스트하는 것이다. 또 다른 접근 방식은 보안 조치를 구현하는 전문가인 보안 설계자와 같은 사이버 보안 전문가를 고용하는 것인데 가능한 금융이나 회계 경험이 있는 전문가를 고용하는 것이 좋다. 어떤 접근법을 취하든지 회계법인에서도 사이버 보안이 최우선 순위에 있어야 하는데 그 이유를 살펴보면 다음과 같다.

첫째, 모든 회계 업무는 취약하다는 것이다. 해킹 방법이 지속적으로 진화하고 있으므로 회계법인에서의 보안이 아무리 안전하더라도 새로운 방법이 보안 시스템에 침투할 수 있으므로 데이터 유출 가능성은 항상 남아 있다. 따라서 최신 사이버 보안 동향 및 표준을 지속적으로 확인하고 방어 시스템을 정기적으로 업그레이드해야 한다.

둘째, 막대한 재정적 손실을 입기 때문이다. 대표적인 사이버 공격이 거액의 대가를 요구하는 랜섬웨어 공격이다. 데이터 유출로 인해 파산 또는 기타 심각한 결과를 초래할 수 있는 상당한 재정적 손실을 초래할 수 있다. 또한 고객이 신뢰를 잃고 신규 고객을 쉽게 확보할 수 없기 때문에 수입에 큰 영향을 미친다.

셋째, 클라이언트에 대한 위험이 발생한다. 재정적 손실은 보안 침해의 일부에 지나지 않는다. 회계법인이 정보 보안을 보장할 수 없는 경우 고객에게도 심각한 결과를 초래할 수 있다. 회계사와 법인은 민감한 재무 데이터에 액세스 할 수 있으며 고객의 데이터를 안전하게 유지하는 역할의 가치를 이해하는 것이 중요한 의무이다.

넷째, 회계법인과 회계사의 평판에 타격을 준다. 고객은 부정적인 뉴스나 데이터 유출의 뉴스를 순식간에 공유할 수 있다. 특히 부정적인 뉴스는 긍정적 뉴스보다 빠르게 전달된다. 무엇보다 부정적 영향은 장기적으로 지속될 수도 있다.

3. 금융 분야에서의 사이버 보안

최근의 금융 분야 사이버 공격의 동향

금융과 사이버 보안 간에는 강력한 관계가 있다. 금융은 사이버 보안과 관련하여 다양한 관점에서 볼 수 있다. 금융은 사이버 범죄를 예방하는 데 사용할 수 있는 사이버 보안 제품을 조달하는 데 사용되며 금융은 또한 사이버 공격의 직접적인 피해자이기도 하다. 따라서 사이버 보안과 지속적으로 연결된다. 특히 조직의 재무 부서를 겨냥한 공격이 많으며 최고 재무책임자(CFO)는 조직의 최고 정보보안책임자(CISO)와 긴밀히 협력하여 사이버 보안 노력에 적절한 자금을 조달해야 하는 등 오늘날 금융과 IT 간의 연결은 그 어느 때보다 가까워졌다.

최근 금융을 둘러싼 환경은 디지털화의 가속화에 따른 전통적인 금융기관 비즈니스 모델의 변혁 움직임, 비금융 플레이어의 참여 등으로 크게 변화하고 있다. 이러한 움직임은 이용자의 편리성을 크게 향상시켜 생산성을 높일 가능성이 있는 한편 모든 시스템이 네트워크에 연결됨으로써 지금까지 이상으로 사이버 보안의 확보가 중요해지고 있다.

디지털화 진전에 의해 사이버 공격은 복잡화·교묘화 되고 있어 정확하게 대처해 나가기 위해서는 경영층의 적절한 관여 아래, 자사의 정보자산의 파악이나 리스크 평가, 대응 태세의 구축, 사고 발생에 대비한 비상 계획의 정비라고 하는 기초적인 사이버 보안 관리 태세를 구축해야 한다. 나아가 이에 머무르지 않고 보안사고 (incidents)의 감시·분석, 취약성 진단·침입 테스트나 사이버 연습의 정비 등을 통해서 끊임없이 실효성을 향상시켜 가는 것이 중요하다.

우리나라에서는 지금까지 금융 시스템의 기능이 정지하는 대규모 사이버 사고는 발생하지 않았지만 해외에서와 마찬가지로 금전 절취를 목적으로 한 대규모 사이버 공격 사례가 발생하고 있다. 우리나라의 경우 금융사들은 외부로부터 시도 때도 없는 사이버 공격에 속앓이를 하고 있다. 심지어 국내 주요 은행을 대상으로 국제적 해킹단체들이 공개적으로 공격을 예고하거나 실제 공격을 시도하고 있다. 금융보안원에 따르면 2020년 8월~2021년 1월까지 국내 은행을 대상으로 시도된 랜섬디도스 공격은 총 19회였다. 실제로 2020년 8월에 신한은행을 대상으로 추석 연휴 기간에는 우리은행과 기업은행이 랜섬디도스 공격을 받았다. 미 의회 산하 회계감사원(GAO)은 최근 공개한 보고서에서 약 108조 달러의 자산을 보유한 미 금융기관들이 사이버 보안과 관련해 '다양한 위험'에 직면해 있다고 밝혔다. 회계감사원은 2019년 6월부터 2020년 9월까지 실시한 업무감사를 토대로 작성한 이 보고서에서, 미국 금융기관들이 '악의적 행위자'들의 공격 대상이 되기 쉽다며 실제로 '상당한 위험'에 처해 있다고 평가했다. 구체적으로 VMware Carbon Black은 2020년 5월에 'Modern Bank Heists'라는 보고서를 통해 신형 코로나 감염(COVID-19)이 급격하게 확산된 2~4월에 금융기관을 목표로 한 사이버 공격이 238%나 증가했다고 발표했다. 이 기간에 금융 분야를 표적으로 한 랜섬웨어 공격도 약 9배 증가하였다.

국내 공격 대상으로는 대형 금융기관뿐 아니라 중소 금융기관이나 암호자산(가상화폐) 교환업자까지 확대되어 실제로 중소 금융기관의 웹사이트가 조작되어 부정한 사이트로 유도된 사안과 암호자산(가상화폐) 유출 사안 등이 발생하고 있어 실효성 있는 사이버 보안 대책이 급선무가 되고 있다. 더불어 앞으로 클라우드 서비스를 대상으로 한 공격이 확대될 것으로 예상되는 등 금융 분야에서도 끊임없이 새로운 위협을 파악하고 분석하여 필요한 대책을 강구해야 한다.

금융 부문의 사이버 보안: 규정 및 감독(World Bank)

사이버 위험은 상호 연결된 글로벌 금융시스템으로 인해 전 세계 금융시장의 무결성, 효율성 및 건전성에 점점 더 큰 위협이 되고 있다(International Organization of Securities Commissions, 2016). PwC(2017)는 은행 고객의 27%가 2012년에 이미 디지털 전용이었으며 2017년에는 46%로 증가했다고 밝혔다. 우리나라도 2016년 이후 연도별 비대면 금융거래 규모의 증가 추이를 살펴보면 최근 4년간(2016년 대비 2020년) 거래 규모는 평균 5배 이상 늘어났으며 특히 결제 부문의 성장세(16년 대비 12.0배)가 가장 두드러졌다. 온라인 거래의 비중이 예금의 경우는 19.2%에서 47.1%로 늘어났으며 신용대출도 10.9에서 58.8%로 증가했다(금융위원회, 일반은행 업무보고서).

이에 따라 금융 서비스 부문이 다른 모든 산업에서 평균적인 고객 조직보다 65% 더 많은 공격을 경험했다고 밝혔다(IBM Security Services, 2017). 이런 맥락에서 문제를 해결하기 위해 여러 주요 관할권에서 사이버 위험 또는 보다 일반적으로 ICT 위험을 다루는 세부 법률, 규정 또는 지침을 발표하거나 제안했다. World Bank의

FinSAC(Financial Sector Advisory Center)(2017)는 규제 이행 실무와 개별 금융기관의 규제 이행을 감독하는 방법에 대한 새로운 시도를 설명하였다.

먼저 금융기관이 새로운 규정을 작성해야 하는 필요성과 관련하여 몇 가지 다른 관점을 간략하게 제시한다. Crisanto and Prenio (2017)는 사이버 위험을 규제할지 여부와 규제 방법에 대한 제도적 견해가 다르다는 점에 주목하였다. "한 가지 관점은 진화하는 사이버 위험의 특성이 특정 규정에 따르지 않고 사이버 문제가 기술 또는 운영 위험과 관련된 기존 규정으로 처리될 수 있다는 것이다. 다른 관점은 사이버 위험의 고유한 특성을 처리하고 점점 디지털화되는 금융 부문으로 인해 증가하는 위협을 감안할 때 규제 구조가 필요하다는 것이다."

Promontory(2017)는 "실제 효과에 대한 경험적 분석 없이 기존의 여러 표준 위에 새로운 사이버 보안 표준을 겹치는 규칙 제정은 역효과를 낳는다고 주장했다. 사이버 보안을 개선하는 대신, 그러한 규칙 제정은 해당 조직이 운영 보안에 투자할 수 있는 바로 그 리소스를 비생산적인 규정 준수 프로세스로 전환할 것이다"고 하였다. 이러한 맥락에서 Crisanto and Prenio(2017)는 "규제의 잠재적 이점 중 하나는 이사회와 경영진의 동의를 보장할 수 있다는 것이다. 규제로 인해 이사회와 경영진이 어떤 문제를 더 잘 볼 수 있게 됨에 따라 사이버 위험에 대한 규제는 은행이 향상된 사이버 보안에 지속적으로 투자하도록 더 강력한 인센티브를 제공한다"고 주장했다.

다음으로 World Bank의 FinSAC에서는 이사회, 고위 경영진 및 해당 직책의 책임에 대해 설명하고 있다. 일반적으로 너무 많은 사람들이 여전히 사이버 보안을 정보기술(IT) 전문가에 할당된 기술적 문제로만 보고 있기 때문에 보안관리에 실패하는 경우가 빈번히 발생한다. Crisanto and Prenio(2017)가 제안했듯이 실제로 대부분 기업 지배구조 문제를 다루는 규정은 사이버 보안을 이사회와 경영진이 더 잘 볼 수 있도록 하여 사이버 보안에 대한 책임을 지게 하는 강력한 인센티브를 제공한다. Bank of Israel(2015)은 다음과 같이 사이버 보안 규정 및 지침과 관련하여 기관 최고 경영진의 의무를 보여주고 있다.

- 사이버 위험 관리 프레임워크를 만들고 그 구현을 감독한다.
- 기업 사이버 방어 정책을 수립한다.
- 충분한 자원 할당을 포함하여 사이버 위험을 구현하고 지속적으로 유지한다.
- 사이버 방어의 효율성을 모니터링하고 내부 및 외부 위험 관리 주체와 협력한다.
- 사이버 위협에 대한 정기 보고서를 받는다.
- 관련, 내부 및 외부 사이버 사고와 그 의미에 대한 정기적인 보고서를 받는다.
- 사이버 위험의 운영적 영향에 대해 논의하고 필요한 변경 사항의 구현에 대한 지침 및 통제를 제공한다.

고위 경영진은 적절한 사이버 위험 관리 프레임워크 및 사이버 방어 정책을 설계하기 위해 사이버 위협 및 사고에 대한 주기적인 보고서를 받아야 한다. 이사회는 그러한 프레임워크와 정책을 이해하고 승인하고, 고위 경영진의 효과적인 실행을 감독하기 위해 동일한 정보를 수신해야 한다.

이와 관련하여 사이버 위험에 대한 금융 부문 규정은 최고경영진의 책임과 관련하여 그러한 중요한 결정을 내리는 방법을 명시적으로 설명하지 않고 있으므로 사이버 사고 대응 계획에 명시적인 책임 할당이 필요하다. CPMI-IOSCO(2016)는 "금융시장 인프라(FMI)가 위기관리 팀의 일부로 이사회 및 고위 경영진을 적절하게 포함해야 한다"고 말한다. 그러나 사이버 보안에 대한 재정 규정은 일반적으로 이사회 또는 고위 경영진의 사고대응 책임을 명시적으로 나열하지 않는다. 이러한 책임은 기관의 사고 대응 계획에 할당될 것으로 예상된다.

NYSDFS(2017)는 다음과 같이 사고 대응 계획의 필수 내용을 자세히 설명한다.

- 사이버 보안 이벤트에 대응하기 위한 내부 프로세스;
- 사고 대응 계획의 목표;
- 명확한 역할, 책임 및 의사 결정 권한 수준의 정의;
- 외부 및 내부 커뮤니케이션 및 정보 공유;
- 정보 시스템 및 관련 통제에서 확인된 모든 약점의 개선을 위한 요구 사항 식별;
- 사이버 보안 이벤트 및 관련 사고 대응 활동에 관한 문서화 및 보고;
- 필요한 경우 사이버 보안 이벤트 이후 사고 대응 계획의 평가 및 수정

금융의 미래와 사이버 보안

팬데믹 이후 금융의 미래는 사이버 보안에 집중된다. 자칫 이를 무시하면 기업은 난도질을 당할 수 있다. 해킹이나 사이버 테러의 위협은 생각보다 빨리 그리고 소리 없이 닥칠 것이다. 이에 대해 금융 분야는 만반의 태세를 갖추어야 한다. 집 안으로 들어오는 모기를 모기채로 잡아내듯이 사이버 공격을 계속 막아내야 한다. 기술 분야 비용이 감소하고 양자 컴퓨팅이 급진적으로 발전함에 따라 사이버 보안 수요도 수년 내에 크게 증가할 징후를 보이고 있다.

금융의 미래에 있어 사이버 보안 문제는 매우 중요하다. 금융의 미래를 위해 알아야 할 세 가지를 살펴보면 다음과 같다.

첫 번째는 '회복탄력성(Resilience)' 개념이다. "당신의 회사가 다시 회복될 수 있는가?"를 의미한다. 이는 본질적으로 기업의 생존 가능성과 연결되는 질문이다. "당신의 회사는 사이버 공격에도 살아남을 수 있는가?" 혹은 "계속 진행되는 이 문제를 중단시킬 수 있을 것인가?"라는 질문까지 덧붙일 수 있다. 회복탄력성을 가지려면 사이버 공격에 대응 가능한 회사여야 한다. 다시 말해 사이버 공격으로부터 업무를 방해받지 않고 고객을 잃지 않는 회사이다.

두 번째는 '자원관리(Resource Management)'이다. 쉽게 말해 "회사 보안에 예산 투입을 어느 정도까지 해야 하는가"라는 문제다. 이는 앞으로 다가올 수십 년 동안 금융 회사가 겪을 난제 중 하나가 될 것이다. 전체 운영예산을 사이버 보안 쪽에 전부 쓸 수 있지만 설령 그렇게 하더라도 여전히 사이버 보안의 노출과 위험은 존재하기에 100% 안전감은 느끼지 못한다. 결국 회사는 비수익 창출 활동인 사이버 보안에 얼마나 자금을 할애할 것인지 선택해야 한다. 금융 분야에서는 이 사안이 두 배로 중요하다.

세 번째는 '공격 노출면(Attack Surface)'인데 이것은 잠재적인 사이버 공격으로부터 노출되는 지점과 공간의 정도를 의미한다. 어느 회사든지 여기에 위험부담을 안고 있다. 따라서 중앙집중식 네트워크를 이용해 정보 흐름을 제어하고 노출을 제한해야 한다.

결론적으로 ICT 기술에 대한 의존도가 높아짐에 따라 금융 부문 당국과 기타 기관 간에 규제 및 감독 권한을 신중하게 분배해야 한다. 명확한 법적 틀이 없으면 많은 국가에서 관할권 분쟁이 불가피하게 발생한다.

현대 금융 인프라의 상호 연결된 특성에서 파생된 전염 가능성으로 인해 체계적인 중요성의 차원과 관계없이 모든 기관에 대해 최소 사이버 보안 표준을 설정해야 한다. 일부 법적 프레임워크에서는 이 문제를 처리하기 위해 이사회 및 최고경영진의 책임과 관련하여 훨씬 더 자세한 규정을 작성해야 한다고 한다. 일부 규정은 명시적으로 이사회, 고위 경영진 및 직원을 위한 사이버 보안 교육을 요구하지만, 놀랍게도 점점 늘어나는 금융 서비스 디지털 고객을 교육하기 위한 광범위한 안내서(references)가 아직 없는 실정이다. 우리나라도 가능한 금융 부문 당국과 기타 기관 간에 규제 및 감독 권한을 신중하게 나누어야 하며, 최소 사이버 보안 표준을 설정하고 이사회 및 고위 경영진의 책임과 관련하여 훨씬 더 자세한 규정을 작성할 필요가 있다.

4. 사이버 보안에 관한 커뮤니케이션과 정보공유

사이버 보안에 관한 정보 공유

사이버 보안의 확보는 본래 각 조직에서 자체적으로 대응해야 하지만 사이버 공격이 복잡화되고 교묘해지고 위협의 변화가 빠른 현 상황에서는 어느 한 조직의 대응만으로는 한계가 있다. 또 사이버 공격은 같은 수법으로 복수의 객체를 대상으로 공격을 실시하는 케이스가 많기 때문에 하나의 사이버 공격에 의해 피해를 입은 조직 등으로부터 신속한 정보공유가 이루어지지 않으면 공격 수법이나 대책 수법 등을 타 조직이 알 수 없어 같은 수법에 의한 사이버 공격의 피해가 쓸데없이 확대될 우려가 있다(蔦大輔[Tsuta], 2020).

이 때문에 최근에는 사이버 보안에 관한 정보를 일정한 커뮤니티 안에서 서로 공유함으로써 자조직의 사이버 보안에 관한 대응을 한층 고도화하는 움직임이 활발해지고 있다. 실제 주요 선진국에서는 사이버안보 관련 법제도 정비와 관련기관 설치, 국가 전반의 사이버 보안 수준 강화 등의 조치를 실행 중이다. 각국의 사이버 위협 정보 공유 동향을 보면 먼저 미국에서는 범정부 차원의 효과적인 사이버 위협 대응을 위해 '국가정보국(ODNI: Office of the Director of National Intelligence)' 내에 '사이버 위협정보 통합센터(CTIIC: Cyber Threat Intelligence Integration Center)'를 설립하여(2015), 국외 사이버 위협과 사고관련 분석을 정책결정자에게 제공하고 사이버 위협에 체계적으로 대응하고 정부 간 대책을 조율하고 있다. 또한 '사이버 보안 정보공유법(CISA: Cybersecurity Information Sharing Act)'을 제정하여(2015.12.) 사이버 위협 지표 및 방어조치에 관한 정보공유 절차 구축 및 가이드라인을 마련하였으며 여기에는 정보공유에 참여한 기업이 책임을 면제할 수 있는 내용 등이 포함되어 있다.

EU에서는 EU회원국 네트워크 및 정보보안 지원을 위해 '유럽 네트워크 정보보안청(ENISA: European Network and Information Security Agency)'을 설립하여(2004), 국가 간 정보교류 증대와 네트워크 보안 기능 조정 등의 역할을 수행하고, 사이버범죄에 효과적 대응을 위해 유럽 각국의 침해사고 대응 팀 구축을 지원하고 이를 네트워크로 묶는 초국가적 시스템을 마련하였다.

우리나라에서는 한국인터넷진흥원(KISA)에서 C-TAS(Cyber Threat Analysis & Sharing)를 구축하여(2014.08.) 정보공유 참여기관들이 수집한 악성코드와 각종 사이버 위협 정보를 분석·공유하고 있다. 또한 '사이버 위협 정보공유에 관한 법률안'을 발의하여(2015.05.) 사이버 위협을 신속히 차단하여 피해를 최소화하는 등 효과적으로 대처할 수 있도록 공공·민간이 함께 사이버 위협 정보를 공유·분석하는 등 협력을 활성화하여 위협을 조기 탐지·전파할 수 있는 체계를 구축하고 있다.

사이버 보안에서 정보공유와 회계의 관계

사이버 보안에서 정보공유가 회계 및 공공 정책에 매우 중요해지고 있다(Haapamäki and Sihvonen, 2019). Gordon 등(2003)은 컴퓨터 보안의 위협 및 침해에 대한 정보를 공유하면 특정 수준의 사이버 보안을 달성하는 데 드는 전체 비용이 낮아진다고 하였다. 따라서 그들은 정보공유가 "사회 복지를 증진시키는 중요한 도구로 장려되고 있다"고 제안했다. 다만 이러한 잠재적 이점을 충분히 실현하기 위해서는 사이버 보안과 관련된 효과적인 정보 공유를 촉진하기 위해 경제적 인센티브를 창출해야 할 필요성이 있다고 하였다. 즉 기업과 사회가 보안 침해에 관한 정보를 공유함으로써 이익을 얻을 수 있으나 적절한 경제적 인센티브 없이 기업은 다른 사람의 보안 지출을 이용하려는 함정을 경계해야 한다고 주장하였다.

Gansler and Lucyshyn(2005)도 다른 사람이 경험한 실제 사고에 대한 정보를 보유하면 조직이 직면한 위험을 더 잘 이해하고 어떤 예방 조치를 결정하는 데 도움이 될 수 있기 때문에 사이버 보안을 개선하는 데 필요한 핵심 요소는 정보공유라고 가정했다. 그들은 사이버 보안 프로세스에서 재무관리 시스템의 중요성이 강조되어야 한다고 결론지었다. 대조적으로 Hausken(2007)은 정보공유 및 보안 투자의 비용과 이점을 평가하는 것이 경쟁 우위를 확보하기 위해 다른 전략과 연결되어 있다고 제시했다. 사이버 공격을 받는 두 기업이 있다고 고려한 다음에, 다른 회사에 자발적으로 정보를 제공하는 인센티브와 각 회사가 서로 정보를 공유하고 보안에 투자하는 경우의 상충관계를 분석했다. 그 결과, 정보공유를 결정하는 핵심인자는 기업 간 경쟁력이 아니라 상호 의존성이라는 사실을 보여주었다. 즉 정보공유는 기업 간 상호 의존성이 강할수록 증가하고, 부정적이거나 상호 의존성이 없는 경우 정보공유는 이루어지지 않는다고 지적했다. Gordon 등(2015a)은 정보공유에 대한 주장은 기업이 다른 (특히 유사한) 기업의 경험을 바탕으로 사이버 보안 위협, 취약성 및 사이버 사건을 줄일 수 있다는 믿음에 근거한다고 하였다. 또한 사이버 보안 투자와 관련된 불확실성을 줄이는 능력을 갖춘 정보공유가 민간 부문 기업이 사이버 보안 활동에 과소 투자하는 경향을 줄이게 하며, 정보공유를 통해 얻은 이익은 기업의 개인 정보를 적극적으로 공유하지 않으려는 기업의 의지를 극복하는 데 중요한 인센티브를 제공할 수 있음을 시사했다.

민관 합동 사이버 보안 커뮤니케이션

사이버 사고에 대한 대응은 자칫하면 사고 발생의 은폐도 포함해 내향적 처리로 일관하기 쉽다. 그러나 적법성뿐만 아니라 적정성도 고려한다면 이해관계자에게 리스크의 존재나 사고의 영향, 원인 분석이나 재발 방지책을 적극적으로 설명하는 것이 매우 중요하다. 따라서 사고 대응에 관한 보고나 정보 공개 등 리스크 커뮤니케이션을 적절히 하는 기능을 강화하는 것이 바람직하다.

그런데 사이버 보안에 대한 위협에 대해 국가, 지방공공단체, 중요 사회기반사업자 등의 다양한 주체의 연계에 의해 적극적으로 대응하지 않으면 그 효과가 현저히 저하된다. 기업, 정부가 자신의 조직 내에서 각각 고군분투할 것이 아니라 복수의 조직이 실효성 있는 협력 관계를 유지하고 적극적으로 커뮤니케이션을 실시해 사이버 보안의 수준을 올려 가는 것이 필요하다. 여기에는 민관협력이나 민간협력, 국제협력 등 관계자들의 협력체제가 다양하게 나타날 수 있다.

정부와 기업이 사이버 보안을 위해 각각 대책을 마련하는 것보다 정보를 공유하고 대책을 세우고, 피해 상황을 은폐하지 않고 공개해 수사에 협조하며, 2차 피해를 막는 것이 효과적이며 언제라도 민관이 협력할 수 있는 체제를 유지할 필요가 있다. 그러나 민관이 적절한 커뮤니케이션을 하기 위해 구체적으로 무엇을 어떻게 해야 할지에 대해서는 모호한 상태다. 이를 보다 명확히 하기 위해서는 커뮤니케이션의 분류, 방법, 특징 등을 알아둘 필요가 있다.

사이버 보안에 특화된 사이버 보안 커뮤니케이션의 방법과 특징에 대해 고찰하기 위해 다음과 같이 사이버 보안 커뮤니케이션을 분류하였다. 사이버 보안 분야에서 이루어지고 있는 커뮤니케이션 모형은 크게 4가지로 생각할 수 있다(<표 35> 참조). 기업의 사이버 보안 담당자가 사내 구성원을 향해 실시하는 '조직 내부를 위한 커뮤니케이션', '정보 공유를 위한 커뮤니케이션', '외부용 사후 대책을 위한 커뮤니케이션', '국제 협력을 위한 커뮤니케이션'으로 나눌 수 있다.

<표 35> 사이버 보안 커뮤니케이션의 종류

종류	내용
조직 내부를 위한 커뮤니케이션	기업의 사이버 보안 담당자가 사내 구성원을 향해 실시
정보공유를 위한 커뮤니케이션	사이버 보안을 담당하는 기업과 기업, 기업과 정부기관 사이에 실시
외부용 사후 대책	사이버 공격으로 침해사고가 발생한 기업이 고객을 대상으로 실시(피해 상황 및 향후 대책 등에 대해 설명, 사과 등)
국제 커뮤니케이션	해외로부터의 공격과 국경 없는 사이버 범죄에 대응하기 위해 실행

출처: 조장은(2019)에서 인용

한편 민간이 아닌 국가나 공공기관과 같은 관 주도의 사이버 위협 정보공유 체계는 발전 가능성이 있는 시장을 위축되게 만들 가능성이 높다. 사이버 위협 정보는 그 자체로 시장성을 지닌 비즈니스 모델이 될 수 있기 때문이다. 민간기업의 사이버 위협 정보공유가 뚜렷한 메리트가 없는 상황에서 정보의 공유를 의무화하는 것은 사이버 위협 정보시장의 원동력을 고사시킬 수 있으므로 신중한 접근이 필요하다.

사이버 보안에 관한 정보공유가 갖는 시사점은 점점 고도화·정교화 되는 사이버 보안 위협에 대처하기 위한 정보공유 및 공동대응 등 국내외의 다각적 협력 필요성이 증대하고 있다는 점이다. 특히 국내는 인터넷 인프라가 잘 갖추어져 사이버 공격 가능성이 높으므로 세계 각국의 동향을 파악하여 사이버 보안 수준 역량 강화를 위한 발전 방향 모색이 필요하다. 따라서 사이버 공격 해결 사례 공유, 주요 기반시설 등에 대한 사이버위협 정보 공유, 군사적 사이버 협력, 사이버 보안 연구·개발·교육·인력양성 방안 등 다양한 논의가 필요하다.

결론적으로 사이버 위협 정보공유는 사이버 보안 위협에 대한 선제적인 방어 차원에서 효과가 있는 것은 분명한 사실이다. 그러나 사이버 위협 정보공유의 중요성만큼이나 그 정보 제공에 대한 정당한 가치를 인정받는 것이 중요하며 두 가지가 조화를 이루어야만 건강한 사이버 보안 생태계 구축이 가능하다. 따라서 사이버 위협 정보를 보유한 정보 주체가 적극적으로 정보를 공유할 수 있도록 어떠한 방식으로든 정보 주체에게 인센티브가 주어지는 방향으로 제도개선이 이루어져야 할 것이다(SK 인포섹 블로그, 2020.01.).

5. 인공지능(AI)을 활용한 사이버 보안 관리

사이버 보안에 AI 적용

오늘날 조직은 모든 소규모 또는 대규모 사이버 공격의 막대한 영향을 알고 있기 때문에 네트워크 보안에 세심한 주의를 기울이고 있다. 이 인프라를 보호하기 위해 조직은 여러 방어선을 사용하는데 이 다층적 보안 시스템은 일반적으로 네트워크 트래픽을 제어하고 필터링 할 수 있는 가장 적합한 방화벽으로 시작된다. 이 방화벽 이후의 두 번째 방어선은 바이러스 백신(AV) 소프트웨어로 구성되며 이러한 AV 도구는 시스템을 검색하여 악성 코드 및 파일을 찾아 제거한다. 이 두 가지 방어선을 통해 조직은 재해 복구 계획의 일부로 정기적으로 백업을 실행한다.

이와 같이 방화벽 정책 설정, 백업 관리 등에 관련된 작업에는 많은 전문가가 필요하지만 인공지능(AI)이 등장함으로써 기존의 접근 방식은 변화하고 있다. 사이버 보안은 AI의 여러 용도 중 하나이다. Norton의 보고서에 따르면 일반적인 데이터 유출 복구의 전세계 비용은 386만 달러이며 기업이 데이터 유출 사고를 복구하는데 평균 196일이 필요하다고 밝혔다. 이러한 이유로 최근 몇 년 동안 AI는 인간 정보보안의 노력을 강화하기 위한 필수 기술로 부상했으며 조직들은 시간 낭비와 재정적 손실을 방지하기 위해 AI에 더 많은 관심을 기울이게 되었다.

조직들이 사이버 보안의 발전에도 불구하고 AI에 초점을 맞추는 것은 디지털 기기가 확산되고 있으며 사이버 공격이 점점 더 방대하고 진화하여 위험해지고 있기 때문이다. 예를 들면 사이버 보안의 주요 과제를 살펴보면 다음과 같다(IEEE, Computer Society, Tech News, 2020).

- 지리적으로 먼 IT 시스템 - 지리적 거리로 인해 사고를 수동으로 추적하기가 더 어려워진다. 사이버 보안 전문가는 여러 지역의 사고를 성공적으로 모니터링하기 위해 인프라의 차이를 극복해야 한다.

- 수동식 위협 수색 - 비용과 시간이 많이 소요될 수 있으므로 눈에 띄지 않는 공격이 더 많이 발생한다.

- 사이버 보안의 대응적 특성 - 회사는 문제가 이미 발생한 후에만 문제를 해결할 수 있다. 위협이 발생하기 전에 예측하는 것은 보안 전문가에게 큰 도전이다.

- 해커의 IP 주소 숨김과 변경 - 해커는 가상 사설망(VPN), 프록시 서버, Tor 브라우저 등과 같은 다른 프로그램을 사용한다. 이러한 프로그램은 해커가 익명으로 탐지되지 않도록 도와준다.

AI는 사이버 보안상의 이와 같은 가장 어려운 문제 중 일부를 해결하는 데 이상적으로 적합하며 구체적으로 다음과 같은 역할을 기대할 수 있다. 인간은 더 이상 동적 공격 노출면(Attack Surface)을[42] 적절하게 보호하기 위해 확장할 수 없기 때문에 AI는 사이버 보안 전문가가 조치를 취하여 침해 위험을 줄이고 보안 태세를 개선할 수 있는 필요한 분석 및 위협 식별을 제공해 준다. 보안에서

---

42) 공격 노출면(Attack Surface)은 잠재적인 사이버 공격으로부터 노출되는 지점과 공간의 정도를 의미한다. 어느 회사든지 여기에 위험부담을 안고 있다. 따라서 중앙집중식 네트워크를 이용해 정보 흐름을 제어하고 노출을 제한해야 한다.

AI와 머신 러닝은 위협에 대한 감지를 자동화하고 위험을 식별하며 우선순위를 지정하고, 네트워크에서 멀웨어를 즉시 발견하고, 사고 대응을 안내하고, 침입을 시작하기 전에 탐지할 수 있다.

AI가 사이버 보안을 개선하는 방법

첫째는 위협 추적에 관한 방법이다. 기존의 보안 기술은 어떤 징후(signature)나 손상 지표를 사용하여 위협을 식별한다. 이 기술은 이전에 발생한 위협에 대해 잘 작동할 수 있지만 아직 발견되지 않은 위협에는 효과적이지 않다. 징후(조짐)에 기반한 기술은 위협의 약 90%를 탐지할 수 있다. 기존 기술을 AI로 대체하면 탐지율을 최대 95%까지 높일 수 있지만 오탐지가 폭발적으로 증가하게 된다. 가장 좋은 해결책은 전통적인 방법과 AI를 결합하는 것이며 이를 통해 100% 탐지율을 달성하고 오탐지를 최소화할 수 있다.

기업은 AI를 사용한 행동 분석을 통합하여 위협 추적 프로세스를 향상시킬 수도 있다. 예를 들어 AI 모델을 활용하여 대량의 종말점(end point)[43] 데이터를 처리하여 조직 네트워크 내의 모든 애플리케이션 프로필을 개발할 수 있다.

둘째는 취약성 관리 방법이다. 2019년에는 20,362개의 새로운 취약점이 보고되어 2018년에 비해 17.8% 증가했다. 조직은 매일 발생하는 많은 양의 새로운 취약점의 우선순위를 지정하고 관리하는 데 어려움을 겪고 있다. 기존의 취약성 관리 방법은 해커가 고위험 취약성을 무력화하기 전에 악용할 때까지 기다리는 경향이 있다.

---

43) 엔드 포인트(end point) 보안이란 최종 사용자에게 연결된 IT장치가 다양한 보안 위협에서 보호받기 위한 방안으로 전통적인 네트워크 기반의 보안 방법론이 아닌 각 네트워크 환경에 맞는 정책 및 프로세스 기반의 통합 보안관리 체계를 말한다.

기존의 취약성 데이터베이스는 알려진 취약성을 관리하고 포함하는 데 중요하지만, UEBA(사용자와 사건 행동분석)와 같은 AI 및 기계 학습 기술은 사용자 계정, 엔드 포인트 및 서버의 기본 동작을 분석하고 zero-day(보안 담당자가 알기 전에 보안의 취약한 부분을 이용하는) 알 수 없는 공격을 신호로 알리는 비정상적인 동작을 식별할 수 있다. 이를 통해 취약성이 공식적으로 보고되고 패치(patch)되기 전에 조직을 보호할 수 있다.

셋째는 데이터 센터에 관한 방법이다. AI는 백업 전력, 냉각 필터, 전력 소비, 내부 온도 및 대역폭 사용량과 같은 많은 필수 데이터 센터 프로세스를 최적화하고 모니터링 할 수 있다. AI의 계산 능력과 지속적인 모니터링 기능은 어떤 가치가 하드웨어 및 인프라의 효율성과 보안을 향상시키는지에 대한 통찰력을 제공한다.

또한 AI는 장비를 수리해야 하는 시기를 경고하여 하드웨어 유지관리 비용을 줄일 수 있다. 이러한 경고를 통해 장비가 더 심각한 방식으로 파손되기 전에 수리할 수 있다. 실제로 Google은 2016년 데이터 센터에 AI 기술을 구현한 후 시설의 냉각 비용이 40% 절감되고 전력 소비가 15% 감소했다고 보고했다.

넷째는 네트워크 보안에 관한 방법이다. 전통적인 네트워크 보안에는 보안 정책을 만들고 조직의 네트워크 연결방식을 이해하는 두 가지 시간 집약적 측면, 즉 정책과 지형이 있다. 먼저 보안 정책은 합법적인 네트워크 연결과 악의적인 동작을 추가로 검사해야 하는 연결을 식별한다. 이러한 정책을 사용하여 제로 트러스트(zero-trust) 모델을44) 효과적으로 시행할 수 있다. 실제 과제는 많은 양의 네트

---

44) 제로 트러스트(zero-trust)는 조직이 자신의 경계 안이나 밖에서 어떤 것도 자동으로 신뢰하지

워크에서 정책을 만들고 유지하는 것이다. 다음은 지형도 작성
(topography)이다. 대부분의 조직에는 애플리케이션 및 작업 부하
(workloads)에 대한 정확한 명명 규칙이 없다. 결과적으로 보안 팀
은 주어진 애플리케이션에 속하는 작업 부하 세트를 결정하는 데
많은 시간을 소비해야 한다.

기업은 AI를 활용하여 네트워크 트래픽 패턴을 학습하고 표준작
업량과 보안 정책의 기능적 그룹을 권장함으로써 네트워크 보안을
개선할 수 있다.

사이버 보안에 AI 적용의 한계

AI가 주류 보안 도구가 되는 것을 막는 몇 가지 제한 사항도
있다.

- 자원 - 기업은 AI 시스템을 구축하고 유지 관리하기 위해 컴
  퓨팅 성능, 메모리 및 데이터와 같은 자원에 많은 시간과 비
  용을 투자해야 한다.
- 데이터 세트 - AI 모델은 학습 데이터 세트로 훈련된다. 보안
  팀은 악성 코드, 멀웨어 코드 및 이상 징후에 대한 다양한 데
  이터 세트를 손에 넣어야 한다. 대량의 데이터와 이벤트가 없
  으면 AI 시스템은 부정확한 결과와 오탐지를 제공하게 된다.
  그럼에도 불구하고 일부 회사는 이러한 정확한 데이터 세트
  를 모두 얻을 수 있는 자원과 시간이 없다.
- 해커들의 AI 사용 - 해커들 또한 AI를 사용하는데 이들 공격

말고, 대신 접근 권한을 부여하기 전에 시스템에 연결하려는 모든 것을 검증해야 한다는 신념
에 초점을 맞춘 보안 개념이다. 즉 침해를 막으려면 아무것도 신뢰하지 않는 것이 최선의 방
법이며 최상의 결과를 제공한다는 접근법이다.

자는 멀웨어를 테스트하고 개선하여 AI 기반 보안 도구에 대한 내성을 만든다. 해커는 AI를 사용하여 방어를 돌파하고 탐지를 피하기 위해 구조를 변경하는 돌연변이 악성 코드를 개발할 수도 있다. 또한 해커는 기존 AI 도구에서 학습하여 보다 지능적인 공격을 개발하고 기존의 보안 시스템 또는 AI 강화 시스템을 공격한다. 즉 공격자, 사이버 범죄 조직 및 이념적 해커는 IT 보안 전문가와 AI 및 기계학습(ML)이 사용하는 것과 동일한 AI 기술을 사용하여 방어를 무력화하고 탐지를 피할 수 있다. 여기에 AI에 의한 사이버 보안의 딜레마가 있다.

- 신경 퍼지(fuzzing) - 퍼징(fuzzing)은 취약점을 식별하기 위해 소프트웨어 내에서 대량의 임의 입력 데이터를 테스트하는 프로세스이다.[45] 신경 퍼징은 AI를 활용하여 대량의 임의 입력을 빠르게 테스트하며 전통적 퍼징기술 강화를 위해 고안되었다. 해커는 신경망의 힘으로 정보를 수집하여 대상 시스템의 약점에 대해 배울 수 있다. Microsoft는 이 접근 방식을 적용하여 소프트웨어를 개선하는 방법을 개발하여 악용하기 더 어려운 코드를 더욱 안전하게 만들었다.

이 외에도 AI가 가져다주는 모든 장점이 역으로 이제 인간의 지

---

45) 퍼징(fuzzing)은 보안 테스트를 수행하는 사람들이 애플리케이션 내의 취약점을 찾아내기 위해 의도적으로 잘못된 데이터를 갖고 소프트웨어를 공격하는 것을 말한다. 퍼징의 효과성은 이 잘못된 데이터, 즉 악성 인풋이 얼마나 잘 제작됐는가에 달려 있다고 볼 수 있다. MS는 심층 신경망(DNN: Deep Neural Network)과 머신 러닝을 이용해 이전 퍼징에서 피드백 받은 데이터를 재료로 새로운 악성 인풋 변종을 만들어내는 방식으로 진화했다. 그리고 이 방법을 통해 고객사가 소프트웨어 버그를 기존의 퍼징 테스트를 이용할 때보다 더 잘 발견할 수 있도록 돕는다고 설명했다(한국CISO협의회 보안뉴스, 2017년 11월).

능에 의존하는 책임은 합법적인 AI 기반 알고리즘을 모방하는 악성 사이버 프로그램에 취약해질 것이다. 여러 조직이 머신러닝 기반 제품을 시장에 출시하기 위해 서두르고 있는데 이 행동으로 인해 알고리즘이 잘못된 보안 감각을 생성하는 것을 간과할 수 있다. 또한 AI에 의존하는 일상적인 작업은 머신 러닝을 통해 고급 해킹 캠페인으로 조작할 수 있다.

결론적으로 사이버 공격의 복잡성과 규모가 모두 증가함에 따라 기존의 위협 및 멀웨어 식별 방법은 실패하고 있다. 사이버 범죄자들은 액세스 제어 및 방화벽을 우회하고 매우 안전한 네트워크를 손상시킬 수 있는 새롭고 스마트한 방법을 지속적으로 개발하고 있다. 이러한 공격을 방지하는 유일한 방법은 해커보다 더 많이 준비하는 것이다. 모든 조직은 기존 기술과 방법을 혼합하여 AI뿐만 아니라 사이버 보안 전략을 유지하기 위해 가능한 한 많은 대처 방안을 강구하는 것이 중요하다.

11장

디지털 포렌식(Forensic) 회계와 정보 투명성

1. 포렌식(Forensic) 회계의 이론적 배경

포렌식(Forensic) 회계란?

포렌식(Forensic)이란 원래는 「법정의」, 「법의학의」, 「과학 수사의」라고 하는 의미를 갖고 있으며 형사 드라마 등에서 친숙한 감식이라는 의미도 있다. 포렌식이 증거 찾기와 증명을 하는 일이라는 것을 의미하는 경우도 있다. 포렌식이 특히 주목받은 계기는 2001년 도산한 미국 엔론(Enron) 기업에 대한 수사인데 이 수사 속에서 부정 회계 사건에 있어서의 증거를 찾아내는 방법으로서 포렌식 기술이 활용되었다. 포렌식 회계는 영어로는 Forensic Accounting이라고 하며 우리나라에서는 아직 지명도가 낮기 때문에 낯선 경우가 대부분이다. 직역하면 「법정회계」, 「소송회계」라고 할 수도 있으나 실제로는 법정 이외에서도 이용되는 기술이기 때문에 이 책에서는 「포렌식 회계」라는 용어로 소개하고자 한다.

부적절한 회계 처리는 대부분「회계처리 잘못」과「분식」이 차지하고 있는데 이러한 부정의 손해액을 산정하거나 지적재산권이 침해되었을 때의 손해액을 계산할 수 있는 회계 기술이 포렌식 회계이다. 특히 회계, 감사 및 조사 기술을 이용하여 변호사가 할 수 없는 재무나 데이터 수집 등에 있어서 그 힘을 발휘하고 있다. 바꾸어 말하면 포렌식 회계는 의뢰인(재판소나 변호사, 기업)이 안고 있는 소송 등의 분쟁에 대해서 손해액 등의 산정 근거를 조사, 산정, 분석, 보고함으로써 의뢰자의 분쟁 해결을 지원하는 회계 기술이다.

　그리고 이러한 분식 등을 포함한 부적절 회계가 주는 손해를 정량화해서 전체의 손해액의 정도를 결정하는 전문가를 포렌식 회계사라고 한다. 포렌식 회계사는 공인 포렌식 회계사(CFA: Certified Forensic Accountant)의 자격이나 공인 부정 검사사(CFE: Certified Fraud Examiner) 등의 자격을 가진 전문가가 주로 데이터 수집, 데이터 준비, 데이터 분석, 그리고 보고 등을 수행한다. 구체적으로는 부정회계 등에 의한 손해액의 정량화(조사·산정) 이외에도 뇌물수수 금지법·독점 금지법에 관한 조사와 관리 체제의 구축 지원, 지적재산권이나 라이선스 계약 등이 침해되었을 때의 손해액의 조사·산정, 나아가 법인 이외에 개인을 대상으로 재산 분할이나 개인사업 분쟁과 같은 민사소송 등에 필요한 회계 면에서의 사정을 할 수 있게 됨으로써 그 존재에 주목을 받고 있다. 이와 같이 다양한 분야에서의 손해액 사정 등에 대해 보다 회계적인 전문성이나 신뢰성이 요구되는 시대가 도래하고 있으며 향후 더욱 중요한 분야가 될 것으로 예상된다. 해외에서는 이 포렌식 회계가 이미 큰 시장을 가지고 있는 분야이기 때문이다.

포렌식 회계의 역사

회계 분야의 역사는 산업이 일찍부터 발달한 영미가 주역이며 이곳에서는 19세기부터 이미 공인회계사 제도가 창설되어 역사가 길며 자격자 수도 2021년 현재 미국과 유럽 모두 30만 명 이상 규모이다. 영국에서는 1904년에 칙허 공인회계사 제도가, 미국에서는 1887년에 공인회계사 제도가 시작되어 그 역사가 이미 1세기가 넘었다. 우리나라는 한국공인회계사회 회원 기준으로 약 2만 3천 명 정도이며 회계사의 대부분이 감사업무에 종사하고 있는 것과는 달리, 영미의 공인회계사는 절반 이상이 영리조직이나 공공 분야에 근무하고 있다. 이 때문에 서구에서는 민간·공공 쌍방의 회계 전문가가 각각의 조직 내에서 회계 기법을 발전시켜 왔다. 특히 미국은 변호사 수가 한국의 40배 이상 있어 소송이 다발하고 있는 특징이 있기 때문에 적극적으로 그 회계 기술을 이용해 온 결과 포렌식 회계라고 하는 분야가 확립되었다고 생각할 수 있다.

민간의 포렌식 회계사는 법정감사와는 달리 민·형사의 구별 없이 기업 비리 전반의 조사를 실시한다. 그들은 기업이나 변호사를 의뢰인으로 해서 제3자의 입장에서 조사를 실시한다. 조사 후는 조사 리포트를 제출하며, 조사 대상이 소송으로 발전했을 경우에는 포렌식 회계사가 증인으로서 법정에서 증언하기도 한다.

공적 업무에 포렌식 회계가 활용된 예로써 오래전의 금주법 시대의 미국 갱 조직 「알·카포네」 탈세 소송이 있다. IRS(미국의 국세청에 해당)와 FBI가 유죄판결을 위한 충분한 증거를 발견하는 데 포렌식 회계를 이용했다고 하는 사례가 있다.

한편 민간에서도 포렌식 회계가 적극 활용되고 있으며 미국 통신

대기업 월드컴의 분식결산을 내부 고발한 신시아·쿠퍼(Cynthia Cooper) 회계사와 에너지 대기업 엔론의 회계부정을 내부 제보한 셰런 왓킨스(Sherron Watkins) 부사장의 사례 등이 있다. 미국 정부는 이를 계기로 사베인스-옥슬리법을 제정해 회계감독 강화의 전환점으로 삼았다.

해외에서는 이러한 형태로 포렌식 회계가 발달해 왔으며 지금도 중요한 분야를 차지하고 있다. 우리나라도 앞으로 포렌식 회계가 보다 많이 다루어지게 될 날도 머지않아 찾아올 것이다.

2. 포렌식(Forensic) 회계와 회계 부정

포렌식 회계(Forensic accounting, forensic accountancy, financial forensics)는 법 과학의 한 분야에서 사법을 위해 사용되는 회계학을 뜻한다. 즉 회계 및 감사 등 회계 지식과 기술 이외에 컨설팅 기술과 법적 능력을 살려 범죄 수사 및 형사 사건 또는 민사 거래의 해결을 위한 데이터를 수집·분석·해석하는 것이다. Crumbley 교수는 많은 사람들이 포렌식 회계를 부정 감사(fraud auditing)와 동의어라고 생각하고 있지만 이는 잘못 이해한 것이며, 포렌식 회계는 감사인이 실시하는 경우도 있을 수 있지만 포렌식 회계감사만 아니라 다른 회계 기술과 컨설팅 능력과 법적 스킬 등 다양한 관계 속에서의 하나에 불과하다고 주장하고 있다(Crumbley 등, 2017).

포렌식 감사는 일반적인 재무제표 감사와는 다른데 재무제표 감사는 샘플링으로 이뤄지지만 포렌식 감사는 모든 거래를 보는 경우

가 많다. 그 때문에 포렌식 감사는 상당한 시간이 걸리고 비용도
든다. 또한 Crumbley 등(2017)은 Durkin(1999)을 인용하여 포렌식
회계 감사에는 중요성에 기초한 계약범위에 제한이 없고, 증거로서
샘플링을 받아들이지 않고, 경영자는 성실하다는 가정을 하지 않으
며, 최선의 법적 증거를 추구한다는 증거기준(the evidential matter)
이 요청된 경우, 증거규칙(the rules of evidence) 과를 조합시킨 것
이라는 사실을 나타내고 있다. <표 36>은 감사, 부정검사, 포렌식
회계를 각각 비교한 것이다.

<표 36> 감사, 부정검사, 포렌식 회계의 비교

특징	감사	부정검사	포렌식 회계
시간 관점	과거	과거	과거 및 미래
주요 초점	기간	대응	소급적 · 계속적
조사범위	좁다	넓다	광범위한 영역
주요 작업 완성물	감사의견	부정사례보고서	포렌식 감사보고서
주요 책임자	감사계약기업 및 일반사회	착취당한 단체	의뢰인 또는 제3자 단체
지침	세칙기준 (Rules-based)	원칙기준 (Principle-based); 감사기준하에서는 세칙기준	원칙기준 (Principle-based)
보고서 목적	GAAP에 준거하고 있는가를 보증	부정실행자 식별	부정 리스크 평가와 전략 서비스
전문상의 위치	적대자 상호 간 관계없음	적대자 상호 간 관계있음	적대자 상호 간 관계있음, 없음

출처: Crumbley 등(2017)에서 인용

　　上野[우에노](2019) 교수도 포렌식 회계의 영역은 회계감사, 심
리학, 범죄학, 컴퓨터 법의학 및 소송 지원을 포함하고 있기 때문에
일반적으로 부정 감사보다 광범위한 것이라고 하였다. 포렌식 회계

가 담당하는 부정에는 단순한 회계부정만이 아니라 금전에 관련된 모든 거래의 부정이 범위에 포함돼 있다는 것이다. 따라서 포렌식 회계사는 "단순한 법률적 요소와 회계적인 요소를 조합한 것이 아니라 다양하면서 광범위한 지식과 경험이 필요한 직업 전문가임을" 인식시키고 있다.

3. 포렌식(Forensic) 회계와 지속가능 지배구조의 관계

국민연금기금은 국민연금법 제102조(기금의 관리 및 운용) 제4항 '장기적이고 안정적인 수익 증대를 위해 투자 대상과 관련한 환경, 사회, 지배구조 등의 요소를 고려할 수 있다'는 규정에 따라 기금운용지침에서 '한국 스튜어드십 코드인 기관투자자의 수탁자 책임에 관한 원칙을 도입하고 기금운용위원회가 별도로 정한 「국민연금기금 수탁자 책임에 관한 원칙」에 따라 이행한다'고 명시하고 있다.

한국거래소는 기업경영 투명성을 높이고 시장에 의한 규율을 강화하기 위해 '기업지배구조 보고서 가이드라인'을 확정했다. 이에 따라 2019년부터 연결기준 자산총액 2조 원 이상인 대형 코스피 상장사는 기업지배구조 보고서를 의무적으로 공시해야 한다. 공시 규정에 제시된 '기업지배구조 핵심원칙'(10개)에 대해 세부원칙을 설정하고 원칙별로 구체적인 공시사항을 제시해 상세하고 충실한 정보기재를 유도했다. 보고서를 기한 내 제출하지 않거나 제출된 내용에 허위로 기재했을 경우 즉시 불성실 공시법인으로 지정하고 벌점 규모에 따라 매매거래 정지, 제재금 부과, 관리종목 지정 등이 가능해진다.

이와 같이 과거 어느 때보다도 중요한 위치를 차지하는 기업 지배구조는 지속가능성과 분리될 수 없으며 통합되어야 한다(Ricart 등, 2005). 1983년 세계환경개발위원회(WCED)는 지속가능한 개발을 "미래 세대가 자신의 필요를 충족시킬 수 있는 능력을 손상시키지 않으면서 현재의 필요를 충족시키는 개발"이라고 정의했다. 지속가능성은 환경, 사회, 경제, 정치 및 영토 목표 간에 적절한 균형이 설정된 사회를 개발하는 것을 의미한다(Lombardi 등, 2019). 이러한 목표는 지속가능성의 5가지 차원, 즉 환경, 사회, 경제, 정치 및 영토를 포함한다. Schrippe and Ribeiro(2019)는 지속가능성에 대한 두 가지 목표인 기업 지배구조와 제품의 특성을 추가한 지속가능한 개발의 7가지 차원을 모두 통합하면 장기적인 기업의 지속가능성을 달성할 수 있다고 하였다. 그러나 일부 학자들은 경제적 측면이 재정적 장점을 제공하고 재정적 이유로 인해 발생할 수 있는 조직 붕괴를 방지하기 때문에 가장 적절하다고 인식한다(Gupta and Kumar, 2019).

기업의 지속가능한 개발은 지배구조 관행과 경제 발전을 통해 개발된 조직의 능력으로 정의되는데 특히 지배구조 관행은 조직 전략, 목표 및 목표의 구현에 대한 책임이 있으므로 조직의 경쟁력과 직결된다(Rehman and Hashim, 2019). 지속가능성을 기업 지배구조와 통합할 때 조직은 기업 지배구조가 조직의 성과를 방해하거나 손상시킬 수 있는 경제적 위험을 식별할 수 있도록 경제적 가치를 창출하는 전략을 개발해야 한다(Schrobback and Meath, 2020).

기업의 지속가능성과 지배구조를 연계한 지속가능 지배구조

(SCG: Sustainable Corporate Governance)는 조직의 시장 점유율 증가에 대한 경쟁 우위를 창출하고 조직이 사기 위험을 포함하는 위험을 피할 수 있도록 지원한다(Allais 등, 2017). 기업 지배구조의 지속가능성은 또한 조직이 기업의 부패와 부정적인 외부 효과를 피할 수 있도록 지원한다(Robert 등, 2019).

SCG라는 용어는 현재까지 구체적인 정의는 없으나 일반적으로 잘 기능하는 이사회, 효과적인 감사 및 위험위원회, 유익한 추천 및 보상위원회를 달성하는 방향으로 나아가는 시스템이라고 정의할 수 있다(Crifo 등, 2019).46) 지속가능 지배구조(SCG)는 비즈니스 생존의 전제 조건이다(Jarmai 등, 2020).

한편 포렌식 회계는 조직 내에서 사용 가능한 활동으로 간주될 수 있으며 부정을 통제, 제거 및 완화하기 위해 노력한다. 포렌식 회계의 활동은 의사결정 과정에 부정이 없고 모든 위험 요소를 고려하고 승인된 위험 성향(appetite) 내에서 이루어지도록 한다(Effiok and Eton, 2019).

이와 같이 최근 주목을 받고 있는 지속가능 지배구조(SCG)는 포센식 회계와 깊은 관련이 있다. 부정이 없는 비즈니스 모델의 채택은 의무적(강제적)인 감사 및 위험위원회 및 보상위원회를 비롯한 이사회와 같은 지배구조의 관리에 의한 조직 접근 방식과 정확히 관련이 있다(Lombardi 등, 2019). 그런데 지배구조 관리만으로는 부패 방지 계획을 채택하고 구현할 수 있는 기능이 없는데 그 주된

---

46) 많은 국가의 규제 당국이 기업 지배구조 코드를 개발했지만 이러한 코드를 따르는 것이 SCG 달성하는지에 대해서는 단정하기 어렵다. 당국에서 제정된 기업 지배구조 규범은 기업 지배구조의 기본 요구 사항에 대한 것이지만 SCG 달성에 필요한 요소를 설명하거나 정의하지는 않는다. 현재 지배구조 규범에는 비즈니스 지속가능성, 비즈니스 연속성 및 부정 제거 또는 통제에 대해 언급된 내용이 없다(Rehman and Hashim, 2019).

이유는 포렌식 회계에서만 제공할 수 있는 부정 및 사기 활동에 대한 지식과 전문성이 부족하기 때문이다(Siregar and Tenoyo, 2015). 즉 부정을 방지하고 통제하기 위한 지배구조 관리에는 결국 우수하고 지속가능한 기업 지배구조를 달성하는 데 도움이 될 수 있는 포렌식 회계의 전문 지식이 필요하다는 것이다(Rehman and Hashim, 2019). 역으로 능력과 지식을 갖춘 포렌식 회계는 기업 지배구조에 영향을 미칠 수 있으며 결국 지속가능 지배구조(SCG)로 이어질 수 있다.

지속가능한 지배구조(SCG)와 부정을 통제하는 활동은 조직의 성공적인 비즈니스 성장과 비즈니스 지속가능성에 필요한 중요한 두 가지 축이다(Rehman and Hashim, 2021). 조직적 부정으로 인해 최근에 기업 지배구조의 지속가능성에 대한 우려가 심화되었으며(Lombardi 등, 2019; Crifo 등, 2019), 이에 포렌식 회계가 부정의 제거 및 완화에 도움이 될 수 있는 가장 적합한 활동이 되고 있다(Rehman and Hashim, 2019).

Rehman and Hashim(2021)은 기업 내에서 지속가능한 기업 지배구조(SCG)에 대한 포렌식 회계의 영향을 측정하였다. 이 연구는 최신 범죄 혁신 및 SCG 문제를 분류함과 동시에 조직과 사회에 해를 끼칠 수 있는 수많은 위협을 극복할 수 있는 길을 제공한다. 포렌식 회계와 SCG는 조직이 되돌아올 수 없는 지점에 도달하기 전에 장래의 부정을 예측 및 예방할 수 있다고 하였다. 분석 결과에 의하면 포렌식 회계가 SCG에 직접적인 영향을 미치며 또한 포렌식 회계는 부정을 제거하고 SCG를 달성하기 위한 지배구조 관리의 일부가 될 수 있는 것으로 나타났다. 이 연구는 규제 기관, 전문

기관 및 조직이 SCG 조항을 도입하고 포렌식 회계를 지배구조 시스템의 강제적 사항으로 만듦으로써 기업 지배구조와 조직정책 코드를 수정하는 데 도움이 될 수 있는 것을 보여주었다.

4. 디지털 포렌식(Forensic)
회계와 인공지능(AI)의 활용

경영자 비리는 경영자가 해야 할 과제가 개인적 동기 만족의 수단이 되는 것을 의미하며 기업의 사회적 정당성을 위태롭게 한다. 따라서 경영자의 부정을 재빠르게 발견 혹은 예지해 나가는 것은 지극히 중요하다고 할 수 있다. 이런 경영자의 부정도 그 상당수는 회계상의 데이터에 반영된다. 그러므로 회계 데이터에 나타난 수치의 이변을 분석하고 부정 징후를 예지하여 경영자의 윤리를 고양시키기 위해서는 포렌식 회계학의 발전이 필수적이라고 할 수 있다 (麻生[아소], 2019).

기업에 있어서의 분식이나 부정 징후도 많은 부분이 어떤 형태로든 회계상의 데이터에 나타나게 되는데 'The 2018 Global Fraud and Identity Report'에서도 밝혀지고 있듯이 부정회계뿐 아니라 기타 모든 거래의 부정은 세계화, 디지털화 되어 더욱 복잡해지고 있어 전문직을 만들어 대응하지 않으면 안 된다.

따라서 컴퓨터 포렌식에 초점을 맞춘 조사나 수사, 감사 등이 주목을 받기 시작했다. 컴퓨터 포렌식 또는 디지털 포렌식 분석 (Computer Forensic Analysis)이라는 용어는 사이버공격 조사나 범죄수사 등에서 이용되는 경우가 많으며, 공인회계사 등의 회계감사 분야에서는 이들 용어가 일반적으로 이용되지 않았다(中村[나카무라], 2018). 지금까지 컴퓨터 포렌식의 두 가지 주요 응용 프로그램은 증거 목적을 위한 전자 정보의 보존 및 복구와 소송 지원을 위한 전자 검색이다. 오늘날 점점 더 많은 거래가 비즈니스 및 SNS 환경에서 전자적으로 완료되고 있으며 귀중한 정보와 증거는 기존의 컴퓨터 및 서버 하드 드라이브 이외의 장소에서 유지 관리되는 파일에서 찾을 수 있다. 데이터 처리 기술이 인터넷을 통해 정보가 유지되고 액세스 되는 "클라우드" 컴퓨팅으로 이동함에 따라 데이터의 물리적 위치는 사업체 외부에 존재하며 국가 외부에도 존재하게 된다. 아이폰, 아이패드, 노트북, 넷북, 휴대폰을 포함한 최신 기기는 모두 인터넷에 연결하여 전자 정보를 전송할 수 있다. 그러므로 존재 가능한 전자 정보의 유형, 보유하고 있는 형태와 포맷, 액세스 할 수 있는 위치, 그리고 가장 중요한 액세스 권한을 얻는 방법을 아는 것이 소송에서 우세하거나 상황(사정)을 입증하는 데 가장 중요한 요소가 될 수 있다.

지금까지 회계감사 분야에서는 디지털 포렌식 분석이 일반화되지 않았으나 포렌식 감사의 사고방식은 부정에 대한 감사 증거로서 유용함과 동시에 재판에 있어서 증거로서의 증거력도 고려하고 있어 향후의 회계감사에 관한 소송 증가 가능성을 고려하면 앞으로 연구할 가치는 충분히 있다고 볼 수 있다.

특히 디지털 포렌식 감사에서의 문제 발견 방법 등, 회계감사에서도 일정한 친화성이 있어 회계감사의 심도 있는 감사로 이어질 가능성도 높다. 또 부정 예방 차원에서 증거로 보전되는 것은 유효하며 이 점도 의의가 있다고 인식하였다. 이는 회계감사에 한정되지 않고 내부감사에서도 마찬가지이며 기업에서도 증거로서 보전을 한다는 생각은 중요한 의미를 갖는다.

디지털 포렌식 분석은 AI(인공지능)의 발달에 따라 적용 범위를 확대하고 있다. 과거에 발생한 부정에 대한 감사나 사이버 공격 조사만이 아니라 미래에 발생할 가능성이 있는 부정을 미리 감지할 수 있다. 기업의 미래 회계부정을 예측하기 위해 AI의 한 분야로서 최근 널리 활용되는 기계학습(machine learning) 기법을 활용하면 기존의 회귀분석 모형보다 더 정확히 부정을 미리 탐지할 수 있다는 연구 결과도 나타나고 있다(나현종·정태진, 2020). 특히 고의성이 있는 회계부정과 재무제표상의 숫자에 영향을 미치는 중요한 회계부정의 경우 더 강하게 예측할 수 있는 점을 발견하였다. 이러한 결과는 기계학습 방법론을 활용하는 경우 지금까지의 회계부정 예측 모형이 지니는 한계를 개선할 수 있다는 측면에서 앞으로 회계나 재무 분야의 실무에 널리 활용될 수 있을 것으로 기대된다.

한편 Frey and Osborne(2019)에 의하면 AI의 시대가 되어도 컴퓨터로 대체되지 않는 직업에 필요한 스킬은 사회적 지성(Social Intelligence), 창조력(Creativity), 인지력 및 조작력(Perception and Manipulation)의 세 가지라고 지적하고 있다. AI로 가능한 정형적인 회계 업무나 감사 업무를 실시해 나가는 한 이들이 서술한 바와 같이 회계사 및 감사원은 94%의 확률로 AI로 대체되는 직업일 가능성이 높다고 말할 수 있을지도 모른다. 하지만 포렌식 회계 지식과 포렌식 기술을 가진 회계사 및 감사원은 빅데이터를 처리 가능한 포렌식으로 부정을 검출하고 법정에서 증언을 하는 사회적 커뮤니케이션 능력을 가지며 AI시대에 활약 가능한 직업으로 할 수 있다고 믿는다.

Nakamura(2019)도 포렌식 회계에서 증거의 보전은 단순히 법정 상의 문제에 한정되지 않고 실태를 밝히기 위해 중요한 일이기 때문에 단순히 IT나 AI를 구사하는 것만으로는 부족하며 이론 형성에 법률적인 면, 커뮤니케이션, 기업의 비즈니스 모델의 이해 등 횡단적인 지식이나 스킬이 요구되어 필요에 따라 팀으로서 대응이 필요하다고 지적하고 있다.

5. 사례: 포렌식(Forensic) 회계시스템 도입의 동인과 성과

포렌식 회계의 도입 동기

포렌식 회계를 도입하는 경제적 동기는 자기중심적·이념적·정서적 등의 여러 이유가 있으나 부정을 저지르는 것이 가장 일반적인 이유라고 할 수 있다. 기본적으로 모든 부정에는 동기부여, 기회 및 합리화 세 가지가 포함된다("부정 삼각형"). 많은 연구자들은 이 세 가지가 부정을 저지른 직원을 프로파일링 하는 데 큰 도움이 될 수 있음을 입증했다(Seward, 2011).

절도, 비리, 사무직 범죄, 횡령과 같은 모든 종류의 부정행위는 거의 동의어이지만 형법상으로는 동일하지 않다. 법적 사기행위 수사에서 범죄인의 의도는 증명하기 가장 어려운 측면이다. 이는 자신의 마음속에서 발생하고 증거가 상황에 따라 변하기 때문이다. 민간 부문에서 부정을 감사하는 것은 횡령, 재정적 사실에 대한 허위 진술, 영리 방화, 파산 사기와 같은 대부분의 금융 범죄 사례에 유용하게 사용될 수 있다. 이 모든 경우에 부정이나 사기행위는 경제적·사회적·조직적 현상으로 간주되어야 한다. 따라서 현대 조직은 포렌식 이벤트에 적절히 대응하고 해당 법률 및 규정을 준수함을 입증할 수 있는 포렌식으로 준비된 클라우드 환경이 필요하다(Elyas 등, 2014).

그런데 디지털 포렌식 조사는 본질적으로 이분법적 현상이며 과학과 예술의 양면을 지니고 있으며 동시에 직관적 프로세스와 공식적 분석 및 과학적 방법론을 나타낸다(Simeunović 등, 2016). 부정에 대한 감사 프로세스는 공식적으로 학습한 다양한 주제보다도 오히려 직감과 사고에 더 많이 의존한다. 부정에 대한 감사인과 같은 디지털 포렌식 조사관은 추정 없이 관련 정보를 찾고, 이를 구성하고, 관련 데이터를 발견하고, 발생한 일을 재구성하기 위해 생성하는 패턴을 만들고자 한다.

또한 인터넷뿐만 아니라 컴퓨터나 네트워크와 관련된 부정을 조사하려면 감사, 컴퓨터 범죄 및 디지털 포렌식 조사기술이 모두 필요하다. 현재의 보고(reporting) 환경에서 포렌식 회계사는 의심할 여지 없이 회계, 감사, 법률 및 조사 기술에 대한 수요가 높다. 조직 내에서 윤리적 행동에 대한 일관된 정책을 달성하기 위해 기업의 효과를 조정하는 데 중요한 역할을 할 수 있다(Bhasin, 2015). 그러나 불행히도 이러한 모든 기술을 한 사람이 구사하는 것은 매우 어렵다.

디지털 포렌식 조사관은 포렌식 규칙, 원칙, 기법 및 도구를 적용하여 컴퓨터 관련 부정을 조사한다(Harlan, 2009). 반면에 감사인은 회계 및 감사 규칙, 원칙, 기술 및 방법에 대한 지식을 포렌식 조사관에게 제공할 수 있다. 일반 부정에는 부정 유형, 피해자 유형, 범죄 방법, 기술 및 도구와 같은 많은 변수가 포함되기 때문에 통합되고 포괄적인 이론이나 솔루션을 만드는 것은 거의 불가능하다고 말할 수 있다.

따라서 여기에서는 디지털 조사자와 부정에 대한 감사인의 결합된 접근 방식 및 팀 작업 모델이 바람직하다. 이 경우에 디지털 포렌식 심사관은 부정 조사에 효과적이려면 부정에 대한 감사의 주요 원칙을 숙지해야 한다(Singleton & Singleton, 2010). 더불어 포렌식 조사관은 부정이 이미 발생했거나 진행 중이거나 앞으로 발생할 것인지를 증명해야 한다. 그 후, 포렌식 조사관은 가장 가능성이 높은 부정 계획을 생성하고 이를 내부 감사인에게 제안해야 한다. 디지털 환경의 부정 조사 계획에는 데이터 수집, 수집, 분석 및 디지털 증거 제시는 물론 적절한 포렌식 도구 및 기술 선택이 포함되어야 한다.

부정 사례-포렌식 분석

본 장에서는 두 가지 다른 포렌식 도구(Touch Screen Forensic Imager and Access Data FTK Imager)를 사용하여 조사된 조직적 부정 감사 프로세스에서 디지털 포렌식 분석의 실제 사례를 제시한다. 일반적으로 많이 나타나는 현금 도용이 아닌 직원이 창고에서 재고를 훔쳐서 판매하고 추가 수익을 얻은 부정 사례를 다룬다. 업무적 부정에는 부패, 자산 남용이 포함되며 재무제표 부정, 업무상 부정으로 인한 일반적인 조직의 손실은 연간 수익의 최대 5%로 추정된다(ACFE,

2016). 이 사례는 대표적인 업무상 발생하는 부정에 해당한다.

컴퓨터로 이루어진 회계 환경에서는 입력, 중간처리 또는 출력 처리 단계에서 부정이 발생할 수 있다. 그중에서 입력 단계에서 부정 데이터를 입력하는 것은 미지급금, 사적 이익 또는 비용 청구를 포함하여 일반 직원이 저지르는 가장 일반적인 부정행위이다.

이 부정 사건에서 재고관리 팀의 선임 회계책임자는 재고 항목의 비정상적인 초과에 대해 의심을 품고 조사 프로세스의 첫 번째 단계를 수행했다. 그는 비디오 모니터링 시스템에서 데이터를 수집하고 의심스러운 컴퓨터를 전자 증거로 수집했다.

그러나 이 부정 사건에서 내부 감사인은 어떠한 비리도 발견할 수 없었지만, 사업 경험과 관련 항목이 해당 수량에 필요하지 않다는 사전 지식으로 인해 의심스러웠다. 그 전에 내부 감사인은 디지털 포렌식 지식의 부족으로 의혹을 증명하지 못하여 사건을 디지털 포렌식 심사관에게 넘겼다. 그는 그 후 의심되는 컴퓨터의 하드 디스크에 대한 포렌식 이미지를 촬영한 디지털 포렌식 전문가를 고용했다. 디지털 증거를 확인하기 위해 협회(AFTWIT)의 두 포렌식 분석가가 두 가지 다른 포렌식 도구를 사용하여 독립적인 분석을 수행했다.

포렌식 분석가는 주요 의사결정 지점에서 수석 회계책임자와 대화식으로 별도로 작업했다. 마지막으로 포렌식 분석가와 회계책임자는 공동으로 사기 사건을 재구성하고 사건을 법 집행기관에 넘겨야 하는 회사 소유주에게 결과를 보고했다(Grubor 등, 2019).

내부 감사인인 선임 회계책임자는 조사 요구사항에 부정 사건을 설명했다. 협회(AFTWIT)를 통해 고용한 디지털 포렌식 전문가는 사용자 계정과 암호가 있는 손상된 컴퓨터를 받았다.

첫 번째 단계로 포렌식 분석가는 다음 사실을 확인했다.

- 손상된 컴퓨터가 꺼졌고 프린터가 사용 기록에 기록되지 않았다.
- 컴퓨터가 네트워크에 연결되지 않았거나 도메인의 구성원이 아니다.
- USB 장치를 통해 논란이 되는 보고서가 인쇄되었다.
- 컴퓨터에는 무선 인터넷 액세스, 바이러스 백신 프로그램 및 방화벽이 있다.
- 컴퓨터에는 암호화가 없었다.
- 하드 디스크(HD)는 120GB이고 운영 체제는 XP Professional SP3이다.
- 회계사, 창고 관리자, 판매자, 시스템 관리자, 회계 응용 관리자, 소유자 및 내부 감사인은 OS 및 회계 애플리케이션에 로그인하기 위한 사용자 계정과 비밀번호를 숙지했다.

이후 포렌식 분석가는 가상 머신(Virtual Machine)의[47] 회계 애플리케이션을 조사하기 위해 Touch Screen Forensic Imager에서 로컬로 HD 120GB의 포렌식 이미지를 가져왔다. 다음 단계에서 포렌식 오픈 소스 도구에 의해 가상 머신이 생성된다. 그런 다음 Windows OS 이벤트 로그, 최근 프로그램, 최근 항목 및 숨겨진 데이터 및 회계 응용 프로그램 메타 데이터(Microsoft KB, 2019)

---

47) 가상 계산기를 말하며, 실제 존재하는 컴퓨터상에 소프트웨어로 논리적으로 만들어낸 컴퓨터를 말한다. CPU(중앙처리장치), I/O(입출력장치) 등 컴퓨터의 모든 자원을 가상화하는 것이다.

가 분석된다. RegScanner 프로그램은 금요일(2019년 6월 21일)부터 월요일(2019년 6월 24일)까지 레지스트리 키의 변경 사항을 식별하기 위해 설치된다.

2019년 6월 24일 오전 08:19:45부터 2019년 6월 24일 오전 08:37:13까지 포렌식 가상 머신에 대한 이미지 분석 결과를 파악하였다. RegScanner에서 검색한 디지털 증거는 2019년 6월 24일 오전 8시 19분 45초부터 2019년 6월 24일 오전 8시 37분 13초까지 Microsoft(MS) Access 데이터베이스에서 Adobe를 사용하여 이벤트를 분석했다.

이렇게 해서 포렌식 분석한 결과를 보자. 포렌식 분석가는 자신의 의견과 권장 사항을 포함하여 포렌식 보고서를 생성한다(King, 2009). 이 부정 사건에서 "Kosa"라는 사용자 이름의 누군가가 2019년 6월 24일 오전 08:19:45부터 2019년 6월 24일 오전 08:37:13 사이에 회사의 회계 응용 프로그램 및 재무 데이터와 함께 컴퓨터를 사용했다. MS Access 데이터베이스 "GSD2019.mdb"가 변경되고 회계 응용 프로그램 "Prvi2005.exe"가 사용되었다.

원장 목록에서 두 가지 버전의 재고 보고서가 있음이 입증되었다. 하나는 금요일이고 다른 하나는 일요일이다. 일요일 보고서에는 1034번 항목이 60개로 이전보다 많았다. 2019년 6월 24일 일요일에 사무실을 방문한 사람과 컴퓨터 및 회계 응용 프로그램에 대한 액세스 자격 증명을 알고 있는지 여부를 확인하고 이러한 조작의 동기를 조사해야 했다.

부정행위 사례 재건

  디지털 포렌식 분석 결과와 영상 모니터링 시스템 기록, 내부 회계 감사인의 수사 등 다른 출처의 증거에 따르면 내부 회계 감사인과 두 명의 디지털 포렌식 분석가로 구성된 팀워크로 부정행위 사건을 재구성했다. 창고담당자 M은 여분의 돈을 벌고 공유하기 위해 공급업체와 비밀 거래를 했다. 정규 주문과 함께 공급자로부터 추가 품목을 받았으며 나중에 암시장에서 현금으로 거래했다. 그는 벌어들인 모든 여분의 돈을 공급자와 공유해야 했다. 그는 재무 문서와 장부에 추가 항목을 기록하지도 않았고 회사의 거래 비즈니스로 제시하지도 않았다. 이 수상한 품목은 재고 및 재무 데이터베이스의 코드 번호 1034로 저장된다. 창고에는 회사 공식 문서와 아이템 카드에 기록되지 않은 60개의 아이템이 있었다. 그러나 회사의 총괄 책임자는 다른 운영상의 이유로 갑자기 재고에 대한 내부통제를 명령했다. 따라서 창고 담당자는 여분의 재고 품목을 제거할 시간이나 기회가 충분하지 않았다. 장부에 기록된 1034번 항목이 많지 않다고 주장하여 내부 감사팀을 속이기 위해 창고업자는 다음과 같은 속임수를 저질렀다. 그는 이미 회사 회계담당자가 134번이 아닌 1034번 항목 74개를 등록 수량으로 재고 목록을 인쇄하고 내부 감사에 넘길 의도로 금요일 오후에 테이블에 남겨둔 것을 이미 알고 있었다.

  따라서 창고 담당자는 재고 등록을 위해 창고를 준비하고 있다는 핑계로 일요일에 회사에 나왔다. 그리고 그는 조용히 회계담당자 사무실에 들어가서 1034번 항목 134개를 새롭게 허위 재고 목록으로 인쇄한 것을 이미 테이블에 있던 올바른 목록 대신에 교체했다.

그는 또한 데이터베이스에 접근하여 입력 문서에서 동일한 항목의 양을 변경했다. 주문한 품목 No.1034 74개와 RSD 11,680개 대신 29,200 RSD 값으로 134개로 변경했다. 그는 암호를 알고 있었기 때문에 회계 소프트웨어를 열고 동일한 값을 변경했다. 그는 허위 보고서를 인쇄하고 금요일 말미에 회사 회계담당자가 작성한 테이블에 이미 완료된 보고서를 대체했다. 그 후 창고 담당자는 데이터 베이스에 접근하여 교체된 데이터를 올바른 값(74 및 11,680 RSD)으로 되돌려 놓았다. 월요일 아침, 회사의 회계담당자는 자신의 테이블에서 그것이 거짓임을 알지 못한 채 보고서를 가져와서 내부 감사 팀에 전달했다.

따라서 감사관은 보관된 품목에서 "올바른 상태"를 발견할 수 있었고 창고 담당자는 여전히 이익을 위해 판매할 추가 품목을 보유하고 있었다. 그러나 재고 팀의 일원은 같은 회사에서 이전에 일하던 1034번 아이템에 대한 경험이 있어 이처럼 많은 아이템 번호에 대해 의구심을 갖게 되었다. 그래서 그는 구매부에 확인하기로 결정하고 왜 1034번 항목을 그렇게 많이 구입했는지 물어보기로 했다. 사실 그것은 회계책임자가 수사를 시작하기 위한 위험을 알리는 적신호이었다. 상품거래 문서의 변경 사항을 이해하고 데이터베이스를 비교하는 데 어려움이 있는 그는 두 개의 독립적인 분석과 다른 포렌식 도구를 통해 디지털 증거를 확인하기 위해, 포렌식 협회(AFTWIT)의 포렌식 전문가를 고용하기로 결정했다.

영상 감시 시스템을 통해 주말에 한 사람만이 수석 회계책임자 사무실을 방문한 것을 확인할 수 있었다. 이것은 용의자 수를 한 사람으로 줄였으며 부정행위 조사가 완료되었음에도 불구하고 특정인이 부정을 저질렀음을 확인할 수 있는 충분한 증거가 없었다. 그러나 디지털 포렌식 분석 프로세스의 디지털 증거를 사용하여 의심되는 창고 담당자가 부정을 저지른 것으로 확인되었다.

일반적으로 부정행위 사건 기소에는 물리적 증거, 증인 증언에 근거한 증거, 문서 증거 및 입증 증거의 네 가지 종류의 증거가 일반적으로 사용된다(Kwok, 2008). 이 부정행위 사건에서 입증된 디지털 포렌식 증거로 뒷받침되는 문서 증거는 가능한 법적 절차를 위해 준비되었다. 부정행위자는 때때로 부정을 은폐하기 위해 허위 문서를 사용하는데 분명히 이 부정이 허위 재무문서에 의해서만 발견될 가능성이 낮다. 이 경우 허위 문서 외에도 회사의 컴퓨터 및 비디오 모니터링 시스템에서 만든 디지털 흔적이 부정행위 재건(reconstruction)에 더 결정적이었다.

이 사례에서 제시된 부정행위 조사 모델을 실제 부정 사건에 적용하고 디지털 환경에서 금융 부정을 효율적으로 해결하기 위해 회계 감사인과 디지털 포렌식 심사관의 팀워크의 중요성을 강조했다. 그러나 부정행위 조사 프로세스의 향후 변경 사항을 효과적이고 효율적으로 채택하고 구현하기 위해서는 회사의 비즈니스 프로세스 파악과 처리에서 ICT(정보통신기술)와 인공지능(AI) 개발 및 사용에 대한 지속적인 모니터링이 필요하다는 것을 인식해야 한다.

12장

산업 4.0 시대의
관리회계 전망과 과제

1. 산업 4.0 시대의 관리회계 특성

　최근 국내외에서 산업 4.0 시대의 핵심을 이루는 인공지능(AI: Artificial Intelligence)의 기술적 진전이나 빅데이터, 클라우드 등의 침투에 의해 특정 영역에서의 직업의 필요성 자체가 저하되고 산업 구조 전환이 발생할 가능성이 크게 다루어지고 있다(Frey and Osborne, 2017). PwC의 글로벌 산업 4.0 조사(2016)에서는 제조업 전 분야에서 산업 4.0에 대응함으로써 원가절감, 효율성 향상, 이익 확대 등 다대한 효과를 얻을 수 있다고 발표하였다. 예를 들어 AI 에는 심층학습 등의 기능이 있어 컴퓨터 처리능력의 대폭적인 향상에 의해 기존에는 상당한 시간이 소요되는 처리를 단시간 내에 처리할 수 있게 되어 다양한 분야에서 이용되고 있다. 이미 AI의 도입은 자율주행을 비롯해 의료, 업무 지원, 금융, 교육, 마케팅, 환경, 안보, 군사 등 다양한 분야에서 이루어지고 있다. 특히 회계 분야에서는 회계 데이터의 분석과 활용이 촉진되어 고도의 분석을 보다 신속하게 실시할 수 있으며, 그 결과를 이용해 경영 전략이나 각종 시책에 연결할 수 있게 되었다. 또한 부정이나 오류의 의혹이 있는 거래를 조기에 발견할 수 있어 문제가 나타나기 전에 사전에 인지하고 개선하는 것도 가능하게 되었다(Shimada, 2016).

실무에서는 빅데이터 처리기술과 회계 AI를 접목해서 만들어진 '더존 스마트A 프로그램'이 사업과 관련된 거래 정보를 자동 수집하여 장부를 작성해 기업의 재무제표를 생성해 주고, 세무조정 업무에 필요한 각종 데이터를 추출하여 주요 서식을 자동으로 작성하고 나아가 세무신고 데이터의 오류까지 자동으로 검증할 수 있다.48) 회계법인 PwC의 'Aura, Halo and Connect'와 딜로이트(Deloitte)의 'Argus & Optix' 그리고 KPMG가 IBM과 마이크로소프트와 협력해 만든 '클라라(Clara)'라는 인공지능을 통해 투명하고 적시성 있는 회계감사는 물론 합병, 임대 등의 업무와 관련된 방대하고 복잡한 문서들을 읽고 추출해 데이터를 재구성하고, 특정 산업의 수익 인식이나 가격 결정 등의 잠재적인 문제를 파악하는 데 활용하고 있다.

재무회계와 회계감사 분야에서는 이와 같이 이미 AI의 인지 기술과 블록체인 기술을 통해 기업의 데이터를 이해하고 회계자료를 정리 및 분석해 회계담당자의 업무를 보조하며, 기계학습 등을 통해 스스로 발전을 이뤄 회계업무의 일부를 수행할 수 있는 프로그램을 개발 적용하고 있다.

한편 관리회계의 분야에서도 지금의 재무회계에 대한 AI 등의

---

48) '얼마에요'라는 소프트웨어도 빅데이터 기반의 인공지능 회계처리 기술 특허를 획득하여, 거래 데이터를 자동수집하고 자동 전표 처리하여 각 장부에 입력되는 회계를 처리하고 있다.

기술 적용 상황을 볼 때 이를 활용하는 것이 전혀 어려운 일이 아니라는 사실이 밝혀지고 있다. 관리회계는 원래 회계제도에 따라 이루어지기보다는 각 기업이 경제사회의 상황이나 미래의 예측에 기초하여 자본이나 자원의 최적의 배부와 할당을 실시하는 것이다. 따라서 항상 인과관계가 명확하게 되어 있는 것은 아니고 지속적으로 변화하면서 최적해를 찾아 가는 것이 특징이므로, 사전에 규칙을 알고 있지 않거나 기준 등의 회계제도가 없어도 최선의 결과로부터 최적해를 산출할 수 있는 심층학습 형태의 AI를 통해 가능성을 확인하고 있다(Marr, 2017).

이와 같이 관리회계 분야는 재무회계와 회계감사 분야와는 달리 이미 발생한 데이터의 분석이 아닌 미래 지향적 예측 정보를 사용하는 특성을 가지고 있기 때문에, 세계화로 인한 경쟁전략의 신속한 변화와 기술 변동성 및 불확실성의 증가에 대처하기 위해 AI와 블록체인 등을 활용한 예측 분석 및 빅데이터 관리가 관리회계에 필수적 도구가 되고 있다. 이런 측면에서 향후는 회계담당자와 전문가는 회계 기능의 외연 확대를 위해서는 재무회계보다는 경영분석이나 의사결정회계 등 관리회계 특성을 중심으로 산업 4.0 시대의 핵심기술과의 접목이 어떻게 이루어져야 하는지를 연구할 필요가 있다. 그러나 현재까지 주로 재무회계와 회계감사 분야에서 AI와 같은 기술의 적용 가능성이 제시되어 있고 관리회계 분야에 대한 접근은 극히 제한적으로만 시도되고 있다. 이에 이 책에서는 산업 4.0 시대의 관리회계 업무에 대해 AI와 같은 기술 적용이 필요한 분야를 검토하고 적용 가능한 수준을 실무적 · 이론적으로 파악한다. 또한 이 책에서는 회계 분야에 산업 4.0을 도입함에 따른 관리회계 전문가의 새로운 도전과 기회 및 회계담당자의 역할 변화를 분석하고 산업 4.0 시대에 부응하는 관리회계 교육체제에 대해서도 새로운 방향을 제시하고자 한다.[49]

2. 산업 4.0의 대두와 관리회계의 혁신

산업혁명과 관리회계의 발전

지난 세기 동안 관리회계가 변화하는 과정에서 광범위한 논쟁이 있었다. Johnson and Kaplan(1987)은 오늘날의 관리회계의 기원은 19세기 산업혁명의 시대로 거슬러 올라갈 수 있으며, 1980년대에 사용된 관리회계 관행의 대부분이 개발되었다고 주장하였다. 즉 1925년까지 그 관행이 이미 개발되었으며 그 후 60년 동안 관리회계는 혁신이 느려지거나 정체되었는데 그것은 외부보고를 위한 제품원가 정보에 대한 필요성이 강조되어, 경영자의 의사결정을 지원하는 목적에 대한 유용성을 상실했기 때문이다. 그 이후 이러한 비판에 대응하여 일련의 혁신적 관리회계 기법이 다양한 산업 분야에서 개발되었다.

관리회계 실무의 발전을 단계별로 상세하게 살펴보면 다음과 같다. 먼저 IFA(International Federation of Accountants)는 관리회계의 진화를 4단계로 나누어 설명하였다. 단계1은 원가결정과 재무통제, 단계2는 경영계획과 통제를 위한 정보, 단계3은 비즈니스 프로

---

49) 조사에 의하면 기업이 산업 4.0을 도입하는 데 있어서 심각한 문제가 되는 것은 기술 그 자체의 획득보다 오히려 사내의 문화나 비전, 교육 체제가 디지털화에 대응하지 못하고 있으며 전문 기술자가 부족한 것으로 나타났다.

세스에 있어 자원낭비의 감소, 단계4는 효과적인 자원사용을 통한 가치의 창조이다. 여기서 단계3과 단계4는 낭비를 줄이고 가치를 창출하기 위해 자원을 활용하는 데 보다 초점을 맞추며 현대 조직의 관리 프로세스에서 핵심적인 부분을 차지한다(Kader and Luther, 2004). 한편 Kamal(2015)은 5단계로 나누어 관리회계의 진화를 설명하였다. 단계1(1812~1920년)은 프로세스 회계로서 대응(matching) 개념이 개발되기 이전이며 운영비용 및 프로세스 효율성에 중점을 두었다. 단계2(1920~1950년)는 원가회계 중심이며, 매칭 개념이 개발되었고 원가결정 및 재무관리에 중점을 두었다. 단계3(1951~1980년)은 관리회계 시대로서 경영 계획 및 통제를 위한 정보 제공으로 초점이 옮겨졌다. 단계4(1980년대)는 린(Lean) 기업과 CAM-I 원가관리에 중점을 두었으며 낭비, JIT(Just in Time), 팀워크, ABC, 목표원가계산, 품질, 투자 및 제품수명주기 관리 등으로 초점이 옮겨졌다. 단계5(1990년대)는 가치-기반 경영의 시대로 고객가치, 전략, 균형성과표(BSC), EVA(경제적 부가가치) 및 기타 관련 개념의 창출을 강조하였다. Zabiullah 등(2017)은 다시 단계6(2015년 이후)에서는 전략과 운영에 대한 역사적 관점에서 예측적 관점으로 초점이 이동한다고 주장하였다.

예측 회계는 관리정보의 정확성과 적시성을 개선하기 위해 사전 예방적인 정보 제공과 예상 결과를 미리 정의할 수 있게 한다. 산업 4.0 시대에는 특히 의사결정자가 비즈니스 핵심 이슈를 시뮬레이션하여 향후 계획을 수립하고 향후 결과를 예측할 수 있는 유용한 도구가 된다.

<표 37> 진화단계별 관리회계 실무의 특징

	1단계: 원가결정 및 재무관리	2단계: 경영기획 및 통제(관리)시대	3단계: 비즈니스 자원의 낭비 감소	4단계: 가치-기반 경영의 시대	5단계: 예측 분석의 시대
대표기간	1950년 이전	1950~1980년	1980년대	1990년대	2015년 이후
조직에서 의 위치	비서의 역할	스탭 관리자 활동	스탭과 라인 모호해지면서 활용	경영의 구분이 모든 경영자가	미래 경영의 네비게이터
역할	조직을 운영하는 데 필요한 기술적 활동	'라인' 경영을 지원하는 정보 제공	투입을 억제하여 이익을 직접 향상시키는 자원(정보 포함)관리	자원활용 전략을 통해 산출을 직접 향상시켜 가치 증대(특히 정보)	미래에 대한 영향 분석과 의사결정 지원하는 예측 정보
주요 초점	원가결정 및 비용 통제	경영기획, 통제 및 의사결정을 위한 정보. 기본 모형 구축	프로세스 분석 및 원가관리 기법을 통해 비즈니스 자원의 낭비(손실)를 감소	효과적 자원 사용으로 고객 가치, 주주가치, 혁신을 유도하는 가치 창조	미래 지향의 의사결정을 위한 관련 기술의 통합 능력

* Kamal(2015)을 저자가 일부 수정

관리회계는 정확하고 적시의 재무 및 통계 데이터를 통해 관리보고서 등을 준비하는 중요한 프로세스, 경영의사결정, 계획 시스템 고안 및 조직의 전략 수립 및 실현을 지원하는 분야이다. 그런데 최근에는 원가와 이익을 보고하는 관리회계에서 미래에 영향을 미치는 분석과 경영자의 실질적 문제를 해결하는 방법 및 의사결정을 지원하는 관리경제학(Managerial Economics)으로 관리회계의 흐름이 바뀌고 있다. 즉 더 이상 전략 및 운영에 대한 역사적인 관점 대신에 향후 시장이 할 일을 예측하는 것이 필요하다는 것이다.

관리회계 담당자가 보고하는 것과 경영자가 원하는 정보 사이에는 차이가 발생하는데, 경영자가 필요로 하는 것이 제품원가 등과 같은 이미 발생한 데이터가 아니라 미래에 발생할 원가에 관한 상세한 정보로 이동하고 있기 때문이다. 그리고 세계화로 인한 경쟁 장벽의 감소뿐만 아니라 고객 선호도, 기술 및 경쟁자 전술의 보다 신속한 변화를 비롯한 여러 가지 이유로 변동성과 불확실성이 증가하고 있어 비즈니스 분석, 특히 예측 분석 및 빅데이터가 관리회계에 필수적 도구로 대두하고 있다.

위의 논의에서 알 수 있듯이 21세기의 관리회계는 현대 정보통신 기술에 기초한 데이터 처리에 중점을 두고 있다. 특히 비즈니스 인텔리전스(BI)와 같은 고급 데이터 처리 시스템이 관리회계 실무에 영향을 미치는 주요 요인으로 인식될 수 있다. 이러한 시스템은 비즈니스 인텔리전스에 보다 쉽게 접근할 수 있고 내부의사결정을 실시간으로 지원할 수 있도록 특별히 설계되어야 하며 클라우드 컴퓨팅 또한 관리회계 분석에 중요한 역할을 하고 있다(Nita, 2016).

제4차 산업혁명과 관리회계

제1차 산업혁명을 수증기 에너지의 발명(산업혁명의 기계화), 제2차 산업혁명을 전기에너지를 활용한 대량생산의 발명, 제3차를 제조에의 전기전자공학과 정보통신기술(ICT)의 도입, 현재의 4차 산업혁명은 모든 사물을 인터넷에 연결하고(Internet of Things), 클라우드 컴퓨팅, 인공지능, 빅데이터, 모바일 등 지능정보기술이 기존 산업과 서비스에 융합되거나 3D 프린팅, 로봇공학, 생명공학, 나노기술 등 여러 분야의 신기술과 결합되어 실무상의 모든 제품·서비스를 네트워크로 연결하고 사물을 지능화한다. 이와 같은 혁신적인 기술에 의해 인간과 기계가 유연하게 협조하여 주문 상품을 저비용으로 자국에서 생산하는 것을 독일에서는 산업 4.0이라고 부른다 (Davies, 2015).

'제4차 산업혁명'이라는 용어는 2016년 세계경제포럼(WEF: World Economic Forum)에서 언급되었으며, 정보통신기술(ICT) 기반의 새로운 산업 시대를 대표하는 용어가 되었다. 컴퓨터와 인터넷으로 대표되는 제3차 산업혁명(정보 혁명)에서 한 단계 더 진화한 혁명으로도 일컬어진다. 즉 첨단 정보기술 및 소셜 미디어 네트워크를 통해 가치사슬의 비즈니스, 시설 및 기계가 실시간으로 데이터를 공유하고 스마트 네트워크를 사용하여 이전에는 불가능했던 수준의 자기 인식을 개발할 수 있다고 주장한다. 그리고 제4차 산업혁명은 초연결(hyper-connectivity)과 초지능(super-intelligence)을 특징으로 하기 때문에 기존 산업혁명에 비해 더 넓은 범위(scope)에 더 빠른 속도(velocity)로 크게 영향을 미친다.

산업 4.0의 핵심을 이루는 중요 항목을 구체적으로 보면 1) 생산 시스템과의 네트워크 및 수직통합, 2) 라이프사이클 전체에 관련된 일관된 엔지니어링, 3) 가치창조 네트워크 내의 수평통합의 3가지는 산업 4.0의 구체적인 구성요소라 할 수 있다. 그리고 이 3가지를 실현하기 위해서 필요한 과제로서 4) 새로운 일하는 방법을 위한 사회 인프라의 구축, 5) 제조에 관한 기술의 계속적 개발이[50] 필요하다고 본다. 또한 5개의 중요 항목과 관련된 전제 조건으로서 공통사양·표준화·규격화, 안전한 네트워크 시스템의 구축, 법적 환경의 정비가 있다.

---

50) 디지털(사이버) 세계와 현실(물리적) 세계의 통합을 의미하는 사이버-물리 시스템(CPS: Cyber-Physical System)이나 그 실현에 불가결한 센서 기술의 계속적 개발 등이 이에 해당한다.

이상과 같은 특징을 갖는 산업 4.0 시대를 맞이하여 최근에는 원가결정과 기획 및 경영통제 위주의 전통적 관리회계 관점에서 미래경영을 예측 분석하고 의사결정을 지원하는 방향으로 관리회계의 흐름이 바뀌고 있다. 이 새로운 사고방식을 통해 관리회계가 진화하고 새로운 디지털 시장에 적응했으며 이에 발맞추어 빅데이터, 모바일 컴퓨팅 및 비즈니스 인텔리전스(business intelligence) 분석의 혁신이 발생하게 되었다.

IMA의 기술 솔루션 및 실무위원회(TS & P: Technology Solutions and Practices Committee)는 2015년 분석가, 기술 전문가, 비즈니스 및 기술 미디어 및 시장 조사에서 모아진 200개 이상의 기술 동향을 확인한 다음 관리회계에 필요한 8가지 핵심 기술을 발표했다.[51] 그중에서 대표적인 것을 보면 첫째, 빅데이터 분석이다. 기업은 거의 모든 곳에서 이 데이터를 분석하고 모니터링할 수 있을 뿐만 아니라 대량의 데이터를 어딘가에 저장해야 하는데 빅데이터는 이러한 가치 있는 수치를 정리하고 저장하는 방법을 찾는 데 큰 기회를 제공했다. 그리고 이것은 모든 소셜 미디어 영향과 디지털 프로세스를 통해 생산되는데 관리회계 전문가는 비즈니스 및 IT 리더가 함께 협력하여 이 정보의 진정한 가치를 실현할 수 있도록 기회를 포착해야 한다.

둘째, 빅데이터를 처리하는 한 가지 진정한 솔루션으로서 클라우드가 부상했다. 클라우드 컴퓨팅은 단일 및 원격 하드 드라이브를 활용하고, 네트워크 또는 서버가 아닌 인터넷을 통한 데이터 및 프

---

51) 데이터 통합관리(data governance), 빅데이터, 비즈니스 인텔리전스 및 분석, 스마트 기계 및 자동화, 모바일 컴퓨팅, 사이버 및 물리적 보안, 클라우드, 사물 인터넷의 8가지를 들고 있다 (Marr, 2015).

로그램에 대한 저장 및 액세스 방법이다. 클라우드 컴퓨팅은 이 기술이 관리회계 담당자가 하는 작업에 어떤 특정한 유용한 기능을 제공하기보다 비용 및 편의성을 증대시키는 것이다. 그리고 또 하나의 솔루션으로 모바일 컴퓨팅을 들 수 있는데 이것은 오늘날의 사용자들이 당연한 것으로 여기며 따라서 이 기능은 모든 정보보급 시스템에 대해 활성화되어야 한다.

셋째, 데이터 통합관리(data governance)가 필요하다. 빅데이터는 데이터 저장, 분석, 보고, 소프트웨어 배포 및 보안에 몇 가지 문제가 발생하므로 다음과 같은 관리회계 혁신을 통해 이러한 도전 과제를 극복할 필요가 있다. 먼저 데이터 보안을 강화해야 한다. 이를 위해 기업의 전반적인 정보의 모든 측면을 포함하는 데이터 통합관리 전략을 수립해야 한다. 관리회계 담당자는 건전한 데이터 통합관리 전략 및 효과적인 통제 및 모니터링 구현을 통해 이 정보를 보호하는 데 중요한 역할을 한다.

다음으로 관리회계에 필요한 핵심 사항은 의사결정을 위한 관련 기술의 통합 능력이다. 이것은 빅데이터와 모바일 컴퓨팅의 용이성으로 인해 오늘날의 관리회계에서 필요한 주요 기술은 정보를 필터링하고 집중하여 통찰력을 얻고 의사결정을 내리는 능력이다. 그러나 이 새로운 기술의 잠재적인 성공과 위험에 대한 지식이 없으면 빅데이터는 무용지물이므로 관리회계 전문가는 이러한 성장 추세에 대한 전문성을 제공하고 디지털 경제 시장에 대해 모든 것을 이해해야 한다.

의사결정회계의 내용과 AI의 적용

관리회계 실무자에게는 과거의 재무정보에 대한 통계분석의 검정보다도 현재 및 미래의 다양한 정보로부터 예측되는 결과가 더 가치가 있다. 관리회계는 실제 기업가치 향상에 대한 공헌이 가장 중요한 목적이므로 관리회계의 연구 방법으로서 AI에 의한 결과중시의 실증연구가 향후 증가할 가능성이 있다(谷守[타니모리], 2019).

관리회계의 영역으로서는 크게 현상분석회계, 업적관리회계, 의사결정회계의 세 가지가 있다. 이 중에서 의사결정회계는 경영자의 전략적인 장기적 사업계획이나 경영구조계획(입지, 물적 시설, 인적 조직, 재무구조 등의 계획)에 대해 경영자나 관리자가 결정을 내리기 위해 필요한 정보를 마련하기 위한 회계를 말한다. 의사결정회계에 AI를 적용하는 과정과 내용, 적용 범위에 관해서 검토한다. 먼저 의사결정회계 프로세스를 정리한 다음 각각의 프로세스(공정)에서 AI의 어떤 기능을 적용할 수 있는지 유효성을 고려하기로 한다.

① 문제 인식 단계
내용과 과정: 최초의 '문제의 인식' 프로세스는 의사결정을 하는 대상의 문제를 인식하는 단계이다. 내적·외적 제약조건을 인식하고 현재의 상황 정보는 무엇인가, 그리고 해결해야 할 대상과 목표는 무엇인가를 밝히는 것이다.

AI 적용 가능성: 이 단계에서는 자연 언어 판별이나 화상 인식의 기능이 되기 위해 AI의 '특징 추출 기능'에 의해서 자동화, 실수 방지, 정확도의 향상이 충분히 기대되는 프로세스이다.

② 대체 방안 수립

내용과 과정: '대체안의 책정' 프로세스는 인간이 생각해야 하는 창조적인 기능에 해당한다. 따라서 전혀 새롭게 창조적인 대체안의 책정에 대해서는 AI 적용 가능성의 검토 대상에서 제외한다. 현재의 AI 수준에서는 기업 실무에서의 창조적인 방책을 출력할 수 있다고는 생각하기 어렵기 때문이다.

AI 적용 가능성: 이 프로세스에서는 파악된 문제를 해결하는 데 비슷한 과거의 사례를 발견하도록 AI에 문의할 수 있다. 즉 AI의 분류기능을 적용함으로써 현재의 문제에 대하여 유효한 활용 후보가 되는 안을 과거의 대체안으로부터 고속으로 자동적으로 픽업할 수 있다. 그러나 완전히 새로운 창조적인 대체안을 생각해 내는 것은 현재의 기술로는 아직 어렵다.

③ 정량평가분석

내용과 과정: '정량평가 분석' 단계는 거론된 대체안의 수량화와 각각의 대체안에서의 양적 비교에 의한 가장 유력한 대체안의 선정이다. 중장기 투자에 관한 대체안을 정량화해 비교 검토하는 경우에는 "구조적 의사결정(투자 의사결정; 전략적 의사결정)"이 적용된다. 기업 제휴나 해외 투자, 대규모 부동산 투자 등 회사의 자본구조, 기업의 장래 경영방침이나 조직·체제에 크게 영향을 주는 중요도가 높은 의사결정에 적용된다. 이 단계에서 불확실성은 전무하며 계산 알고리즘의 세계, 즉 컴퓨터가 가장 자신 있게 여기는 사전에 정해진 대로 '계산'을 행하는 알고리즘의 단계라고 할 수 있다.

AI 적용 가능성: '정량평가 분석' 프로세스는 주어진 문제를 정해진 방법으로 연역적으로 풀게 되므로 AI가 아니라도 수행 가능하다.

④ 정성평가 분석

내용과 과정: 정성평가 분석 단계는 지금까지의 관리회계에서는 수량화할 수 없는 요소를 고려하는 단계라고 할 수 있다. 새로운 공장 건설 의사결정의 경우, 환경 면에 대한 영향이나 구(舊)공장의 종업원의 사기 저하 등 정량적인 원가나 수익에 나타내기 어려운 정보를 고려할 필요가 있다. 이와 같이 정량적 평가를 보완할 목적으로 정성평가 분석 단계가 이루어진다.

AI 적용 가능성: 직감적·감각적·경험적인 "신속한 의사결정"이 AI의 심층 학습과 강화 학습을 조합한 기계 학습이라면 실현 가능하다. 그러나 올바르지 않은 해답이나 치우친 해답을 정답으로서 많이 학습시켜 버리면 AI는 그대로 솔직하게 모델을 만들어 버려, 미지의 데이터에 대해서 잘못된 대답이나 치우친 답을 출력해 버리는 폐해나 과제도 있다. 인간심리의 폐해를 극소화해 '직감적인 판단과 객관적이고 합리적인 판단의 양립'을 실현하는 것을 검토할 필요가 있다.

⑤ 선택 및 실행

내용과 과정: '선택 및 실행' 단계는 정량평가 분석과 정성평가 분석을 거쳐 최종적으로 결정하고 투자를 시작하는 단계이다.

AI 적용 가능성: '선택 및 실행' 프로세스에서는 AI의 블랙박스화 문제가 부각된다. AI는 예측 결과의 정밀도 향상을 제일의 목적으로 하고 있기 때문에 알고리즘(모델)은 계산의 수단일 뿐이다. 그 때문에 AI의 모델은 매우 복잡하게 되고 결과적으로 인간에게는 이해 불능하게 되어 블랙박스로 간주되어 버리는 것이다. 따라서 AI에 의한 업무적 의사결정이 이루어진 후에 그 결과를 사후적으로 평가(사후판단)하는 절차가 필요한 것이다.

AI가 관리회계에 미치는 영향

AI나 RPA(Robotic Process Automation: 정형적 업무의 자동화)가 실제 업무 속에 활용되면서 우리의 업무를 효율화하거나 의사결정을 지원하게 되었다. AI나 RPA가 관리회계에 미치는 영향을 다섯 가지 측면에서 설명한다.

영향1: 업무계열 시스템에의 입력업무를 삭감할 수 있다.

관리회계시스템은 많은 경우 회계시스템과 판매관리 등의 업무계통 시스템을 연계해야 한다. 이러한 업무계열 시스템과 제휴함으로써 상품별 수익이나 고객별 수익성이라고 하는 세그먼트별로 재무 데이터를 분석할 수 있다. 판매관리시스템에 입력 데이터가 많이 있을수록 회계시스템에 입력된 재무 데이터와 연계시켜 다양한 각도에서 현장의 과제를 파악할 수 있다. 현장의 종업원이 많은 데이터를 입력할수록 관리회계시스템의 정확도는 높아지지만 입력 작업이 그렇게 간단한 일이 아니다. 이때 OCR 처리에 AI 기계학습을 조합하여 처리를 하면 할수록 OCR의 정확도가 향상되는 기능도 등장했으며 비정형의 청구서라도 거래처나 상품을 정확하게 읽을 수 있는 OCR 소프트도 등장하고 있다. RPA(Robotic Process Automation)라고 말하는 정형적인 업무를 자동화하는 도구를 AI와 조합함으로써 업무계열 시스템에 입력 업무를 줄일 수 있다(谷守 [타니모리], 2018).

영향2: 부가가치가 높은 업무에 전념할 수 있다.

작업이 정형화된 업무는 RPA와 같은 도구를 사용하면 생산성은 비약적으로 향상된다. 관리회계시스템의 경우에도 번거로운 데이터 입력을 RPA 도구나 AI를 통해 자동화함으로써 관리자는 의사결정과 전략 입안에 집중할 수 있어 생산성을 향상시킬 뿐만 아니라 업무의 질을 개선시키고 기업의 지속적인 성장에 공헌할 수 있다.

영향3: 경영 판단에 도움이 되는 예측치의 제공

관리회계시스템은 경영자 의사결정에 도움이 되는 다양한 데이터를 제공한다. 그런데 지금까지 관리회계시스템은 주로 과거의 수치 실적을 경영 판단에 유용하게 쓰는 형태로 전환해서 사용했다. 반면에 앞으로 발생할 미래의 예측치를 제시하는 데는 능숙하지 않았다. 최적의 상품별 발주량과 재고량 등 복잡한 예측치를 정밀하게 제공하는 것은 쉽지 않다. 이런 점에서 AI 기계학습을 사용하면 관리회계시스템을 보완해서 정밀도가 높은 예측치를 제공할 가능성을 넓혀준다. 최근에는 AI의 판단 프로세스를 가시화할 수 있는 것도 등장하여 AI가 왜 그런 판단을 내렸는지 경영자가 이해하는 데 유용한 AI 시스템도 나타나고 있다.

영향4: 연상(連想)기술에 의한 새로운 인식의 제공

관리회계시스템의 목적은 데이터를 수집하는 것이 아니라 경영층이 정확하고 신속한 의사결정을 내리는 데 있다. 관리회계시스템 중에는 비록 회계를 잘 모르는 경영자라도 의사결정을 지원하는 연상기술(Associative Technology)[52]을 사용하면 데이터를 가시화할 뿐만 아니라 데이터의 의미도 판단할 수 있기 때문에 원인 분석과 향후 전략 입안에 도움이 될 수 있다. 이런 의사결정을 자극하는 연상기술에도 AI 기술이 많이 적용되고 있는데 이는 인간의 직관력과 판단력을 AI 테크놀로지의 확장성과 속도로 강화하는 것이다.

영향5: 여신관리 기술에의 응용

경영자가 새로운 고객이나 파트너와 거래를 시작할지를 판단하는 데 중요한 역할을 하는 것이 여신관리이다. 기존의 여신관리는 재무제표의 분석과 더불어 경영자의 자질과 사내 분위기, 경쟁과 금융기관과의 관계성 등 복수의 요소를 가미했다. 이렇게 수치화하기 어려운 거래처 기업에 대한 정성적인 데이터를 최근에는 빅데이터 분석과 AI 기술을 활용해 사전에 수치화하는 스코어링 모델이 확립되었다. 스코어링 모델에는 거래처의 정량적·정성적인 정보에다 금리나 환율 같은 거시환경 요인도 고려할 수 있어 경영자가 정확한 의사결정을 내리는 데 중요한 역할을 할 것이다.

---

52) 이 기술은 여러 데이터 원본에서 가져온 모든 데이터에 포함되는 레코드 간의 association(관련 지음)을 자동적으로 작성·유지한다는 점에서 다른 BI(business intelligence) 툴과 차이가 있다.

3. AI를 적용할 수 있는 관리회계 업무

최근까지의 컴퓨터 회계 도입은 관리회계 담당자가 더 이상 숫자 계산 및 금액 계산에 집중하지 않고 오히려 생성된 정보를 분석하고 해석하는 데 여유 시간을 활용하게 만들었다. 시장의 세계화와 결합된 정보통신기술은 관리회계 담당자가 수행하는 업무에 직접적으로 영향을 미치고 있다. 특히 산업 4.0 시대를 대표하는 AI 기술은 관리회계의 유용성을 근본적으로 변화시키고 있다.

이미 재무회계 분야에서는 회계법인과 회계 소프트 공급업체의 사이에서 상당한 스피드와 수준으로 AI가 진행되고 있다. 딜로이트에서는 4차 산업혁명 시대에 발맞춰 첨단 회계감사 기술로 무장하고 AI와 데이터 애널리틱스 등을 회계감사에 적극 활용함으로써 회계감사 시장에서 회계감사 서비스의 차별화를 시도하고 있다. 회계감사 분야에서도 AI 플랫폼은 사전에 프로그래밍 된 규칙에 따라 인식하는 것이 아니라 기계학습 기법을 바탕으로 감사업무의 사례들로부터 학습해 정보를 보다 정확하게 인식한다. 전통적 원가계산에 대해서도 시간문제인데 그것은 원가계산 분야에서는 당연히 계산하는 방법의 규칙이 있기 때문에 심층학습(deep learning)형 AI를 가장 잘 적용할 수 있는 영역이 된다.

그러면 관리회계 업무의 어떤 분야에 AI를 적용할 수 있는지를 살펴볼 필요가 있다. 예를 들어 의사결정회계를 보면 "정성 평가에 의한 대체안의 비교" 분야에서는 AI 적용에 아직 시간이 걸릴 것으로 생각된다. 그 이외에 대해서는 거의 모두 AI에 의한 대체나 적용이 가능해질 것으로 예측된다(Baptiste, 2018). 이하에서 구체적으로 기업 내의 관리회계를 AI 적용 가능성 업무의 측면에서 검토해 보자.

우선, 관리회계에 관련된 업무를 분류한 결과를 살펴보면 먼저 규칙 설정 유형(인과 고리 형태)과 규칙-비설정 유형(자기학습 형태)으로 나눌 수 있다. 전자는 계산과정이 규칙(rule)을 설정한 대로 이루어지는 데 반해 후자는 일정한 규칙이 없거나 이에 따르지 않고 스스로 프로세스를 학습해 나가는 방식이다. 규칙 설정 유형을 대상으로 한 기존 프로그램형 AI나 지식 베이스형 AI에서는 텍스트(문장)를 읽을 수 없는 한계가 있었지만, 심층학습(deep learning)형 AI에서는 텍스트 입력이 가능해졌기 때문에 일상의 매출·지급, 부기와 분개, 결산, 회계감사 등의 재무회계 실무에의 적용은 상당한 정도로 현실화되고 있다. 회계 전문 서비스 공급업체가 AI를 적용한 클라우드형 소프트웨어를 제공하고, 대형 감사법인이 감사에 대한 AI 적용을 연구하고 있는 것이 그 증거이다(谷守[타니모리], 2018).

재무회계와 마찬가지로 대부분의 원가계산에 대해서도 비구조화 데이터를 취급할 수 있는 심층학습 AI에 의해 규칙을 설정할 수 있기 때문에 향후 조속한 시간 내에 AI 대응의 원가계산 소프트웨어의 제공이나 실무에 대한 AI 적용이 이루어질 것으로 예상된다. 따라서 개별원가계산·종합원가계산, 표준원가와 변동(직접)원가계산, 손익분기점 분석 등은 지금도 AI의 적용이 충분히 가능하다. 또한 경영분석, 업적평가, 의사결정 업무에 대해서도 정량적인 수치 정보하에서는 AI 적용이 가능하다.

나아가 정성적 정보, 즉 비구조화 데이터를 취급할 수 있는 심층학습 AI는 지금까지의 컴퓨터로는 불가능했던 원가기획(목표원가

관리), 품질원가계산, ABC/ABM, 경영자문에 대한 적용이 가능하게 된다. 심층학습 AI라면 규칙의 사전설정이 불필요하고 스스로 학습을 함으로써 최적의 장래계획이나 방향성을 나타낼 수 있게 될 것이다. 즉, 심층학습 AI를 적용하면 과거나 현재의 구조화·비구조화 데이터의 다양한 정보를 기초로 전향적인 최적해를 낼 수 있도록 학습시킬 수 있기 때문이다. 다만 경영자문의 경우에는 규칙이나 법칙을 AI 스스로가 학습해 찾아낸다면 일부 적용할 수 있을 것이다.

지금까지의 통계분석에서는 정량적인 정보만으로 가설의 인과관계에 근거해 예상하는 것이었지만, 심층학습 AI에서는 가설이 없어도 유효한 결과로부터 장래를 예측할 수 있게 된다.[53] 마찬가지로 ABM(활동기준관리)에 대해서도 향후의 BPR(Business Process Re-engineering)의 방책이나 업무개선안 등은 규칙에서 도출되는 것이 아니다. 새롭게 규칙을 도출해 최적해를 내야 하므로 심층학습을 통해 유효한 결과를 학습시키게 된다.

그러나 여전히 심층학습으로도 적용이 불가능한 관리회계의 영역이 존재한다. 현실에서 일어나는 다양한 사태에 대응하는 완전히 새로운 것을 기획하는 능력이나 창조적인 방안을 도출하고, 나아가 처음부터 혁신적으로 생각해 내는 것은 현재의 AI로는 한계가 있다. 그리고 인과관계와는 무관한 경영자의 전략적 판단, 공급사슬

---

53) AI는 의미를 이해하고 있지 않아도 대답할 수 있는 것은, 논리나 근거는 몰라도 주어진 조건으로부터 최적인 답을 제시할 수 있는 것이 AI의 특징이기 때문이다. 통계 분석이 사용될 때에는 "가설 검증형 어프로치"가 되는 것이 일반적이지만 역으로 AI에서는 굳이 가설은 필수로 여겨지지 않는 점이 통계 분석과의 큰 차이다. AI에서는 가설 검증형의 추론을 내포하면서 나아가 가설이 없는 경우에도 추론을 하는 것이 AI의 큰 특징이라고 생각할 수 있다(依田[요다] 등, 2016).

과 고객과의 신뢰, 고객의 만족, 그리고 설득이 필요한 커뮤니케이션 등에 대해서도 아직 대응이 불가능하다.

이러한 사실을 관리회계 분야에서 구체적으로 살펴보면 다음과 같다. 원가기획, 품질원가계산, ABC/ABM, 경영자문, 경영계획·예산관리 분야에서는 각 부서와 현장과의 조정이 상당히 빈번하게 필요하다. Frey and Osborne(2017)이 언급한 바와 같이 설득력 있는 커뮤니케이션이 충분하지 않은 AI에서는 높은 커뮤니케이션 능력이 필요한 부서나 인간 간의 조정 기능을 수반하는 관리회계 업무에의 적용은 어렵다고 말할 수 있다. 나아가 비전을 향해 전략적인 관점에서 조직을 움직이려고 하는 전략 설정(BSC), 지속적 성장을 목적으로 전략적으로 활용되는 통합 보고(IR), 사고방식과 문화 변혁까지 실시하려는 보이지 않는 힘에 대해서는 지금의 심층학습으로 학습하는 것은 아직 어렵다. 인간 간의 조정은 아직 인간만이 할 수 있기 때문이다.

4. 사례: 산업 4.0 기법을 활용한 관리회계시스템

IoT(Internet of Things, 사물 인터넷)를 활용한 원가관리

원가관리는 제조업 경영자가 가장 강화하고 싶은 관리 업무라고 할 수 있다. 그러나 현장 관리자는 원가관리가 중요하다고 느끼고 있지만, 매일의 생산 요구에 대응하는 것이 급선무이고, 무엇을 파악해 어떻게 현장을 개선해야 하는지 이해하기 어려운 것이 현실이다. 구체적으로는, 첫째, 정보수집이 제약사항이 된다. 유용한 원가

를 산출하려면 현장에서의 생산 활동과 관련된 정보를 수집할 필요가 있으나 현장 발생 시점에서의 정보를 수작업 대신에 모두 자동으로 수집하는 것은 불가능하다. 둘째, 진정한 이익관리에 필요한 계산식이 불명확하다. 현재의 이익을 정확하게 파악하기 위해서는 제조업마다 자사의 생산 특성에 맞추어 이익관리에 최적인 원가계산의 계산식을 생각하는 것이 필요하다. 셋째, 결과의 활용이 어렵다. 현장에 원가를 제시해서 원가절감을 촉구하여도 현장에서는 원가만을 갖고 구체적으로 무엇을 파악하고 어떻게 현장을 개선해야 하는지 이해하기 어렵다.

이런 어려움을 해소하기 위해 도요타 생산 방식을 도입하고 있는 제조업을 대상으로 원가관리 강화에 있어서의 IoT(Internet of Things, 사물 인터넷)를 활용한 사례를 적용 단계별로 살펴보면 다음과 같다(山田[야마다], 2016). 단계1은 우선 원가를 관리하는 항목, 계산식, 그리고 원가관리 업무표준을 작성한다. 여기서 특히 중요한 것은 원단위라 불리는 원가산출의 기초가 되는 정보항목의 정의이다.[54] 단계2는 이와 같이 작성한 업무 표준에 근거해 매일의 생산 활동으로부터 IoT를 활용하여 각종 정보를 수집하고, 원가 산출은 시스템으로 계산함으로써 일차, 주차, 월차로 원가를 파악한다. 예를 들어 설비가동정보의 경우, 설비의 금형에 내열성의 바코드를 붙여 센서로 읽어낼 수 있도록 하는 것이다. 또한 검사 데이터를 이용해 양품과 불량품에 관한 정보를 사람의 손을 거치지 않고 수집할 수 있다.

---

54) 주요 항목은 공정, 워크센터, 설비, 사업, 상품분류, 품번, 부품구성, 공정순서, 공정 가공시간, 사이클 타임, 기계 가공시간, 불량률, 시간당 정보(노동과 기계의 단위시간당 원가, 구입 단가) 등이다.

원가관리에 IoT를 활용함으로써 다음의 효과를 전망할 수 있다.

- 상품별, 부품별로 수익성이 있는지의 여부를 파악할 수 있게 되어 사업의 선택과 집중에 대한 의사결정의 폭이 넓어진다.
- 동일한 데이터를 바탕으로 원가 산출에서 현장 개선 활동으로 연결할 수 있으므로 경영자와 현장의 커뮤니케이션이 원활해져 현장 개선 활동이 촉진된다.
- 제품 설계, 공정 설계상의 문제점(불량품, 원가)이 명확하게 됨으로써 차기 제품개발에 활용할 수 있다.

다음으로 이번에는 IoT, AI 등 4차 산업혁명이 급속히 보급 확대되는 제조업에서 진화하는 원가계산의 정보가치 향상에 대해 살펴본다. 활동기준원가계산(ABC/ABM)을 예로 들면 지금까지 ABC는 소요되는 비용과 시간이 크며 설비유지활동은 원가동인을 파악하기 어려우며 제조간접비를 발생시키는 활동을 구분하는 기준이 없는 등의 단점이 있었다. 이 중에서 비용과 시간의 소요 문제를 해결하기 위해 시간 중심의 활동기준원가계산(TDABC)가 나왔으나 여전히 원가동인과 활동을 구분하고 정보를 수집하는 문제가 남아 있다(山田[야마다], 2016).

특히 활동기준에 의한 제조현장 정보수집이 현장의 요원 공정수나 정보 정확도의 제약으로 실시할 수 없었다. 바람직한 ABC를 IoT와 MES(Manufacturing Execution System)를 활용하여 어떻게 제조업의 이익 창조에 공헌할 수 있는지를 살펴본다.

첫째, MES/IoT로 활동 시간을 파악한다. 활동 시간(수량)을 어떻게 정확하게 측정하는가가 오랜 세월 문제였는데 주로 수작업으로 생산관련 데이터로부터 파악하였다. 그런데 이 데이터 수집을 정교화하면 현장의 부하가 높기 때문에 운용이 곤란하게 되어 실현되지 않았으나, 최근의 AI와 IoT의 보급으로 그것이 가능하게 되었다.

둘째, 활동기준원가 빅데이터에서 AI 또는 통계해석 도구 활용으로 최적해를 구한다. 또한 수집된 데이터양은 크기가 시간 단위로 세분되어 공정관리 정보의 빅데이터로 축적된다. 데이터는 AI 등의 도구로 다양한 생산 개선의 용도로 활용되게 된다. 예를 들면 원가 표준치를 갱신할 때는 발생한 실제원가 정보에서 AI로 이상치를 제거하고(통계처리에서 정규분포의 일정한 편차를 초과하는 데이터 -이상치-를 제거한 정상원가로 다시 평균치를 구한다), 정상화한 실제원가에서 표준치를 계산하는 방법을 채택한다. 보다 구체적인 예로써 설명하면 조업도 차이는 삭감 가능한 값으로 원가계산으로 가시화할 수 있으나 조업도 차이 시간은 하나로 정리된 시간으로 표면화되지 않는다. 이를 덩어리 단위로 재배치하려면 스케줄러를 통해 시행착오로 공정순서를 재설계해야 한다. 하지만 AI를 활용하면 빅데이터에서 순식간에 최적 재배치 방안을 도출할 수 있다. IoT는 생산 활동의 빅데이터를 수집할 수 있지만 그것을 수익과 이익 증대로 연결시키는 것은 AI 등에서의 지능이 필요한 경우가 있다.

셋째, IoT/AI 활용을 바탕으로 한 ABC의 주요 계산 요건을 정리하면 다음과 같은 업무 재구축이 필요하다. 활동은 고객가치창조활동, 품질관리활동, 부수활동으로 구분하고 그 구분 하에서 원가로 파악하고 싶은 활동 단위를 정의해 간다. 단 구분 목적을 보면 고객가치창조 원가는 구매원가 절감도 신중한 검토가 필요하지만 비용 절감보다 경쟁 우위성 향상을 검토해야 한다. 품질관리활동

원가도 품질향상 투자가 전체의 품질 부적합 원가를 삭감하는 효과를 검토해야 한다. 덧붙여 활동에는 생산기술상 변동할 수 있는 시간과 변동할 수 없는 고정 시간의 2종류가 있기 때문에 미리 판별할 필요가 있다. 참고로 제조간접활동은 제조라인에 인접해 있는 활동은 간접노무도 간접경비도 자동 집계 가능하지만 제조라인에 인접하지 않는 공통설비 등의 간접비는 이전과 같은 감가상각비 등의 제품에 대한 배부계산으로 한다.

넷째, 기타 활용 시의 유의점을 살펴본다. 활동원가는 최근 체결이 진행되고 있는 FTA나 TPP 체결국에의 관세 당국에 우대 관세를 누리기 위한 원산지 증명 기준을 얻는 의미에서도 중요한 정보원이 된다는 인식이 필요하다. 활동 단위에서의 공정으로 IoT 등의 장비를 취할 수 없는 경우는 복수의 활동을 통합한 큰 묶음의 공정 단위로 실제 제조시간을 측정하는 방식을 택해, 활동 단위의 표준시간 합계와 큰 묶음의 실제시간과의 차이를 관리해 간다.

마지막으로 IoT를 활용한 ABC 정보 활용이 제조업 현금흐름과 이익 향상에 왜 도움이 되는지 정리하면 다음과 같다(山田[야마다], 2016).

- 제품 제조에 작용하는 제조간접활동의 비용 배부가 직접부과로 변경되어 제품별 간접비의 정확도가 높아진다.
- IoT에서 인력을 들이지 않고 정밀도가 높은 제품원가를 측정/가시화할 수 있다.
- IoT에 의한 공장이나 라인의 비가동 원가(조업도 차이)를 가시화하고 그 잉여 능력에 관한 정보를 제공한다.
- IoT에 의한 공정 점유의 대기시간, 제약에 의한 기회손실, 체

류 재고에 의한 현금흐름 손실을 가시화할 수 있다.

- IoT/AI에 의한 활동원가 가시화로 원가기획에 의한 이익의 작성이나 견적 제시 정확도가 향상된다.

AI를 활용한 매출 예측과 예산실적 관리

회계전문 소프트웨어 공급업체인 AGREEMENT는 2018년 2월에 예산실적 관리의 현실적인 대응책 세미나에서 관리회계 강화 솔루션인 'Attack Board'에 기업이 사업계획을 달성하기 위해서 설정하고 있는 KPI(핵심성과지표: Key Performance Indicator)와 KRI(핵심 리스크 지표: Key Risk Indicator)를 담당자나 관리자가 계기판과 같이 관리할 수 있는 체제를 발표하였다.

KPI의 설정이나 관리는 일반 컨설팅 기관에서도 이루어지고 있지만, 사업이나 업무 프로세스에 잠재되어 있는 리스크의 표면화(가시화)와 그 리스크가 어느 정도 긴박한지를 나타내는 지표인 KRI를 동적으로 관리할 수 있는 구조를 적극적으로 활용하고 있는 기업의 비율은 그다지 많지 않다. 그러나 기업은 사업 리스크를 저감하거나 리스크의 이전이나 회피, 때로는 리스크를 수용하면서 운영해 나가야 하므로 변화가 격심한 현대사회에 있어서 KRI 도입은 필수적인 것이다.

이에 AGREEMENT에서는 많은 기업이 당면하고 있는 공통의 과제를 해결하기 위한 관리회계 강화 솔루션을 개발하기 위해, 수집된 데이터의 집계나 보고서를 활용하는 것만이 아니라 사업의 이면에 잠복하는 리스크를 파악하면서, 적절히 업무를 진행시키는 것을 목표로 하는 리스크 접근법의 프레임워크를 기초로 해서 AI(인공지능)를 활용한 매출 예측을 수행하는 서비스를 개발하였다. 구체적으로는 매출 저해 리스크와 관련될 수 있는 다양한 정성적인 리스크를 스코어로(가시화) 나타내고, 무형자산의 평가나 긍정적 요인 등을 통계 데이터와 연계시켜 AI를 활용한 매출 예측을 실시하는 서비스를 개발한 것이다.[55] 또한 계획치와 실적이 다른 경우, 예산 재편 시의 적절한 자원 재편이나 업무 프로세스의 재검토의 지표화도 서비스할 예정이다. 그리고 이 솔루션에 의해 실시간으로 실적을 파악할 뿐만 아니라 적확한 예측이나 신속한 현황 분석에 근거하는 업무 프로세스, 자원의 모니터링이나 관리를 효과적으로 실시할 수 있다.

AI를 활용한 원가기획(목표원가의 견적)

예측(prediction) 또는 추정(estimation)은 누락된 정보를 채우는 과정으로서 현재 보유하고 있는 정보(또는 데이터)를 바탕으로 현재 존재하지 않는 정보를 생성하는 데 사용한다.

지금까지 제품원가를 추정하기 위해 3가지 방법이 주로 사용되었다. 즉 과거에 생산되거나 구매된 유사 제품과 비교하여 신제품의 원가를 추정하는 아날로그 방법, 관련된 자재 및 구성 요소, 공정 원가(기계 및 노동) 및 관련 구조 원가를 기준으로 제조 공정을 모델링하여 최적화된 이론적인 원가를 추정하는 분석적 방법,[56] 그

---

55) 리스크 접근법을 이용해 매출에 영향(상관관계)이 있다고 추측되는 과거 데이터에서 장래수치를 예측한다. Attack Board에서는, Python으로 다룰 수 있는 다양한 기계학습 알고리즘을 사용해, 매출 예측을 실시한다. 이를 위해 복수의 알고리즘을 조합해 이용함과 동시에, 각 파라메타를 조정하면서, 보다 정밀도가 높은 예측을 이끌어낸다. 그 결과, 개선해야 할 문제점이 명확화되어 매출 목표의 달성에 공헌할 수가 있다.

56) 예를 들면 기준이 되는 기술원가 데이터베이스는 경영 컨설팅 사업부 담당자에 의해 취급되

리고 유사한 제품 또는 서비스 이력을 사용하여 원가동인으로 알려진 특정 매개변수에 따라 통계 모델링을 통해 제품과 서비스 원가를 추정하는 매개변수 표시(parametric) 방법이 있다.[57] 이런 통계적 방법은 수명주기의 초기 단계(실현 가능성, 상세설계)에서 특히 유용하다. 그런데 이러한 기존 통계모형(회귀분석 등)은 질적 매개변수를 거의 고려하지 않으며 누락된 데이터를 효율적으로 관리하지 못하므로 매우 완벽한 데이터베이스가 필요하다는 등의 몇 가지 한계가 있다.

이에 비해 AI는 원가견적의 새로운 모형을 위한 방향을 제시한다. 최근 알고리즘 및 기계학습의 진보는 전통적인 매개변수 방법의 단점을 크게 해결하고 성능 및 응용 분야를 향상시키고 있다. 예를 들면 최근의 통계 방법 중 Cutler 등(2012)이 공식적으로 제안한 랜덤 포레스트(Random Forests) 알고리즘은 학습을 수행하는 비모수적 접근법인데, 각각의 의사결정 트리를 만드는 데 있어 쓰이는 요소들을 무작위(random)로 선정하고 같은 데이터에 대해 의사결정 트리를 여러 개 만들어서(즉, 숲-forests-을 형성해서) 그 결과를 종합하여 예측 성능을 높이는 기법이다.

이 AI 알고리즘의 주요 이점을 살펴보면, 먼저 매우 많은 수의 매개변수(원가 동인) 및 질적(정성적) 또는 상징적인 매개변수를 모

고, 공수는 공정 또는 기계별로 워크 디자인한 다음, 세계표준인 과학적 작업측정기법(WF법)으로 측정되며, 기계시간에 대해서는 매년 기술정보 수집 시점에서 해당 업계에서 알려져 있는 최신의 설비·기계 정보나 가공기술 정보에 일정한 여유율을 부가한 조건값을 "표준공수·표준시간"으로 정하고 이것을 원단위로서 취급한다.

57) ALTA Management에서는 이 방법을 위해 CAC(Computer Aided Cost Design) 시스템을 사용한다. 이것은 시장가격을 바탕으로 투입되는 전략제품에 대해 원가기획 부문에서 설정되는 경영 필수이익 확보를 목표로 하여 기획단계에서 절대원가를, 개발설계단계에서 표준원가를 적용하고 나아가 생산, 조달 각 부문에서 절대원가보증(Cost Assurance)을 확실히 수행한 다음 그 성과를 실시간으로 모니터링(손익의 가시화)하는 소프트웨어이다.

델링 할 수 있고, 제한된 수의 관측(수십 개)으로도 데이터를 수집하고 자본화하는 데 사용되는 자원을 통제하여 정확한 원가추정이 가능하다(Criminisi 등, 2012). 또한 복잡한 시스템의 가격은 쉽게 접근할 수 있는 기능적 원가동인을 모델로 하여 암호화가 특히 간단하고 빠르다. 둘째, 이러한 알고리즘을 사용하여 실제 가격과 예상 가격 사이에 큰 불일치가 있는 제품을 식별함으로써 일관성 또는 가격 불일치 분석을 수행할 수 있으며 랜덤 포레스트(Random Forests)의 설명적 특성은 협상 중에 공급자와 논쟁하여 구매비용을 절감할 수 있게 한다. 셋째, 일단 모델이 완벽하게 조정되면 공급업체가 제공한 공정한 가격을 검증하는 원가관리 도구가 된다.

이러한 AI 알고리즘을 활용한 대표적인 소프트웨어로서 'Easy-Kost'를 들 수 있는데 이것은 산업 기술과 프로세스에 대한 전문적인 지식 없이도 데이터의 풍부함을 활용하여 몇 초 만에 신제품 또는 서비스의 원가를 결정할 수 있도록 지원한다. 특히 목표원가를 고려한 설계(design-to-cost) 및 시장 출시 기간을 개선하고 다양한 작업과 기능 사이에 운영 시너지 효과를 창출하며, 원가관리 및 원가견적 활동을 합리화하고 전문화한다. 'EasyKost'의 장점을 구체적으로 살펴보면 다음과 같다(Rougier, 2017).

- 매우 많은 수의 매개변수(원가동인) 및 질적·상징적인 매개변수를 모델링
- 변수의 수가 관찰 수를 크게 초과하는 데이터베이스를 처리
- 가장 중요한 매개변수를 자동으로 식별하고 가중치를 부여
- 누락된 값을 관리하고 불완전한 데이터베이스나 제한된 샘플로 작업

- 정성적 동인과 이상치를 식별할 수 있는 능력
- 기술적 진보를 탐지하고 원가동인 우선순위 결정
- 기존 방법에 비해 예상 가격의 일관성 및 정확도가 30~40% 증가

이와 같이 원가추정 및 최적화 분야에서 랜덤 포레스트(Random Forests)가 제공하는 기회는 매우 광범위하게 활용되고 있다. 원가 최적화 이외에도 기업 및 공급업체의 데이터에 대한 알고리즘의 자가 학습을 통해 목표가격에 관한 협상의 자동 준비, 최적화된 설계 또는 재설계 제안 등의 지능형 공헌, 그리고 공급업체 행동을 예상한 가장 적합한 구매(원가)전략을 추천할 수 있다.

그런데 이러한 기계 학습은 전문가를 대체하는 도구가 아니며 추정(예측)을 향상시키는 도구일 뿐이다. 또한 추정은 의사결정 과정에 대한 여러 의견 중 하나라는 것을 인식해야 한다. Agrawal 등(2018)은 예측은 불확실성을 줄임으로써 판단을 촉진하고 판단은 가치를 부여한다고 주장한다. 기계 학습은 데이터를 분류하고 정렬하고 패턴을 찾아냄으로써 예측을 하는 과정을 가속화할 수 있으나 가치는 기계가 평가하는 것이 어려우며 이것은 회계 전문가의 영역이다. 따라서 목표원가의 견적에 기초한 목표가격 등을 설정하고 공급사슬에서의 구매(원가)전략 등을 수립할 때는 정서적·지적 및 실제적 고려 사항의 조합을 분석해야 한다.

AI를 활용한 환경관리회계

최근 몇 년 동안 환경문제는 AI와 같은 신기술에 대한 관심을

촉발시키는 논의의 계기가 되었다. AI는 자원보호, 야생동물 보호, 에너지 관리, 청정에너지, 폐기물 관리를 포함한 광범위한 환경 부문에서 응용되고 있다. 또한 산업 4.0 관련 기술은 환경, 효율성, 데이터의 보증 및 기타 의사결정 목적의 보다 높은 정확성과 상세함을 통한 데이터 품질 향상을 통해 다양한 방법으로 환경관리회계 독창성 개선에 사용되고 있다. 눈에 보이지 않고 환경영향 및 운영비용에 관한 품질이 낮은 데이터를 산업 4.0에서는 지능형 시스템의 자동화된 의사결정을 위한 기반으로서 보거나 보다 정확하게 만들 수 있다. 즉 실시간으로 제공되는 관련성이 높고 포괄적인 디지털 데이터는 생산성 및 제품 품질을 극대화하기 위해 작업 구성을 적극적으로 제안하고 운영 매개변수를 조정할 수 있다(Lee 등, 2014).

예를 들어 산업 4.0 세계에서 ISO 14051 물질흐름원가회계(Material Flow and Cost Accounting)에[58] 대한 지원으로 사이버 시스템 센서를 사용하여 물리적 물질 및 에너지 흐름을 모니터링하고 물질 흐름의 가상 복사본을 만들고 실시간으로 자율적인 분산 결정을 내릴 수 있으며, 실제 및 예측된 비효율성으로 인한 자재 사용 및 손실을 최소화한다. 예를 들어 사이버 시스템 센서를 활용한 에너지 비용의 실시간 측정 및 자동 모니터링은 생산성을 높이고 에너지 공급원을 자동화하여 탄소 배출량을 저감할 수 있다(Kagermann, 2015).

또한 산업 4.0은 사일로와 공급망 사이의 데이터 전송을 개선하

---

58) 물질흐름원가회계(MFCA)는 제조 프로세스에 있어서의 물질(원재료와 에너지)의 흐름(flow)과 체류(stock)를 물량과 금액 단위로 측정해서 공정에서 배출되는 폐기물의 원가를 정확하게 계산함으로써 폐기물 삭감에 의한 자원생산성의 향상을 도모하는 기법이다(육근효, 2013).

여 환경성과 및 재무적 성과를 유도할 수 있다. 기업 내에서 탄소 관리회계에 대한 책임 소재 파악에 있어서 이전 가격(transfer pricing)에 관한 실시간 소스 정보를 공유함으로써 자기 사업부만 신경 쓰는 소위 사일로 사고(silo thinking) 방식이 극복될 수 있다 (Burritt 등, 2011). 나아가 가격과 수량에 관한 적절한 알고리즘이 주어지면 기계는 환경, 원가 및 가격 면에서 성능과 관련한 센서로부터 통합 데이터를 검토하여 최선의 행동 과정을 스스로 선택하게 된다.

산업 4.0이 환경관리회계 이니셔티브를 촉진할 수 있는 또 다른 방법은 데이터 공급망과 환경 효율적인 공급사슬 관리 사이의 유사성을 인식하는 것이다. 호주의 경우를 보면, 와인 공급사슬에서의 물(water)에 관련된 환경관리회계에서는 협업 관계에서 와인 생산자에 의한 물(water)에 관한 데이터 수집과 정보통신이 필요한 적절한 사례를 제공하고 있다(Christ, 2014).

5. 산업 4.0 시대의 관리회계 미래와 시사점

산업 4.0 시대의 관리회계 미래 전망

신규 진입자의 아이디어가 기존의 확립된 산업을 뒤흔들거나 혹은 AI와 정교한 모델로 증강된 광범위한 디지털 데이터가 오랜 기간 동안 체험을 통해 수집된 전문지식에 버금가는 시대가 되었다 (Deloitte Insights, 2018). 실제 주요 회계 소프트웨어 공급업체의 대부분이 데이터 입력을 자동화하는 기능을 제공하면서 AI와 기계

학습 기술을 현장 실무 회계에 적용하는 것을 보여주고 있다. 이와 같이 회계부서와 기업은 기계가 실시간 통찰력을 제공하고 의사결정을 향상시키며 효율성을 발휘할 수 있기 때문에 경쟁력을 유지하기 위해 기계 학습을 채택하는 비율을 높이고 있다. 이에 따라 많은 전문가들은 최근 산업 4.0 시대의 컴퓨팅에서 보여주는 개선 사항을 감안할 때 기계가 자신들을 추월하여 위협할 것이라는 미래에 대해 두려워하고 있다고 주장한다(Marr, 2017).

그러나 AI 등의 최신 기술은 회계 전문가를 대체하거나 제거할 수 없다. 지금까지 회계담당자의 경험과 지식에 의존해 온 관리회계시스템이 업무가보다 고도화되고 복잡해지며 인간의 전문가적 의구심과 통찰력, 소통 능력, 조직 전반에 대한 이해 등 다양한 역량과 전문성은 AI가 대체하기 어려울 것이다. 이런 면에서 재무회계 분야와는 달리 관리회계 전문가에 대한 수요는 지속될 가능성이 크다. 즉 AI는 반복적인 작업을 대신할 뿐 아니라 데이터 수집, 관리 및 분석과 관련된 작업을 전문가에게 제공해 주므로 전문가들이 보다 현명한 결정을 내리는 데 도움이 되므로 이것은 오히려 기회와 새로운 도전을 만들어낼 것이다(Baptiste, 2018). 예를 들어 잘 구성된 AI 시스템은 일반적으로 찾아내기 힘든 오류를 제거함으로써 책임을 경감시켜 주고, 회계 전문가가 자문 역할을 수행하고, 전문 지식을 사용하여 고객을 위한 권장 사항을 제공하기 위해 데이터를 분석하고 해석하는 일에 더 많은 시간을 할애할 수 있다. 이와 같이 정보통신기술(ICT)의 활용으로 정형적 업무가 감소함으로써 관리회계 업무가 수비에서 비정형적 업무에 치중하는 공격형 업무로 전환하는 첫걸음이 될 수 있을 것이다.

산업 4.0 시대에는 AI 등을 활용한 관리회계의 혁신이 어느 때보다도 강하게 요구된다. 지금까지 관리회계라고 하면 예산작성, 실적예측, 성과지수 계산, 보고서 작성에 기능이 집중되어 대량의 데이터 수집과 분석은 인력으로 이루어지는 경우가 많았다. 그러나 최근에는 AI 등의 기술 도입에 의해서 방대한 데이터 수집이나 분석 작업이 자동화되기 때문에 인력이 반복되는 기계적 작업으로부터 해방되어 창조성, 도전성, 전략성이 있는 일에 집중할 수 있어 더 큰 가치를 찾아낼 수 있다. 그리고 이것은 글로벌 관점에서 기업의 통찰력과 선견성을 높이게 된다.

AI 시대에 있어서의 관리회계의 도전은 어떻게 초기 분석 데이터에서 보다 고도화되고 진화된 판단을 하는지, 데이터 과학과 데이터 학습을 이해하고 데이터의 가치를 발굴해서 기술의 진화를 리드하는가 하는 것이다. 기술의 진보에 의해서 대량의 회계·비회계적 데이터 및 그 초기 분석 결과를 비교적 용이하게 얻을 수 있다. 그것은 과거의 한정된 데이터로부터 경영판단을 하는 시대에 비해 큰 기회이기도 하다(Sutton 등, 2016). 관리회계는 산업 4.0 시대에 있어서의 데이터 마이닝59) 업무라고도 할 수 있으며 최고경영자의 입장에 서서 경영 판단에 의해 유용한 서비스를 제공하는 직업으로 진화해 갈 것이다.

한편 산업 4.0 시대의 AI와 기계학습 등의 기술을 채택하면 비용절감 및 업무 효율화 면에서는 큰 이점이 되지만 정보통신기술에 대한 의존도가 높아지기 때문에 시스템 장애 시에 업무가 정체되고

---

59) 데이터 마이닝(Data Mining)은 데이터에서 지식이나 정보를 추출해 내려는(숨은 의미를 찾는) 시도이다. 즉 잠재적으로 유용하고 새롭고 타당성 있으면서 궁극적으로 데이터에서 이해할 수 있는 패턴을 찾아내는 단순하지 않은 프로세스를 뜻한다.

정보유출 위험이 높아지는 등의 단점도 발생한다. 또한 클라우드 회계가 포함된 금융기관 데이터 등에서 자동적으로 회계처리를 실시할 때 특수한 거래로 잘못된 회계처리가 생성될 가능성이 있으며 회계나 세무 측면에서 장애가 발생할 가능성도 예견된다. 이런 부정적인 측면에 대비하기 위해서는 관리회계를 포함한 회계전문가에게 회계 프로세스와 함께 AI, 블록체인, 보안 등 정보통신기술에 대한 기본지식도 필수적으로 요구된다.

관리회계 교육에의 시사점

관리회계교육은 종종 비판의 대상이 되어 왔는데, 관리회계 전문가들이 조직에서 가치를 창출하는 데 필요한 기술을 가지고 졸업하지 못하는 경우가 많다고 주장한다. 일례로 Kip Krumwiede and Raef Lawson(2018)은 미국의 회계교육이 주로 재무회계와 감사능력 개발에 초점이 맞춰져 있어 많은 관리회계 전문가들이 현대의 비즈니스 파트너 역할에 필수적인 전략, 리더십, 의사결정 분석역량을 개발하지 않는다고 지적했다. 따라서 회계처리의 소관이 되어야 하는 주요 업무가 마케팅이나 엔지니어링과 같은 다른 부서의 전문가들에 의해 수행되는 경우가 많다고 주장한다. 변화 관리나 전략적인 의사결정에 있어서 보다 폭넓은 경영 능력을 개발하기 위한 IT나 AI와 같은 기술은 현재의 관리회계 역할에 필수적일 뿐만 아니라 미래에 더 뛰어난 성과를 거두기 위해 점점 더 중요해질 가능성이 있다.

산업 4.0 시대에 AI와 같은 기술의 보급은 피해 갈 수 없으며 우리는 이런 변화를 정확하게 파악하고 적절히 대응해 나갈 필요가 있다. 다만 현재의 수준에서는 AI 등이 평가·판단을 하는 것이 아니라 방대한 데이터를 학습하고 거기에 근거해 분류를 하고 있는 것에 지나지 않는다는 점을 인식해야 한다. 예외적인 현상이 발생했을 경우 AI로는 정확한 판단을 할 수 없을 가능성이 있다. 상황에 따라 유연한 판단을 하거나 인간의 감정과 감성을 전달하는 조언이나 컨설팅도 어렵다. 그러나 AI가 경험이나 지식을 재현할 수 있는 시대에 도달했다는 사실을 인정할 수밖에 없다면 회계 분야에서는 회계의 기초 지식을 올바르게 습득하여 유연한 판단·의사결정·자문을 할 수 있는 스킬을 육성할 필요가 있다. 그것이 앞으로의 회계업무를 담당하는 인재에게 있어서 중요한 부가가치가 되기 때문이다(橋本[하시모토], 2018).

특히 오늘날 관리회계 담당자가 채택하는 방법은 다양한 이해관계자가 수많은 성과지표 분석을 사용하여 시각화 및 실시간 데이터를 스트리밍 할 수 있게 변경되었다. 이를 위해서는 무엇보다 담당자와 전문가의 능력과 기술이 필요하며 이것이 관리회계 전문가가 되기 위한 교육생과 현업 회원에게 적절한 훈련을 제공해야 하는 이유이며 교육의 목표이다.

이러한 산업 4.0 시대에 부응하는 관리회계 교육의 당위성을 감안하면 기존의 회계 프로세스를 학습한 인재만으로는 불충분하며 회계정보의 활용능력이 앞으로의 회계인력에 요구되고 있음을 알 수 있다. 특히 관리회계의 측면에서는 경영자가 어떠한 관리회계정보를 요구하며, 그 정보는 어떤 관리시스템에서 취득하며 어떻게 분석할 것인지, 분석결과를 정보 이용자에게 어떻게 전달할 것인지가 중요하다. 이러한 능력을 육성하기 위해서는 경영에 관한 지식을 익히는 동시에 정보의 흐름을 파악하는 능력, 관리회계정보가 어떻게 생성되어 어디에 연결되어 있는지를 파악하는 능력이 필수적이다.

그리고 관리회계정보를 능숙하게 사용할 수 있는 인력을 육성하기 위해서는 프로세스 사고 및 시스템 사고가 필요하다. 프로세스 사고란 회계정보의 발생부터 마지막 폐기까지의 프로세스를 생각하는 능력이다. 특히 관련된 데이터가 업무 시스템 간에 어떻게 연계되고 있는지를 프로세스로서 이해하는 능력이 필요하다. 시스템 사고는 각각의 업무 시스템에서 데이터가 어떻게 생성되고 있는지를 이해할 수 있어야 하며 그때에 AI가 어떻게 활용되고 있는지, AI로 행해지는 "회계 판단"은 어떻게 되어 있는지 이해하는 능력이 요구된다(Shimada, 2018).

따라서 AI라고 하는 관점에서는 원가관리나 경영분석 등에 AI가 어떻게 이용되고 있는지, 어떠한 판단이 이루어지고 있는지 그 구조에 대해 학생에게 이해시켜야 한다. 예를 들어 투자와 원가효율의 크기가 연차보고서와 지속가능보고서(CSR보고서)에서 추출되는 키워드와 특정한 관계를 갖고 있다면, 키워드의 설정이 중요한 것을 이해시키고 키워드의 설정·변경·삭제를 누가 어떻게 하고 있는지를 파악하는 것의 중요성을 가르쳐야 한다. 또한 AI 도입에 의해서 어떤 변화가 일어나는지 예측할 수 없는 경우도 적지 않으므로 AI에 사용되는 회계 담당자가 아니라 AI를 이용·활용할 수 있는 회계 담당자를 육성하는 것이 중요하다. ICT는 어디까지나 도구의 자리매김이며 작성된 회계정보를 어떻게 활용할지가 중요해진다. 그것은 앞으로의 회계소프트웨어는 원가관리, 예산실적 분석, 경영분석 등의 기능을 표준으로 장비하고 있는 것이 많아 관리회계 관련 분석을 할 수 있는 인재가 요구될 가능성이 높다. 실제로 회계 전공 졸업생의 기계학습 원리에 대한 이해가 강화되어야 한다는 요구가 증가하고 있다(PwC, 2015). 그리고 AI를 포함한 ICT를 활용했다고 해도 회계부정을 모두 막을 수 있는 것은 아니다. ICT화는 어떤 면에서는 프로그램화 되는 과정에서 블랙박스화로도 이어지기 때문에 AI를 활용할 때의 정보 윤리나 회계 윤리(직업윤리)의 교육도 잊어서는 안 된다.

요약과 시사점

다시 한번 강조하지만 산업 4.0이 가져올 모든 기회를 관리회계 분야에서 수용하기 위해서는 먼저 관리회계가 4차 산업혁명의 미래에 영향을 미칠 힘이 있음을 인지하고, 광범위한 이해관계자들에게 관리회계의 새로운 가치를 창출하기 위한 핵심 역량을 어떻게 향상시킬 수 있는지를 탐색하고, 학습과 협력의 문화, 그리고 훈련 기회를 창출함으로써 산업 4.0 시대를 대비하기 위해 조직 구성원들을 준비시키는 일을 우선순위로 하고, 관련 기술을 산업 4.0 시대에서의 가장 강력한 차별화 요인으로 보고 적극적 투자가 이루어져야 할 것이다. 끝으로 특히 미래에 다가올 새로운 기계학습의 응용뿐만 아니라 자연언어 처리와 관련된 AI 기술을 발전시키고 관리회계에의 적용 영역을 개척하는 역할을 전문가들이 담당해야 한다. 또한 이러한 기술로 인해 발생할 수 있는 잠재적으로 해로운 부작용에 대해 충분히 고려해야 할 것이다.

| 참고문헌 |

1장

大坪史治(2014), わが国企業におけるCSR会計の実践と類型. 和光経済, 47(1): 47-56.

Barker, R., & Kasim, T.(2016), Integrated Reporting: Precursor of a paradigm shift in corporate reporting? chapter 5, 81-108. In Mio, C. (2016). Integrated Reporting: A new accounting disclosure. London, Palgrave Macmillan.

Bebbington, J. and C. Larrinaga(2014), Accounting and sustainable development: An exploration, Accounting Organizations and Society, 39(6): 395-413.

Burritt and Christ(2016), Industry 4.0 and environmental accounting: a new revolution? Asian Journal of Sustainability and Social Responsibility, 1(15): 23-38.

CANON(2020), CANON 통합보고서 2020.

Gray, R.(2010), Is accounting for sustainability actually accounting for sustainability … and how would we know? An exploration of narratives of organisations and the planet. Accounting, Organizations and Society, 35: 47–62.

International Integrated Reporting Council(2013), Consultation Draft of the International <IR> Framework.

King(2016), King Report IV on Governance for South Africa, King Committee on Corporate Governance, Johannesburg.

KPMG(2020), Survey of Sustainability Reporting 2020.

Nanuk Asset Management(2020), An Overview of ESG and Responsible Investment. https://www.nanukasset.com/polar/documents

Porter, M. and M. Kramer(2006), Strategy and Society: The Link between Competitive Advantage and Corporate Social Responsibility. HBR,

84(12): 78-92.

Lamberton, G.(2005), Sustainability accounting—A brief history and conceptual framework. Accounting Forum, 29(1): 7–26.

POSCO(2019), POSCO 시민사회보고서 2019.

Stubbs, W., & Higgins, C.(2014), Integrated Reporting and Internal Mechanisms of Change. Accounting, Auditing & Accountability Journal, 27(7): 1068–89.

SK하이닉스(2020), SK하이닉스 지속가능보고서 2020.

Thomson, I.(2015), 'But does sustainability need capitalism or an integrated report' a commentary on 'The International Integrated Reporting Council: A story of failure' by Flower, J. Critical Perspectives On Accounting, 2015, Vol.27, issue C, 18-22.

Waite, M.(2013), "SURF Framework for a Sustainable Economy" Journal of Management and Sustainability, 3(4): 25.

2장

육근효(2013), "MFCA(물질흐름원가회계)와 LCA(전과정평가)의 비교가능성에 관한 시험적 연구", 경영학연구, 42(1): 269-291.

伊藤嘉博(2009), わが国における環境管理会計の展開—マテリアルフローコスト会計を中心とした検討, 環境管理, Vol.45 No.6, 34-39.

古川芳邦(2010), マテリアルフローコスト会計—その手段的特徴とカーボン・マネジメントへの応用展開—, カーボン債務の理論と実際, (藤井良広編), 中央経済社, 121-147.

Bierer, A., GΘotze, U., Meynerts, L., Sygulla, R.(2015), Integrating Life Cycle Costing and Life Cycle Assessment Using Extended Material Flow Cost Accounting. Journal of Cleaner Production, 108: 1289-1301.

Christ, K. and R. Burritt(2015), Material flow cost accounting: a review and agenda for future research, Journal of Cleaner Production, 108: 1378-1389.

Huang, C.-L., Vause, J., Ma, H.-W., Yu, C.-P.(2012), Using material/substance flow analysis to support sustainable development assessment: a literature review and outlook. Resour. Conserv. Recycl, 68: 104-116.

Prox, M.(2014), Material Flow Cost Accounting Extended to the Supply Chain

- Challenges, Benefits and Links to Life Cycle Engineering. Procedia CIRP, 29: 486-491.

Schmidt, A., U. Gotze, R. Sygulla(2015), Extending the scope of Material Flow Cost Accounting e methodical refinements and use case. Journal of Cleaner Production, 108: 1320-1332.

Viere, T., Prox, M., M€oller, A., Schmidt, M.(2011), Implications of material flow cost accounting for life cycle engineering. In: Hesselbach, J., Herrmann, C. (Eds.), Glocalized Solutions for Sustainability in Manufacturing: Proceedings of the 18th CIRP International Conference on Life Cycle Engineering. Springer, Berlin, Heidelberg, 652-656.

Weigand, H., Elsas, P.(2013), Construction and use of environmental management accounting systems with the REA business ontology. J. Emerg. Tech. Account, 9: 25-46.

3장

朴鏡杓(2020), 日本企業における環境に配慮した製品開発に関する実態調査香川大学経済論叢, 第92巻 第4号, 37-54.

朴鏡杓(2016), 原価企画と環境配慮設計に関する実態分析, 研究年報(香川大学経済学部), 第55号, 51-75.

伊藤嘉博(2004), 環境配慮型原価企画の企業事例 (國部克彦編著『環境管理会計入門: 理論と実践』), 産業環境管理協会, 第2部 第2章, 所収.

梶原武久・朴鏡杓・加登豊(2009), 環境配慮型設計 (Design for Environment)と原価企画: サーベイ調査に基づく予備的考察, 国民経済雑誌, 第199巻 第6号, 11-28.

田中隆雄・大槻晴海・谷彰三・田中潔(2017), 日本の主要企業における原価企画の現状と課題, (第9回) 日本経営システム協会.

Fiksel, J. (ed.)(1996), Design for Environment: Creating Eco-Efficient Products and Processes, McGraw-Hill.

Keoleian, G. A. and Menerey. D.(1994), "Sustainable development by design: review of life cycle design and related approaches", Journal of Air and Waste Management, Vol.44, 645-668.

Lenox, M. and Ehrenfeld, J.(1995), "Design for environment: a new framework for strategic decisions", Total Quality Environmental Management,

35-51.

4장

김익(2010), "전과정평가를 이용한 탄소발자국 계산", 한국환경산업기술원, GGGP(해외녹색성장정책정보) Special Issue, Vol.2, 121-134.

육근효(2013), "MFCA(물질흐름원가회계)와 LCA(전과정평가)의 비교가능성에 관한 시험적 연구", 경영학연구, 42(1): 269-291.

박필주·김만영(2010), "한국형 피해산정형 전과정 영향평가 지표 개발", 대한환경공학회지, Vol.32 No.5, 499-508.

한국환경산업기술원(2009), 탄소성적표지.
(http://www.edp.or.kr/carbon/main/main.asp)

國部克彦·中嶋道靖(2018), マテリアルフローコスト会計の理論と実践, 同文舘出版.

國部克彦·伊坪徳宏·中嶋道靖·山田哲男(2015), 低炭素型サプライチェーン経営: MFCAとLCAの統合, 中央経済社, 東京.

國部克彦(2016), MFCAによる経済と環境の連携を再考する: MFCA-LCA統合モデルの展開へ, Journal of Life Cycle Assessment, Vol.12 No.2, 60-65.

東田明·國部克彦(2014), 企業経営における環境と経済の統合と離反: MFCA導入事例を通して (特集 社会と環境の会計学) 国民経済雑誌, 210(1): 87-100.

中嶋道靖·伊坪徳宏(2015), MFCAとLCAの統合モデルの開発 in 『低炭素型サプライチェーン経営: MFCAとLCAの統合』, 中央経済社.

Kokubu, K., & Kitada, H.(2015), Material Flow Cost Accounting and Existing Management Perspectives. Journal of Cleaner Production, 108: 1279-1288.

Tol, Richard(2009), "The Economic Effects of Climate Change", Journal of Economic Perspectives, 23(2): 29-51.

UNEP(2001), Global Environment Outlook 2000.

WBCSD & WRI(2009), "The Green house Gas Protocol: A Corporate Accounting and Reporting Standard", 2009.

5장

김종대·조문기·안형태·김연복(2012), "공급사슬 상의 MFCA(물질흐름원가회계) 기법의 확대 적용 사례", 회계저널, 21(2): 403-438.

육근효(2009), "물질흐름원가회계(MFCA)의 이론적 분석과 연구과제", 상업교육연구, 23(1): 73-94.

伊藤嘉博(2013), MFCAの操作性向上を支援する品質コストアプローチ, 會計, 第184巻 第2号, 1-16頁.

八木裕之·馬場文雄·大森明(2016), カーボン会計マトリクスの構想と展開, 横浜経営研究, 36(1): 1-21.

Ascui, F. and Lovell, H.(2011), "As frames collide: making sense of carbon accounting; accounting", Accounting, Auditing and Accountability Journal, Vol.24 No.8, 978-999.

Bebbington, J. and Thompson, I.(2013), "Sustainable development, management and accounting: boundary crossing", Management Accounting Research, Vol.24 No.4, 2-283.

Bowen, F. and Wittneben, B.(2011), "Carbon accounting: negotiating accuracy, consistency and certainty across organisational elds", Accounting, Auditing and Accountability Journal, Vol.24 No.8, 1022-1036.

Burritt, R. L., Schaltegger, S. and Zvezdov, D.(2011), Carbon Management Accounting: Explaining Practice in Lea-ing German Companies, Australian Accounting Review, 55(21): 80-98.

Cadez, S. and Guilding, C.(2017), "Examining distinct carbon cost structures and climate change abatement strategies in CO2 polluting firms", Accounting, Auditing & Accountability Journal, Vol.30 No.5, 1041-1064.

Deloitte(2014), "Carbon accounting challenges: are you ready?", available at: www.deloitte.com/assets/Dcom

Ernst and Young(2015), "Carbon market readiness: accounting, compliance, reporting and tax considerations under state and national carbon emissions programs 2010", available at: http://globalsustain.org/files/Carbon_market_readiness.pdf

Gibassier, D. and Schaltegger, S.(2015), "Carbon management accounting and reporting in practice: a case study on converging emergent approaches", Sustainability Accounting, Management and Policy Journal, Vol.6 No.3,

340-365.

Haigh, M. and Shapiro, M. A.(2012), "Carbon reporting: does it matter?", Accounting, Auditing & Accountability Journal, Vol.25 No.1, 105-125.

Hendrichs, H. and Busch, T.(2012), "Carbon management as a strategic challenge for SMEs", Greenhouse Gas Measurement and Management, Vol.2 No.1, 61-72.

Howard-Grenville, J., Buckle, S. J., Hoskins, B. J. and George, G.(2014), "Climate change and management", Academy of Management Journal, Vol.57 No.3, 615-623.

Hrasky, S.(2012), "Carbon footprints and legitimation strategies: symbolism or action?", Accounting, Auditing & Accountability Journal, Vol.25 No.1, 174-198.

Ito, Y., Yagi, H. and Omori, A.(2006), The Green-Budget Matrix Model: Theory and Cases in Japanese Companies, Schaltegger, S., Bennett, M. and Burritt, R. (eds.), Sustainability Accounting and Reporting, Springer, Dordrecht, 355-372.

Nartey, E.(2018), "Determinants of carbon management accounting adoption in Ghanaian firms", Meditari Accountancy Research, Vol.26, Issue: 1, 88-121.

Nelson, T., Wood, E., Hunt, J. and Thurbon, C.(2011), "Improving Australian greenhouse gas reporting and financial analysis of carbon risk associated with investments", Sustainability Accounting, Management and Policy Journal, Vol.2 No.1, 147-157.

Schaltegger, S. and Csutora, M.(2012), Carbon Accounting for Sustainability and Management: Status Quo and Challenges, Journal of Cleaner Production, 12: 1-16.

Yunus, S., Elijido-Ten, E. and Abhayawansa, S.(2016), "Determinants of carbon management strategy adoption: Evidence from Australia's top 200 publicly listed firms", Managerial Auditing Journal, Vol.2 No.2, 156-179.

Zvezdov, D. and Schaltegger, S.(2015), "Decision support through carbon management accounting - a framework-based literature review", in Schaltegger, S., Zvezdov, D., Alvarez, E., Csutora, M. and Gunther, E. (Eds), Corporate Carbon and Climate Accounting, Springer International

Publishing.

6장

심갑용(2013), "배출권거래제의 회계에 관한 연구", 산업경제연구, 26(3): 1401-1423.

임순영(2019), "배출권거래제의 경제적 메커니즘과 KRX 배출권거래시장 분석", KRX MARKET 138호, 84-117.

장지경·김홍배(2016), "배출권거래제 시행 이후 부가가치세 개정 방안에 관한 연구", 국제회계연구, 65: 69-88.

山本英司(2011), 地球温暖化対策と経済学, 社会科学雑誌, 第3券, 191-208.

村井秀樹(2008), 排出量取引の会計・税務問題, 国内排出量取引制度検討会 参考資料3, 環境省.

Dales, H.(1968), Pollution, property & prices, University of Toronto Press.

IETA(2004), "Accounting treatment of EU allowances", July 2004.

Lohmann(2009), Toward a Different Debate in Environmental Accounting: The Cases of Carbon and Cost-Benefit, Accounting Organizations and Society, 34(3-4): 499-534.

Öker, F. and H. Adıgüzel(2018), Reporting for Carbon Trading and International Accounting Standards, in Accounting and Corporate Reporting - Today and Tomorrow, INTECH.

7장

김익(2010), "전과정평가를 이용한 탄소발자국 계산", 한국환경산업기술원, GGGP(해외녹색성장정책정보) Special Issue, Vol.2, 121-134.

육근효(2013), "LCA를 활용한 CFP(탄소발자국)와 MFCA(물질흐름원가회계)의 비교 가능성에 관한 탐색적 연구", 관리회계연구, 제13권 제2호, 51-69.

國部克彦·北田皓嗣·渕上智子·山田明寿·田中大介(2015), 「第7章 MFCAと CFPの統合モデルの開発」 國部克彦·伊坪徳宏·中嶋道靖·山田哲男 編, 『低炭素型サプライチェーン経営』, 中央経済社, 149-170.

International Standard ISO 14067(2013), Carbon footprint of products - Requirements and guidelines for quantification and communication.

Tol, R.(2009), "The Economic Effects of Climate Change", Journal of Economic Perspectives, 23(2): 29-51.

WBCSD & WRI(2009), "The Green house Gas Protocol: A Corporate Accounting and Reporting Standard."

8장

강대석(2015), "한국 경제와 자연환경의 에머지 평가: 해양생태계서비스 가치 평가 시사점", 한국해양환경, 에너지학회지, 제18권 제2호, 102-115.

육근효(2016), "환경회계와 환경공학기법의 융합가능성: 물질흐름원가회계 (MFCA)를 중심으로", 한국회계정보학회 창립30주년 기념논문집, 203-229.

장현숙(2007), "Emergy 분석법의 환경관리회계 적용에 관한 연구", 박사학위 논문, 계명대학교.

伊藤嘉博(2007), 環境配慮型原価企画に関する調査および研究, 研究成果報告書.

伊藤嘉博(2018), 経営環境の変化が促進する原価企画の変革-IoT, サービタイゼーションへの潮流のなかで-, 早稲田商学, 第453号, 3-26.

Campbell, D.(2016), Emergy Accounting: A Unified, Comprehensive Triple Bottom Line.

Kirk, S., Park, G., & Dell'lsola, A.(2004), Sustainability/LEED and life cycle costing-Their role in value based design decision making.

Moeller, A.(2012), Enhanced Calculation Procedures for Material and Energy Flow Oriented EMIS, EnviroInfo 2012: EnviroInfo Dessau 2012, Part 2.

Odum, H. T.(1996), Environmental Accounting: EMERGY and Environmental Decision making. John Wiley, New York, NY.

Odum, H. T. and E. P. Odum(2000), The Energetic basis for Valuation of Ecosystem services, Ecosystem, 3: 21-23.

Rachwan, R., I. Atotaleb and M. Elgazouri(2016), The Influence of Value Engineering and Sustanability Consideration on the Project Value, Procedia Environmental Sciences, 34: 431-438.

Uddin, W.(2013), Value engineering applications for managing sustainable intermodal transportation infrastructure assets. Management and Production Engineering Review, 4: 74-84.

Wao, J., R. Ries, I. Flood, and C. Kibert(2016), Refocusing Value Engineering for Sustainable Construction, 52nd ASC Annual International Conference Proceedings.

9장

結城秀彦(2020), 会計業務-アカウンタビリティとAI・ITの活用の進展, 立教経済学研究, 第73巻 第4号, 159-181.

Bansal, S., R. Batra and N. Jain(2018), Blockchain: The Future Of Accounting, The Management Accountant, 53(6): 60-65.

Hoffman, V.(2020), Cloud Accounting FAQs: What Your Clients Need to Know https://content.hubdoc.com/hubdoc-blog/cloud-accounting-faqs

Naqvi, A.(2018), How AI and robotics can transform CSR, Reuters Events. Jan. 2018.

Sarkar, S.(2018), Blockchain Accounting The Disruption Ahead, The Management Accountant, 53(6): 73-78.

Smith, S.(2020), Understanding blockchain and its impact on accounting, https://www.sage.com/en-us/blog

Thacker, H.(2019), How AI can transform CSR, The CSR Journal, Jan. 2019, 42-61.

Visser, W.(2011), The Age of Responsibility: CSR 2.0 and the New DNA of Business. London: Wiley.

10장

안랩(2019), 2019년 사이버 공격 동향 통계.

SK인포섹(2021), 보안 위협 전망 보고서.

趙章恩(2019), 官民サイバーセキュリティコミュニケーションに関する研究, 東京大学大学院情報学環紀要 情報学研究, №97, 1-19.

蔦大輔(2020), サイバーセキュリティに関する情報共有, 情報の科学と技術, 70巻 5号, 238-243.

Amir, E., Levi, S. and Livne, T.(2018), "Do firms underreport information on cyber-attacks? Evidence fromcapital markets", Review of Accounting Studies, Vol.23 No.3, 1177-1206.

Berkman, H., Jona, J., Lee, G. and Soderstrom, N.(2018), "Cybersecurity awareness and market valuations", Journal of Accounting and Public Policy, Vol.37 No.6, 508-526.

Bose, R. and Luo, X.(2014), "Investigating security investment impact on firm performance", International Journal of Accounting and Information Management, Vol.22 No.3, 194-208.

Evans, C.(2019), How to Be Prepared for a Cyber Attack - Capital One Gets Hacked. https://www.etechcomputing.com/author/cevans/

Crisanto, Juan Carlos and Jeremy Prenio(2017), Regulatory approaches to enhance banks' cyber-security frameworks. FSI Insights on Policy Implementation No 2. Financial Stability Institute, Bank of International Settlements.

Gansler, J. and Lucyshyn, W.(2005), "Improving the security of financial management systems: what are we to do?", Journal of Accounting and Public Policy, Vol.24 No.1, 1-9.

Gordon, L. A. and Loeb, M. P.(2002), "The economics of information security investment", ACM Transactions on Information and System Security (Security), Vol.5 No.4, 438-457.

Gordon, A. L. and Loeb, P. M.(2006), Managing Cybersecurity Resources: A Cost–Benefit Analysis, McGraw Hill, New York, NY.

Gordon, L. A., Loeb, M. P., Lucyshyn, W. and Zhou, L.(2015b), "Externalities and the magnitude of cybersecurity underinvestment by private sector firms: a modification of the Gordon-Loeb model", Journal of Information Security, Vol.6 No.1, 24-30.

Gordon, L. A., Loeb, M. P. and Zhou, L.(2016), "Investing in cybersecurity: insights from the Gordon-Loeb model", Journal of Information Security, Vol.7 No.2, 49-59.

Gordon, L. A., Loeb, M. P., Lucyshyn, W. and Zhou, L.(2018), "Empirical evidence on the determinants of cybersecurity investments in private sector firms", Journal of Information Security, Vol.9 No.2, 133-153.

Haapamäki, E. and J. Sihvonen(2019), Cybersecurity in accounting research, Managerial Auditing Journal, Vol.34 No.7, 808-834.

Gyun No, W. and Vasarhelyi, M. A.(2017), "Cybersecurity and continuous assurance", Journal of Emerging Technologies in Accounting, Vol.14

No.1, 1-12.

Hausken, K.(2006), "Income, interdependence, and substitution effects affecting incentives for security investment", Journal of Accounting and Public Policy, Vol.25 No.6, 629-665.

IEEE(2020), Computer Society, Tech News 2020.

Islam, M. S., Farah, N. and Stafford, T. S.(2018), "Factors associated with security/cybersecurity audit by internal audit function: an international study", Managerial Auditing Journal, Vol.33 No.4, 377-409.

Kahyaoglu, S. B. and Caliyurt, K.(2018), "Cyber security assurance process from the internal audit perspective", Managerial Auditing Journal, Vol.33 No.4, 360-376.

Li, H., No, W. and Wang, T.(2018), "SEC's cybersecurity disclosure guidance and disclosed cybersecurity risk factors", International Journal of Accounting Information Systems, Vol.30, 40-55.

NYSDFS(New York State Department of Financial Services)(2017), Cybersecurity Requirements for Financial Services Companies.

Pathak, J.(2005), "Risk management, internal controls and organizational vulnerabilities", Managerial Auditing Journal, Vol.20 No.6, 569-577.

Promontory(2017), Comments to ANPR on Enhanced Cyber Risk Management Standards. February 15. Promontory Interfinancial Network.

PwC(Pricewaterhouse Coopers)(2017), Digital Banking Survey.

Securities And Exchange Commission(2018), Release Nos. 33-10459; 34-82746 Commission Statement and Guidance on Public Company Cybersecurity Disclosures.

Steinbart, P. J., Raschke, R. L., Gal, G. and Dilla, W. N.(2016), "SECURQUAL: an instrument for evaluating the effectiveness of enterprise information security programs", Journal of Information Systems, Vol.30 No.1, 71-92.

Steinbart, P. J., Raschke, R. L., Gal, G. and Dilla, W. N.(2018), "The influence of a good relationship between the internal audit and information security functions on information security outcomes", Accounting, Organizations and Society, Vol.71, 15-29.

Von Solms, R. and van Niekerk, J.(2013), "From information security to cyber security", Computers and Security, Vol.38, 97-102.

Wang, Y., Kannan, K. and Ulmer, J.(2013), "The association between the disclosure and the realization of information security risk factors", Information Systems Research, Vol.24 No.2, 201-218.

11장

나현종·정태진(2020), "머신러닝을 활용한 회계부정 탐지에 관한 탐색적 연구", 2020 한국회계학회 동계학술대회 발표논문.

上野雄史(2018), 「資格制度から考える法廷会計学の日本への導入」 in 最終報告書: 法廷会計学の創成: 会計不正理論と実務教育との融合.

麻生幸(2018), 「経営者不正から考える法廷会計学の役割」 in 最終報告書: 法廷会計学の創成: 会計不正理論と実務教育との融合.

中村元彦(2018), 「フォレンジック監査、IT監査から考える法廷会計の日本への導入」 in 最終報告書: 法廷会計学の創成: 会計不正理論と実務教育との融合.

Nakashima, M.(2018), Why should the forensic accounting be needed in Japan?: Toward a no accounting fraud community. Meiji Business Review, 65(1): 129-146.

ACFE(2018), Report to the Nations on Occupational Fraud and Abuse, Association of Certified Fraud Examiners, Chicago. http://www.acfe.com/cfe-qualifications.aspx

Allais, R., Roucoules, L. and Reyes, T.(2017), "Governance maturity grid: a transition method for integrating sustainability into companies?", Journal of Cleaner Production, Vol.140, 213-226.

Bhasin, M.(2015), An Empirical Investigation of the Relevant Skills of Forensic Accountants: Experience of a Enveloping Economy. The Journal of Education for Business, 83(6): 331-338.

Crifo, P., Escrig-Olmedo, E. and Mottis, N.(2019), "Corporate governance as a key driver of corporate sustainability in France: the role of board members and investor relations", Journal of Business Ethics, Vol.159 No.4, 1127-1146.

Crumbley, D. L., Fenton, E. D. Jr., Smith, G. S., Heitger, L. E.(2017), Forensic and Investigative Accounting (8th Edition). CCH.

Durkin, R. L.(1999), Defining the practice of forensic accounting. CPA Expert(Special Edition, 1999).

Effiok, S. O. and Eton, O. E.(2013), "Ensuring quality control of forensic accounting for efficient and effective corporate management", Global Journal of Social Sciences, Vol.12 No.1, 27-33.

Elyas, M., Maynard, S. B., Ahmad, A., & Lonie, A.(2014), Towards a Systemic Framework for Digital Forensic Readiness. Journal of Computer Information Systems, 54(3), 97-105.

Frey, C. B., & M. A. Osborne(2017), The future of employment: how susceptible are jobs to computerisation?, Technological Forecasting and Social Change, 114: 254-280. https://doi.org/10.1016/j.techfore.2016.08.019

Grubor, G., Ristić, N., & Simeunović, N.(2013), Integrated Forensic Accounting Investigative Process Model in Digital Environment. International Journal of Scientic and Research Publications, 3(12): 1-9.

Gupta, S. and Kumar, V.(2013), "Sustainability as corporate culture of a brand for superior performance", Journal of World Business, Vol.48 No.3, 311-320.

Harlan, C.(2009), Windows Forensic Analysis DVD Toolkit, Ch. 8, p. 411: Syngress Publishing. Inc.

Jarmai, K., Tharani, A. and Nwafor, C.(2020), "Responsible innovation in business", Responsible Innovation Business Opportunities and Strategies for Implementation, Springer, Dordrecht, 7-17.

Kwok, B. K. B.(2008), Forensic Accountancy. Ohio: Lexis-Nexis.

King, J. R.(2009), Document Production in Litigation: Use an Excel-Based Control Sheet. National Association of Valuation Analysts. http://www.investopedia.com/terms/n/national-association-of-certified-valuation-analysts

Lombardi, R., Trequattrini, R., Cuozzo, B. and Cano-Rubio, M.(2019), "Corporate corruption prevention, sustainable governance and legislation: first exploratory evidence from the Italian scenario", Journal of Cleaner Production, Vol.217, 666-675.

Rehman, A. and Hashim, F.(2018), "Literature review: preventive role of forensic accounting and corporate governance maturity", Journal of Governance and Integrity, Vol.1 No.2, 68-93.

Rehman, A. and Hashim, F.(2019), "Impact of mature corporate governance on detective role of forensic accounting: case of public listed companies in

Oman", FGIC 2nd Conference on Governance and Integrity, KnE Social Sciences, 637-665.

Rehman, A. and F. Hashim(2021), Can forensic accounting impact sustainable corporate governance? Corporate Governance, Vol.21 No.1, 212-227.

Ricart, J. E., Rodrıguez, M. A. and Sanchez, P.(2005), "Sustainability in the boardroom: an empirical examination of Dow Jones sustainability world index leaders", Corporate Governance, Vol.5 No.3, 24-41.

Robert, K.-H., Broman, G. I. and Basile, G.(2013), "Analyzing the concept of planetary boundaries from a strategic sustainability perspective: How does humanity avoid tipping the planet?", Ecology and Society, Vol.18 No.2, 5.

Schrippe, P. and Duarte Ribeiro, J.(2019), "Preponderant criteria for the definition of corporate sustainability based on Brazilian sustainable companies", Journal of Cleaner Production, Vol.209.

Schrobback, P. and Meath, C.(2020), "Corporate sustainability governance: insight from the Australian and New Zealand port industry", Journal of Cleaner Production, Vol.255, 1-12.

Seward, J.(2011), Forensic Accounting: e Recorded Electronic Data Found on Computer Hard Disk Drives, PDAs and Numerous Other Digital Devices.

Simeunović, N. Grubor, N. Ristić(2016), Forensic Accounting In The Fraud Auditing Case, European Journal of Applied Economics, 13(2): 45-56.

Singleton, T. W., & Singleton, A. J.(2010), Fraud Auditing and Forensic Accounting. Hoboken, NJ: John Wiley & Sons.

Siregar, S. V. and Tenoyo, B.(2015), "Fraud awareness survey of private sector in Indonesia", Journal of Financial Crime, Vol.22 No.3, 329-346.

12장

육근효(2013), "MFCA(물질흐름원가회계)와 LCA(전과정평가)의 비교가능성에 관한 시험적 연구", 경영학연구, 제42권 제1호, 269-291.

谷守正行(2018), 管理会計へのAI適用可能性に関する一考察, 専修商学論集, (106): 135-148.

谷守正行(2019), AI 管理会計に関する理論的研究—将来予測とフィードフォ

ワードへのAI の適用―, 会計学研究, 第45号, 75-101.

橋本隆子(2018), 人工知能と会計, 千葉商科大学経済研究所. CUC view & vision (46) http://www.cuc.ac.jp/keiken/kenkyujyo/topics/index.html

山田浩貢(2016), 複雑すぎる原価管理, IoTでどうカイゼンするか(5/5). MONOist. http://monoist.atmarkit.co.jp/mn/articles/1603/03/news002_5.html

依田祐一・水越康介・本條晴一郎(2016), AIを活用したユーザーニーズの探索プロセスにおける結果と理由に係る一考察～Amazon.comとGoogleをもとに～, 立命館経営学, 제55권 제3호, 105-127.

Agrawal, A., J. Gans, A. Goldfarb(2018), Prediction Machines: The Simple Economics of Artificial Intelligence, Harvard Business Review Press.

Baptiste J.(2018), Why Artificial Intelligence Is The Future Of Accounting: Study. Forbes Jan. 2018.

Burritt R., Schaltegger S., D. Zvezdov(2011), Carbon Management Accounting: Explaining Practice in Leading German Companies. Australian Accounting Review, 6(21): 80–98.

Criminisi, A., J. Shotton and E. Konukoglu(2012), "Decision Forests: A Unified Framework for Classification, Regression, Density Estimation, Manifold Learning and Semi-Supervised Learning", Foundations and Trends® in Computer Graphics and Vision 7(2–3): 81-227.

Cutler A., Cutler D. R., J. R. Stevens(2012), Random Forests. Ensemble Machine Learning. Edited by: Zhang C, Ma Y. 2012, US: Springer, 157-175.

Davies, R.(2015), Industry 4.0 Digitalisation for productivity and growth, European Parliamentary Research Service.

Deloitte Insights(2018), The Fourth Industrial Revolution is here—are you ready? Deloitte Development LLC.

Frey, C. B., & M. A. Osborne(2017), The future of employment: how susceptible are jobs to computerisation?. Technological Forecasting and Social Change, 114: 254-280.

Abdel-Kader, M. and R. Luther(2006), IFAC's Conception of the Evolution of Management Accounting: A Research Note, Advances in Management Accounting, 15: 229-247.

Kagermann, H.(2015), Change Through Digitization-Value Creation in the Age of Industry 4.0. In: Albach H., Meffert H., Pinkwart A., Reichwald R.

(eds) Management of Permanent Change. Springer Fachmedien, Wiesbaden, 23–45.

Kamal, S.(2015), Historical Evolution of Management Accounting, The Cost and Management, 43(4): 12-19.

Johnson, H. T. and R. Kaplan(1987), The Rise and Fall of Management Accounting, Management Accounting, 68(7): 22 – 29.

Lee J., Kao H.-A., Yang S.(2014), Service Innovation and Smart Analytics for Industry 4.0 and Big Data Environment. Procedia CIRP, 16: 3–8.

Marr, B.(2017), Data Strategy: How to Profit from a World of Big Data, Analytics and the Internet of Things. Kogan Page.

Matyac, E. and C. Mishler(2015), Key Technology Trends For Management Accountants, IMA Technology Solutions & Practices (TS&P) Committee.

Nita, B.(2016), The state and development trends of management accounting in the global environment, Science Notebooks, 66(1): 107-117.

PwC(2016), Global Industry 4.0 Survey, Available at
http://www.pwc.com/gx/en/industries/industry-4.0.html

Rougier, P.(2017), Algorithms and Artificial Intelligence: New Horizons for Cost Estimation and Modeling?
http://www.kepler-consulting.com/en/artificial-intelligence-cost-estimation

Shimada, Y.(2018), AI and Accounting, View & Vision, 45: 11-13. http://id.nii.ac.jp/1381/00005535/

Sutton, S. G., M. Holt, V. Arnold(2016), "The reports of my death are greatly exaggerated"-Artificial intelligence research in accounting. International Journal of Accounting Information Systems, 22: 60-73. https://doi.org/10.1016/j.accinf.2016.07.005

Zabiullah, B. I., B. Bhargava, K. Reddy(2017), Recent Trends In Management Accounting. International Journal of Science Technology and Management, 6(1): 1068-1074.
http://www.ijstm.com/images/short_pdf/1486479632_D590ijstm.pdf

육근효 ────────────────────────────

경영학 박사
부산외국어대학교 경영학부 교수
행정자치부 지방공기업 진단위원
금융감독원 공인회계사 1차, 2차 출제위원
한국관리회계학회 회장
일본학술진흥회(JSPS) 외국인초빙연구자(고베대학)
Japan Foundation 초빙연구자(요코하마국립대학)
Akron 주립대학 객원교수
Allied Academics, 한국회계학회 등에서 우수논문상

하이브리드 사회책임회계:
회계와 공학의 만남

초판인쇄 2021년 10월 11일
초판발행 2021년 10월 11일

지은이 육근효
펴낸이 채종준
펴낸곳 한국학술정보㈜
주소 경기도 파주시 회동길 230(문발동)
전화 031) 908-3181(대표)
팩스 031) 908-3189
홈페이지 http://ebook.kstudy.com
전자우편 출판사업부 publish@kstudy.com
등록 제일산-115호(2000. 6. 19)

ISBN 979-11-6801-150-2 93320